本书系 2019 年度国家社科基金高校思政课研究专项"新时代高校'办好讲好学好'思想政治理论课的整体性研究"（批准号：19VSZ018）的最终成果，受国家社会科学基金项目资助。

高校"办好讲好学好"思政课的整体性研究

| 程水栋　著

人民出版社

序

　　写序的事，往往缘于交情。别人是这样，我也是这样。我写过一些序，基本都是给自己学生写的，当然也有年轻的朋友。他们辛辛苦苦写一本书，兴致勃勃让我写个序，我责无旁贷，也欣然接受。但现在这个序的缘起则不是这样。

　　多年前，我跟程水栋老师有过一面之交，但后来也没有多少交集，谈不上多大交情。所以当他提出让我写个序时，我开始时觉得有点突然，但随后也很爽快地答应下来。之所以如此，有两个原因：一是我愿意看到一本专门研究思政课的个人专著出版。思政课非常重要，党和国家高度重视，大学生们也有需要，思政课教师把这当作自己人生志业。相应地，就要开展思政课研究，并形成了一个很大的研究领域，但在我看来似乎有一点奇怪的是：学界很少见到有个人专著出现。按道理来说，从"05"方案起，到现在也将近二十年了，大家对思政课的研究也有了很多论文，但很少见到个人专著。我不知道这是为什么，但无论如何并不是一种好现象。我们虽然并不能笼统地说专著就一定比论文水平高，但学术专著的出现毕竟代表着一种系统性研究，它是长期研究成果的沉淀和积淀。现在，学术研究的条件这样好，而且有这么多思政课教师都在进行研究，就应该能出现一批批学术专著。所以，知道有思政课教师要出思政课研究专著，我当然要帮帮场子。

　　另一个原因，是这本书所探讨的主题吸引了我。作者要做的是对"办好—讲好—学好"思政课进行整体性研究，我认为这是一个很好的角度和视野。因为这是一个将三个主体贯通起来的研究："办好"思政课，这主要指领导；"讲好"思政课，主要指教师；"学好"思政课，则指学生。这三个主体可以说是支撑思政课大厦的三大支柱。搞好思政课，当然首先要领导重视，大力支持，发挥组织管理作用。如果没有这一条，搞好思政课就缺乏资源支撑和组织力量。然后，是教师，要不断提高自己的理论水平和教学艺术，把思政课的道理讲准、讲深、讲透、讲活，这是搞好思政课的关键所在。最后是学生，它们是教育的对象和学习的主体，他们能否积极主动地学习，是否对思政课教学表示认可，是思政课实效性评价的根本所在。三个主体各有其职责和任务，但大家所从事的是同一个事业，参与的是同一个过程。因此，既要对三者分别进行深入的研究，也需要对三者进行贯通性、整体性研究。本书体现了这一点，这是它的价值所在。当然，无论是分别性研究，还是整体性研究，都是一个长期的任务。相信作者会在此基础上继续前进，为思政课研究作出更大贡献。

刘建军

2024 年 3 月于中国人民大学

目　录

导　论

　　高校"办好讲好学好"思想政治理论课的整体性研究，是以习近平总书记关于思想政治教育和思想政治理论课的重要论述为研究主线，从高校"办好讲好学好"思政课这一特定的研究视角切入，围绕"培养什么人、怎样培养人、为谁培养人"这个根本问题，立足贯彻落实立德树人根本任务，有效发挥思政课作为关键课程的关键作用，深入探讨为什么要办好讲好学好思政课、怎样办好讲好学好思政课等系列问题，从整体性视阈阐述高校"办好讲好学好"思政课的理论基础、行动指南、根本遵循和战略定力，探析"办好讲好学好"思政课的时空观照、境遇考量、问题短板和优化路径，旨在为新时代高校推动思政课改革创新、扎实办好思政课提供学理依据、决策参考、路径选择和智力支撑。

　　党的十八大以来，以习近平同志为核心的党中央高度重视高校思想政治教育工作，紧紧围绕"培养什么人、怎样培养人、为谁培养人"这个根本问题，党中央、国务院组织召开了全国高校思想政治工作会、全国教育大会、学校思想政治理论课教师座谈会等重要会议。习近平总书记在这几次重要会议上都发表了重要讲话，强调高校立校之本在于立德树人，提出要全面贯彻党的教育方针，把立德树人作为中心环节，解决好"培养什么人、怎样培养人、为谁培养人"这个时代之问,理直气壮办好思想政治理论课,贯彻落实立德树人根本任务,用新时代中国特色社会主义思想铸魂育人,"推动形成全党全社会努力办好思政课、教师认真讲好思政课、学生积极学好思政课的良好氛围"①,给处在人生"拔节孕穗期"的学生埋下真善美的种子、扣好人生第一粒扣子,教育引导学生听党话、感党恩、跟党走,立志成为担当民族复兴大任的时代新人。

随着习近平总书记关于思想政治教育系列重要论述的陆续发表,在社会各界引起了高度关注和广泛热议,学界尤其是思想政治教育工作者、广大思政课教师,以及长期以来关心支持思想政治教育工作的有识之士和社会贤达,纷纷围绕习近平总书记提出的一系列新理念新思想新论断,开展了大量研究,发表了众多高论,提出了许多灼见,呈现出研究热度渐浓、研究论域趋广、研究成果日丰的"井喷"态势。

本书正是在这个大背景下,"因事因时因势"而生,其目的在于为深入贯彻落实习近平总书记关于思想政治理论课系列重要论述,办好讲好学好高校思想政治理论课提供学理支撑、决策依据和路径启示。

开展高校"办好讲好学好"思想政治理论课的整体性研究,其相对于已有研究的独到学术价值和应用价值主要有如下几个方面:第一,通过挖掘和梳理思想政治理论课的马克思主义理论渊源,为习近平总书记关于思想政治理论课重要论述提供学理支撑,有利于丰富和发展当代中国马克思主义思想政治教育理论,为新时代高校"办好讲好学好"思政课提供理论基础和实践指导。第二,通过回溯和总结中国共产党重视思想政治教育工作和思想政治理论课建设的百年光辉历史,为习近平总书记关于思想政治教育重要论述传承党的优良传统,创新发展党的思想政治教育理论,阐释守正创新的逻辑耦合性和发展正当性提供学理依据,有利于增添和丰赡党

---

① 习近平:《思政课是落实立德树人根本任务的关键课程》,《求是》2020年第17期。

的思想政治教育理论，为新时代高校"办好讲好学好"思政课提供行动指南。第三，通过从"办好讲好学好"之维度切入，从整体上纵论和擷探高校思政课建设的系统性问题，有利于拓展思想政治教育视野和境界，丰富和发展高等思想政治教育内涵，为健全和完善高校思政课学科体系提供理论建树和学术支撑。第四，通过本书，有利于学懂弄通悟透习近平总书记关于思想政治理论课重要论述的深刻内涵、核心要义、时代意蕴、理论逻辑和实践观照，为新时代高校"办好讲好学好"思政课，坚持用党的创新理论武装头脑、指导实践提供根本遵循。第五，通过本书，有利于推动新时代高校思政课改革创新，为旗帜鲜明办好思政课、理直气壮开好思政课、精益求精讲好思政课、引导学生积极学好思政课提供决策蓝本、路径选择和智库滋养。第六，通过本书，有利于高校广大师生全面落实和深入推动习近平新时代中国特色社会主义思想进教材进课堂进头脑工作，并使之入耳入脑入心，为高校思政课落实立德树人根本任务和铸魂育人根本要求，培养德智体美劳全面发展的社会主义建设者和接班人提供理论依据、实践指向和智慧理路。

　　本书研究的主要目标是，坚持以习近平总书记关于思想政治教育的重要论述为全面统领，对高校"办好讲好学好"思想政治理论课进行整体性、系统性、问题解决性研究，深入探讨"办好讲好学好"思政课的理论渊源、学理基础、历史传承、时代观照、应然逻辑和实然遵循，分析短板问题，探赜对策路径和良性互动机制，为高校扎实办好思政课提供理论支撑、决策咨询和行动路径，丰富和发展思想政治教育理论，增添和充实高校思想政治理论课新涵蕴，健全和完善高校思想政治理论课文本体系、学科体系、学术体系和话语体系，有效推动教材体系向教学体系转换，理论体系向实践体系转换，知识体系向信仰体系转换，滋养和提升思想政治理论课内涵品质，全面提升高校思政课教学质量和育人水平。

　　本书研究的基本思路是，坚持以习近平总书记关于思想政治理论课的重要论述为根本遵循，坚持和运用马克思主义立场观点方法，以时空条件转换为述论依据，以横维度、纵向度、立高度为研究坐标，坚持历时性与共时性多角度考量，用战略思维全面审视，坚持整体性、系统性分析，全面梳理高校"办好讲好学好"思政课的理论渊源、历史传承、时代观照和现实依据，深入探讨高校扎实办好思政课的根本遵循、时代意蕴、价值旨趣、主要目标、重点任务和基本要求，综合分析"办好""讲好""学好"思政课的短板问题和影响因素，注重研究落实立德树人根本任务和铸魂育人根本要求的互动机制和有效对策，明确提出高校扎实办好思政课、教师认真讲好思政课、学生积极学好思政课的创新路径。

本书研究的基本方法是，坚持马克思主义世界观和方法论原则，运用一切从实际出发的研究方法，唯物地、辩证地、客观地探讨我国高校思政课建设的重要优势、时代机缘、有利条件、问题短板和制约因素；坚持和运用具体问题具体分析的研究方法，理论联系实际的、理性的、实事求是的分析当前我国高校思政课改革创新面临的问题和困难、矛盾和挑战，提出符合我国高校思政课建设发展要求和能够切实有效推动思政课改革创新的对策机制和有效路径；坚持和运用历史与逻辑相统一的研究方法，"从逻辑的一般概念和范畴的发展和运用的观点出发"[①]，用历史的、逻辑的、发展的观点与方法，探析和阐述我国高校思政课建设发展的历史性和逻辑性规律，力求理论的逻辑行程和研究对象的历史发展过程相契合，思维的逻辑行程与人类认识发展的历史相一致，透过现象看本质，揭示事物的本质规定性，把握历史发展的逻辑真谛。

本书研究的具体方法是，一是运用文献研究法，收集和采撷相关研究文献和数据资源，通过定量研究、定性分析和逻辑推理，研究阐释高校扎实办好思想政治理论课的理论基础、历史经验、时代境遇与现实观照。二

---

① 《列宁全集》第 55 卷，人民出版社 1990 年版，第 148 页。

是运用观察思考法和经验总结法，阐发我国高校思政课建设的现状、优势、困难与问题，分析原因，创新路径。三是运用比较研究法，分析世界主要发达国家高校思想政治教育的共性做法和实践经验，比较我国高校思想政治教育范式与国外高校思想政治教育模式之间的差异，取长补短，学习和借鉴有益做法，实现创造性转化和创新性发展。四是运用系统分析法、短板原理法、蝴蝶效应法，探析研究我国高校办好思政课的相互牵引、良性互动和整体推进的有效机制和路径对策。

本书研究的总体框架是，以我国高校"办好讲好学好"思政课的整体性研究为主题，以思政课改革创新研究为主线，型构了一个相互联系、相互促进的有机整体，它们之间既各自向前运演，又相互协同推进，服从和服务于我国高校思想政治理论课创新发展、提质增效的价值旨向。其具体结构和内容安排是，本书共分两大板块，用五个章节篇幅分别进行论述，第一板块为第一章，主要梳理和论述我国高校思想政治理论课建设的理论基础和思想渊源，从学理上为我国高校办好思政课提供理论依据。第一章主要是梳理马克思恩格斯、列宁等马克思主义经典作家关于思想政治教育的重要论述，从理论渊源层面论述新时代我国高校思政课建设的学理支撑。第二板块为第三章至第五章，主要阐述新时代我国高校"办好讲好学好"思政课的根本遵循、战略定力、价值指向和时空观照，探讨新时代我国高校"办好讲好学好"思政课的时代意蕴、重要优势、历史机遇、现实挑战和短板问题，从如何"办好""讲好""学好"思政课的视角，有针对性地提出对策机制和优化路径。第二章主要是论述我国高校"办好讲好学好"思政课的根本遵循，阐述坚持用党的创新理论铸魂育人的时代意蕴和实现路径，论述立德树人的科学内涵、高校贯彻落实立德树人根本任务的重要意蕴和路径选择，综述党的创新理论及其对高校思政课建设的指导意义。第三章主要是从战略定力层面析述新时代我国高校"办好讲好学好"思政课的正确方向、价值旨向和具体路向，阐述办好思政课必须坚持社会主义办学方向、坚持中国共产党的领导、巩固马克思主义指导地位，培育和践行社会主义核心价值观，落实"八个相统一"基本要求，以"四有"好老师标准教育引导学生树立"四个正确认识"，培养担当"四个服务"重大使命的时代新人。第四章主要是论述中国共产党的百年思想政治教育历史经验和高校思政课建设发展的沿革流变及其当代价值，对当代我国高校思政课改革创新的启示。第五章主要是探讨新时代高校"办好讲好学好"思政课的时代价值、历史契机和现实挑战，从"办好""讲好""学好"思政课的角度剖析存在的短板问题和不利因素，明确提出扎实办好思政课、认真讲好思政课、积极学好思政课的创新机制和优化路径。

本书研究的主要特色和创新之处是，第一，研究视角上的特色和创新。本书通过挖掘和梳理马克思恩格斯、列宁等马克思主义经典作家关于思想政治教育的重要论述，总结和论述中国共产党思想政治教育发展历史及其当代启示，深入探讨新时代我国高校"办好讲好学好"思政课的理论依据、优良传统和经验借鉴，这是研究视角上的新尝试、新突破。第二，研究范式上的特色和创新。本书注重我国高校思想政治理论课研究的整体性、综合性、前沿性，从整体性上系统探析高校"办好讲好学好"思政课的根本遵循、时代价值、根本任务、基本要求，探讨"办好讲好学好"思政课的战略定力、正确方向、价值旨向、具体路向，现实挑战、机制创新和路径优化，这是研究内容范式体系上的新拓展、新突破。第三，对策机制与路径选择上的特色和创新。本书研究了高校"办好""讲好""学好"思政课所面临的历史机遇、现实挑战和短板问题，明确提出切实可行的对策建议和有效路径，这是探索对策机制和路径创新上的新境界、新突破。第四，研究方法上的特色和创新。本书在坚持马克思主义基本研究方法基础上，引入和运用现代系统论研究方法、比较分析方法、归纳和演绎方法、分析与综合方法、短板原理效应法则，以及教育学、心理学和社会学等研究方法，实现了研究方法上的新变化、新突破。

　　本书系 2019 年度国家社科基金高校思政课研究专项的最终研究成果，已通过了国家社科基金通讯评审专家的匿名鉴定，同行评审专家在充分肯定该项目研究所取得的重要成果基础上，也提出了一些优化建议和提升思路。笔者在整理、修改书稿过程中，对同行评审专家提出的宝贵意见和改进建议，均逐条进行了认真研究、缕析、打磨和修改，从而使本书更显厚重和完美。总之，实践没有止境，理论创新亦无止境。正如习近平总书记所说："时代是思想之母，实践是理论之源。只要我们善于聆听时代声音，勇于坚持真理、修正错误，二十一世纪中国的马克思主义一定能够展现出更强大、更有说服力的真理力量！"①

---

① 《中国共产党第十九次全国代表大会文件汇编》，人民出版社 2017 年版，第 21 页。

第一章　高校"办好讲好学好"思政课的理论基础

习近平总书记指出:"办好我们的高校,必须坚持以马克思主义为指导,全面贯彻党的教育方针""坚持不懈传播马克思主义科学理论,抓好马克思主义理论教育,为学生一生成长奠定科学的思想基础"。① 新时代高校"办好讲好学好"思想政治理论课,必须坚持马克思主义指导地位,用马克思主义立场、观点和方法指导高校思想政治教育,用马克思主义思想政治教育理论指导思政课改革创新,因事而化、因时而进、因势而新,努力培养担当民族复兴大任的时代新人,培养德智体美劳全面发展的社会主义建设者和接班人②。

第一节　马克思恩格斯思想政治教育理论的学理支撑

习近平总书记指出,马克思给我们留下的最有价值、最具影响力的精

---

① 《习近平谈治国理政》第二卷,外文出版社 2017 年版,第 377 页。
② 《习近平主持召开学校思想政治理论课教师座谈会强调　用新时代中国特色社会主义思想铸魂育人　贯彻党的教育方针落实立德树人根本任务》,《人民日报》2019 年 3 月 19 日。

神财富，就是以他名字命名的科学理论——马克思主义。这一理论犹如壮丽的日出，照亮了人类探索历史规律和寻求自身解放的道路。① 正是在马克思主义这一光辉理论照耀下，中国共产党人找到了实现国家独立、民族解放、人民幸福的正确道路，夺取了中国革命、建设、改革开放实践事业的伟大胜利，使中国这个古老的东方大国创造了人类历史上前所未有的发展奇迹②。

在卷帙浩繁的马克思恩格斯经典文库中，虽然没有系统论述思想政治教育问题的专题文献，但马克思恩格斯的科学研究，"就像列宁所说的那样，'凡是人类社会所创造的一切，他都有批判地重新加以探讨，任何一点也没有忽略过去。凡是人类思想所建树的一切，他都放在工人运动中检验过，重新加以探讨，加以批判，从而得出了那些被资产阶级狭隘性所限制或被资产阶级偏见束缚住的人所不能得出的结论'"③。马克思恩格斯始终如一地站在无产阶级立场上，在组织和领导工人运动过程中，为了实现无产阶级革命目的和任务，运用唯物史观和辩证唯物观，探讨了思想政治教育在组织领导、宣传发动、武装启发无产阶级积极投身革命运动、夺取和巩固国家政权中的重要作用，并为此初步回答了思想政治教育"是什么""为什么""怎么做"等系列问题，提出了与现代思想政治教育概念内涵相一致的词项，阐述了思想政治教育的理论基础、重要作用、基本内容、原则方法和实践路径，揭示了思想政治教育的内在规律性，构建了较为清晰的思想政治教育理论框架雏形。这些精辟论述和核心观点源自于那个时代又超越了那个时代，具有跨越时空的理论穿透力、指引力，是新时代高校"办好讲好学好"思想政治理论课的重要

---

① 习近平：《在纪念马克思诞辰200周年大会上的讲话》，《人民日报》2018年5月5日。
② 习近平：《在纪念马克思诞辰200周年大会上的讲话》，《人民日报》2018年5月5日。
③ 习近平：《在纪念马克思诞辰200周年大会上的讲话》，《人民日报》2018年5月5日；列宁原文见《列宁选集》第4卷，人民出版社2012年版，第284—285页。

理论基础。

一、论思想政治教育的理论依据

马克思主义是创立于 19 世纪 40 年代的先进理论，是包含马克思主义哲学、政治经济学和科学社会主义在内的科学思想体系，是全世界无产阶级和全人类彻底解放事业的锐利思想武器。马克思恩格斯在创立马克思主义过程中，创立了唯物史观和剩余价值理论，在科学实践观基础上，阐述了社会存在与社会意识的辩证关系、人的本质、人的活动目的动因、人的全面发展学说等理论，这些核心论述既是马克思主义思想政治教育理论形成的哲学依据，也是现代思想政治教育的理论来源，是新时代高校"办好讲好学好"思想政治理论课的学理支撑。

（一）科学的实践观

科学的实践观是马克思主义哲学的核心观点，是马克思构建新哲学、新唯物主义、新世界观的四梁八柱。马克思在《关于费尔巴哈的提纲》笔记中，批判了以往旧哲学仅仅局限于"解释世界"的狭隘眼界，论述了新哲学在解释世界基础上"改变世界"的重大意义和历史使命，深刻阐明了科学的实践观。

第一，实践是人们能动地改造客观世界的一切社会活动。马克思批判了费尔巴哈和一切旧唯物主义看待客观物质世界的直观性、片面性、消极性和被动性，认为他们仅仅把"对象、现实、感性"的客观事物看做是与"感性的人的活动"无关的纯粹的客体，只看做是消极的、被动的直观对象，而不是把它看做是人的实践活动的对象，根本没有看到人作为活动主体的能动性，他们不了解实践活动的意义，没有看到人的实践活动对客观世界的改造能力和作用。尽管费尔巴哈想要研究不同于思想客体的感性客体，"但是他把感性不是看做实践的、人的感性的活动""没有把人的活动本身理解为对象性的活动"①，只是"把理论的活动看做是真正人的活动""因此，他不了解'革命的'、'实践批判的'活动的意义"。② 所以，马克思指出："哲学家们只是用不同的方式解释世界，问题在于改变世界。"③ 马克思认为，人们生活着的现实世界是属人世界，是已经被人类的社会实践活动改造过的、打上了主体的目的和意志烙印的那部分自然界，是"人化自然"，而非"自在世界"。人的实践活动是"对象性的活动"过程，是有目的、能动地认识和改造世界的社会性客观物质活动。实践是认识的来源和基础。

第二，实践是检验真理的标准。在马克思看来，实践不仅是认识的来源和基础，而且是检验认识真理性的标准。马克思主义哲学以前的一切旧哲学，都没有解决人的思维是否具有客观的真理性问题，一切唯心主义和旧唯物主义都把主观认识与客观对象割裂开来甚至对立起来，始终没有跳出在主观意识领域内寻找真理标准的泥淖。而马克思在科学的实践观指导下，以实践为桥梁，把主观认识与客观事物有机联系起来，第一次解决了检验真理的标准问题，认为"人的思维是否具有客观的真理性，这不是一个理论的问题，而是一个实践的问题"④。人们的主观认识是否正确反映了客观事物，是否符合认识对象，是否揭示了外界事物的本质和规律，这个问题既不能从认识本身得到证明，也不能从认识对象中作出判定，只有通过实践，把人的主观认识和认识对象联结起来加以对照考察，才能得到检验和解决。所以，马克思强调："人应该在实践中证明自己思维的真理性，即自己思维的现实性和力量，自己思维的此岸性。"⑤ 而凡是离开实践的任

①　《马克思恩格斯选集》第 1 卷，人民出版社 2012 年版，第 135、133 页。
②　《马克思恩格斯选集》第 1 卷，人民出版社 2012 年版，第 133 页。
③　《马克思恩格斯选集》第 1 卷，人民出版社 2012 年版，第 136 页。
④　《马克思恩格斯选集》第 1 卷，人民出版社 2012 年版，第 137—138 页。
⑤　《马克思恩格斯选集》第 1 卷，人民出版社 2012 年版，第 138 页。

何关于真理的检验标准问题,即"离开实践的思维的现实性或非现实性的争论,是一个纯粹经院哲学的问题"①。

第三,"社会生活在本质上是实践的。"② 在马克思看来,社会实践是人类全部社会生活的前提,人类最基本的物质生产实践是人类社会赖以存在和发展的基础,是社会实践决定着人们的社会生活、政治生活和精神生活。"凡是把理论诱入神秘主义的神秘东西,都能在人的实践中以及对这种实践的理解中得到合理的解决。"③ 这就是说,无论认识正确与否,其根源都来自于社会实践,也只有通过实践,才能得出认识是否正确的结论。

第四,科学阐明了新唯物主义的根本立场和历史使命。马克思公开声明自己的新唯物主义是为无产阶级服务的,明确指出"旧唯物主义的立脚点是'市民'社会;新唯物主义的立脚点则是人类社会或社会化的人类"④,无产阶级的历史使命和根本目的就是要通过革命的实践,消灭阶级差别,消灭阶级剥削,直至消灭阶级,建立共产主义社会,实现从"市民社会"向"人类社会"(即从资本主义社会向共产主义社会)的过渡与飞跃,使人类社会真正成为"社会化的人类"。马克思恩格斯指出:"对实践的唯物主义者即共产主义者来说,全部问题都在于使现存世界革命化,实际地反对并改变现存的事物。"⑤ 新时代我国高校"办好讲好学好"思想政治理论课,要充分认识到实践在思想政治教育中的决定作用,明确社会实践是人的思想形成和发展的基础,坚持到社会实践中去寻找人的思想产生的根源和检验人的认识正确与否的标准,坚持把社会实践作为基本途径,贯穿于高校思想政治理论课建设全过程。

---

① 《马克思恩格斯选集》第 1 卷,人民出版社 2012 年版,第 138 页。
② 《马克思恩格斯选集》第 1 卷,人民出版社 2012 年版,第 139 页。
③ 《马克思恩格斯选集》第 1 卷,人民出版社 2012 年版,第 139—140 页。
④ 《马克思恩格斯选集》第 1 卷,人民出版社 2012 年版,第 140 页。
⑤ 《马克思恩格斯选集》第 1 卷,人民出版社 2012 年版,第 155 页。

（二）社会存在与社会意识的辩证关系原理

马克思创立的唯物史观，揭示了人类社会发展规律，科学阐述了社会存在与社会意识的辩证关系，解决了社会历史观的基本问题，成为思想政治教育分析人的思想形成原因的理论依据。唯物史观认为，社会存在决定社会意识，社会意识又反作用于社会存在。

首先，社会存在决定着社会意识。马克思在《〈政治经济学批判〉序言》中指出："人们在自己生活的社会生产中发生一定的、必然的、不以他们的意志为转移的关系，即同他们的物质生产力的一定发展阶段相适合的生产关系。这些生产关系的总和构成社会的经济结构，即有法律的和政治的上层建筑竖立其上并有一定的社会意识形式与之相适应的现实基础。物质生活的生产方式制约着整个社会生活、政治生活和精神生活的过程。不是人们的意识决定人们的存在，相反，是人们的社会存在决定人们的意识。"[1] 恩格斯也指出："每一历史时代的经济生产以及必然由此产生的社会结构，是该时代政治的和精神的历史的基础。"[2] 马克思恩格斯的这一重要论述，揭示了社会意识、人们的思想认识产生的最根本规律。这就告诉我们，社会意识、人的思想认识不是从天上掉下来的，也不是人脑中自发产生的，而是来自于社会存在，是对社会存在的复写、摄影和反映。离开了社会存在，社会意识、人的思想观念就成了无源之水、无本之木。即是说，如果没有社会存在这个"原材料"，人脑这个"加工厂"是生产不出任何人的意识这个"产品"的。同时也阐明，由于社会存在和社会生活的多样性，以及历史条件和人的认识能力与水平的差异性，这就决定了社会意识、人的思想观点的多元性。而要改变那些错误反映或歪曲反映社会存

---

① 《马克思恩格斯选集》第 2 卷，人民出版社 2012 年版，第 2 页。
② 《马克思恩格斯选集》第 1 卷，人民出版社 2012 年版，第 380 页。

在的社会意识、思想、观念和看法等等的主观认识，也不能离开社会存在的决定作用，只有在社会存在、社会生活等外界条件中去寻找人们的认识根源，分析客观原因与条件因素，调整和改变导致不良认识的"现实的社会关系"，才能真正改变人们的思想认识。正如马克思恩格斯所说："思想、观念、意识的生产最初是直接与人们的物质活动，与人们的物质交往，与现实生活的语言交织在一起的。"[1] 因此，"意识的一切形式和产物不是可以通过精神的批判来消灭的，不是可以通过把它们消融在'自我意识'中或化为'怪影'、'幽灵'、'怪想'等等来消灭的，而只有通过实际地推翻这一切唯心主义谬论所由产生的现实的社会关系，才能把它们消灭；历史的动力以及宗教、哲学和任何其他理论的动力是革命，而不是批判。"[2] 马克思恩格斯还分析指出："发展着自己的物质生产和物质交往的人们，在改变自己的这个现实的同时也改变着自己的思维和思维的产物。不是意识决定生活，而是生活决定意识"[3]。"意识一开始就是社会的产物，而且只要人们存在着，它就仍然是这种产物"[4]。社会存在与社会意识的辩证关系原理，是马克思恩格斯思想政治教育理论形成的认识来源，也为正确认识和分析人的思想产生、形成和变化状况，提供了重要的方法论指导。

其次，社会意识具有相对独立性。马克思主义认为，尽管社会存在决定着社会意识，但社会意识一经产生，它就并非只是简单、消极、被动地受制于社会存在，而是一个能动复杂的反映过程，这种反映不是杂乱无章的反映，而是按其自身特有的逻辑规律发展着的。这就是社会意识的相对独立性。在人类社会初期，由于社会意识是直接体现在人们的物质活动和

---

① 《马克思恩格斯选集》第 1 卷，人民出版社 2012 年版，第 151 页。
② 《马克思恩格斯选集》第 1 卷，人民出版社 2012 年版，第 172 页。
③ 《马克思恩格斯选集》第 1 卷，人民出版社 2012 年版，第 152 页。
④ 《马克思恩格斯选集》第 1 卷，人民出版社 2012 年版，第 161 页。

交往过程中的，社会意识的独立性还不明显，但随着物质活动与精神活动的日益分离，这种独立性就获得了充分彰显。社会意识相对脱离了社会存在，成为相对独立的存在，并且能够相对独立地进行创造性活动，用马克思的话来说，那就是："从这时候起意识才能现实地想象：它是和现存实践的意识不同的某种东西；它不用想象某种现实的东西就能现实地想象某种东西"，而只有"从这时候起，意识才能摆脱世界而去构造'纯粹的'理论、神学、哲学、道德等等"。① 这种反映过程遵循其自身独特的逻辑发展规律。一是社会意识反映社会存在的不完全同步性。社会意识是对社会存在的反映，但这种反映并非总是完全同步的，有时社会意识滞后于社会存在并阻碍其发展，有时又前瞻到社会存在发展变化的未来走向与趋势，指导和推动着社会存在的发展。二是社会意识与经济社会发展的不平衡性。一般而言，社会意识与经济社会发展水平是相一致的，但由于不同国家在不同历史时期的具体条件的不同，结果出现了历史上一些经济落后的国家，在社会意识形态和思想领域方面却超过了经济发达的国家。如 18 世纪法国的经济落后于英国，但在哲学和政治思想方面却超过了英国；我国在经济上相对落后于西方发达国家，但人们的思想觉悟和道德水平却大大超过了西方经济技术发达的资本主义国家。三是社会意识的发展具有历史继承性。在一定历史阶段上形成的社会意识，既是对现实的社会存在的反映，也继承和保留着历史上形成的社会意识资料。所谓的"古为今用""推陈出新"，就是指社会意识的历史继承性。这一原理对于指导新时代思想政治教育工作，揭示人的思想形成规律，考察人的思想认识差异和产生根源，因材施教，增强针对性教育均具有重要的理论指导价值。

再次，社会意识对社会存在的能动反作用。马克思主义认为，任何社会意识都不是凭空产生的，它归根到底都是对一定社会物质生产方式、生

---

① 《马克思恩格斯选集》第 1 卷，人民出版社 2012 年版，第 162 页。

活方式、矛盾各方面发展的要求与趋势的反映，因而它必然具有满足这些要求、推动这些趋势的价值和作用，在一定条件下转化为物质力量并反作用于社会存在，从而促进或阻碍社会存在的发展。先进的社会意识适应或符合社会发展的要求与趋势，对社会存在的发展具有促进和加速作用。而落后的社会意识不适应或违背社会发展的要求与趋势，对社会存在的发展具有阻碍或延缓作用。马克思曾经指出，"批判的武器当然不能代替武器的批判，物质力量只能用物质力量来摧毁；但是理论一经掌握群众，也会变成物质力量。"① 恩格斯也指出："一种历史因素一旦被其他的、归根到底是经济的原因造成了，它也就起作用，就能够对它的环境，甚至对产生它的原因发生反作用"②。马克思恩格斯认为，社会意识的能动反作用，只有通过人并在指导人的社会实践活动中才能得以实现，这是因为"思想本身根本不能实现什么东西。思想要得到实现，就要有使用实践力量的人"③。社会实践的主体是人民群众，这就决定了一种社会意识对社会存在的反作用，其作用力的大小、范围和程度，取决于它实际掌握群众的广度和深度。这一原理既为开展思想政治教育提供了唯物史观基础，也充分表明了加强思政课建设的重要作用和意义。这就为我国高校扎实办好思政课，用习近平新时代中国特色社会主义思想铸魂育人，培育社会主义核心价值观，教育引导大学生树立正确的理论观点和先进意识，提高他们的思想水平、政治觉悟和道德素养提供了学理支撑。

（三）人的本质和人的全面发展观

习近平总书记指出："人民性是马克思主义最鲜明的品格。马克

---

① 《马克思恩格斯选集》第1卷，人民出版社2012年版，第9页。
② 《马克思恩格斯选集》第4卷，人民出版社2012年版，第644页。
③ 《马克思恩格斯文集》第1卷，人民出版社2009年版，第320页。

思说，'历史活动是群众的活动'。让人民获得解放是马克思毕生的追求。"① 马克思主义坚持以人为本的立足点和根本旨归，探讨了人的存在与发展形式，揭示了人的本质属性，深刻阐述了人的全面发展观。马克思以唯物史观为立论依据，考察和分析了人与物、人与社会、人与人的变换关系，揭示了人的存在与发展的三大社会形式，即"人的依赖关系（起初完全是自然发生的）""以物的依赖性为基础的人的独立性""建立在个人全面发展和他们共同的、社会的生产能力成为从属于他们的社会财富这一基础上的自由个性"。② 并通过批判黑格尔、费尔巴哈、鲍威尔的抽象人性论，阐述了人的本质内涵。首先，人有自然属性的一面。马克思研究了人与自然界的关系，认为人是自然界的一部分，具有自然属性，"人靠自然界生活。这就是说，自然界是人为了不致死亡而必须与之处于持续不断的交互作用过程的、人的身体"③。马克思分析指出，人离不开自然界的植物、空气、阳光、水分、食物等"自然产品"，"人在肉体上只有靠这些自然产品才能生活"④，人和动物一样，要受到自然界的制约和限制。马克思恩格斯指出："人们为了能够'创造历史'，必须能够生活。但是为了生活，首先就需要吃喝住穿以及其他一些东西。"⑤"所谓人的肉体生活和精神生活同自然界相联系，不外是说自然界同自身相联系，因为人是自然界的一部分。"⑥ 其次，人具有社会属性。马克思认为："人们在生产中不仅仅影响自然界，而且也互相影响。他们只有以一定的方式共同活动和互相交换其活动，才能进行生产。"⑦ 这样一来，在

---

① 习近平：《在纪念马克思诞辰 200 周年大会上的讲话》，《人民日报》2018 年 5 月 5 日。
② 《马克思恩格斯文集》第 8 卷，人民出版社 2009 年版，第 52 页。
③ 《马克思恩格斯选集》第 1 卷，人民出版社 2012 年版，第 55—56 页。
④ 《马克思恩格斯选集》第 1 卷，人民出版社 2012 年版，第 55 页。
⑤ 《马克思恩格斯选集》第 1 卷，人民出版社 2012 年版，第 158 页。
⑥ 《马克思恩格斯选集》第 1 卷，人民出版社 2012 年版，第 56 页。
⑦ 《马克思恩格斯选集》第 1 卷，人民出版社 2012 年版，第 340 页。

"人们相互之间便发生一定的联系和关系"①，从而形成了一定的社会联系和社会关系，"只有在这些社会联系和社会关系的范围内，才会有他们对自然界的影响，才会有生产"②。而在马克思看来，这种"各个人借以进行生产的社会关系，即社会生产关系，是随着物质生产资料、生产力的变化和发展而变化和改变的"③。最后，人的本质是一切社会关系的总和。马克思认为，人的本质并不是黑格尔所说的"人的自我意识"的抽象产物，也不是费尔巴哈所理解的"理性、爱和意志力"的自然本性，而是一切社会关系的总和。马克思在《关于费尔巴哈的提纲》中分析指出，费尔巴哈把"宗教的本质归结于人的本质"，但他没有看到"'宗教感情'本身是社会的产物"，"抽象的个人，实际上是属于一定的社会形式的"④，所以他不得不"撇开历史的进程，把宗教感情固定为独立的东西"⑤，"只能把人的本质理解为'类'，理解为一种内在的、无声的、把许多个人纯粹自然地联系起来的普遍性"⑥。"但是，人的本质不是单个人所固有的抽象物，在其现实性上，它是一切社会关系的总和。"⑦ 恩格斯在批判抽象的人性论时也指出，费尔巴哈找不到从抽象王国通向活生生的现实世界的道路，只是紧紧抓住了自然界和人，"但是，在他那里，自然界和人都只是空话。无论关于现实的自然界或关于现实的人，他都不能对我们说出任何确定的东西"⑧。因此，"要从费尔巴哈的抽象的人转到现实的、活生生的人，就必须把这些人作为在历史中行动的人去考

① 《马克思恩格斯选集》第 1 卷，人民出版社 2012 年版，第 340 页。
② 《马克思恩格斯选集》第 1 卷，人民出版社 2012 年版，第 340 页。
③ 《马克思恩格斯选集》第 1 卷，人民出版社 2012 年版，第 340 页。
④ 《马克思恩格斯选集》第 1 卷，人民出版社 2012 年版，第 139 页。
⑤ 《马克思恩格斯选集》第 1 卷，人民出版社 2012 年版，第 139 页。
⑥ 《马克思恩格斯选集》第 1 卷，人民出版社 2012 年版，第 139 页。
⑦ 《马克思恩格斯选集》第 1 卷，人民出版社 2012 年版，第 139 页。
⑧ 《马克思恩格斯选集》第 4 卷，人民出版社 2012 年版，第 247 页。

察。"① 总之，马克思恩格斯关于人的本质的科学论断，揭示了人的存在与发展的内在规律，高度概括了人所具有的实践性、社会性、历史性、阶级性等本质特征。这一论述，对于了解和掌握教育对象的思想状况及其变化趋势，因人而异、适时而教、顺势而导的开展思想政治教育具有重要的指导意义。

马克思恩格斯在批判抽象的人性论基础上，驳斥了人的片面发展的错误观点，科学阐述了人的全面发展观。马克思恩格斯分析认为，是由于旧时的分工造成了人的体力和智力的分离与对立，导致人的片面发展，尤其是私有制和剥削制度加剧了人的片面发展，甚至造成人的某种身体和智力上的畸形化恶果，是"私有制使我们变得如此愚蠢而片面"②。马克思恩格斯指出，只有社会主义、共产主义是"人的解放和复原的一个现实的"、必然的环节，"社会主义是人的不再以宗教的扬弃为中介的积极的自我意识，正像现实生活是人的不再以私有财产的扬弃即共产主义为中介的积极的现实一样"。③ 在马克思恩格斯看来，要实现人的解放和全面发展，必须彻底消灭私有制，消除人的生活本身的异化，把社会改造为自由人联合体社会，"只有到了那个时候，人的解放才能完成"④，也只有到了共产主义社会，"每一个人都无可争辩地有权全面发展自己的才能"⑤。在共产主义社会，任何人都没有特殊的活动范围，可以在任何部门内发展，可以根据自己的兴趣从事某项工作，而非总是固定在某一特定岗位上。而在过去的种种冒充的、虚假的甚至是完全虚幻的共同体中，个人自由只有统治阶级内部少数人享有，被统治阶级则无法获得，"只有在共同体中，个人才

① 《马克思恩格斯选集》第 4 卷，人民出版社 2012 年版，第 247 页。
② 《马克思恩格斯文集》第 1 卷，人民出版社 2009 年版，第 189 页。
③ 《马克思恩格斯文集》第 1 卷，人民出版社 2009 年版，第 197 页。
④ 《马克思恩格斯文集》第 1 卷，人民出版社 2009 年版，第 46 页。
⑤ 《马克思恩格斯全集》第 2 卷，人民出版社 1957 年版，第 614 页。

能获得全面发展其才能的手段,也就是说,只有在共同体中才可能有个人自由"①。"在真正的共同体的条件下,各个人在自己的联合中并通过这种联合获得自己的自由。"② 马克思恩格斯在《共产党宣言》中指出:"代替那存在着阶级和阶级对立的资产阶级旧社会的,将是这样一个联合体,在那里,每个人的自由发展是一切人的自由发展的条件。"③ 恩格斯在《共产主义原理》中,还提出了教育对人的全面发展的作用。恩格斯认为,在私有制社会里,劳动者只隶属于某一个生产部门,"受它束缚,听它剥削""每一个人都只能发展自己才能的一方面而偏废了其他各方面"。④ 而"由整个社会共同地和有计划地来经营的工业,更加需要才能得到全面发展、能够通晓整个生产系统的人",那么是"教育将使年轻人能够很快熟悉整个生产系统……教育将使他们摆脱现在这种分工给每个人造成的片面性。这样一来,根据共产主义原则组织起来的社会,将使自己的成员能够全面发挥他们的得到全面发展的才能"⑤。人的全面发展观,主要包括三层意涵:一是指人的体力、智力、技能、志趣以及思想道德等方面的全面发展,人不仅能从事打猎、捕鱼等体力劳动,而且还能从事研究、批判等脑力劳动,并根据社会需要或爱好,轮流转换生产与工作部门;二是指人的一切才能禀赋的充分发展,能够独立地进行创造性活动。三是指人的个性、社会关系的丰富发展,人与自然的协调发展,人与社会、人与人的和谐发展,以及人的综合素质的全面提高。马克思主义关于人的全面发展的重要观点,对于思想政治教育具有直接的理论指导意义和现实应用价值,为新时代确立思想政治教育目标、任务和方法,培养和造就能够担当民族复兴大任的

---

① 《马克思恩格斯选集》第 1 卷,人民出版社 2012 年版,第 199 页。
② 《马克思恩格斯选集》第 1 卷,人民出版社 2012 年版,第 199 页。
③ 《马克思恩格斯选集》第 1 卷,人民出版社 2012 年版,第 422 页。
④ 《马克思恩格斯选集》第 1 卷,人民出版社 2012 年版,第 308 页。
⑤ 《马克思恩格斯选集》第 1 卷,人民出版社 2012 年版,第 308 页。

时代新人提供了根本指向。

(四) 人的思想和行为形成的物质动因原理

马克思主义唯物史观揭示了人类社会历史运动的自身规律,从现实的、具体的人的活动过程中,发现了隐藏在人的活动目的和思想行为形成背后的"物质动因"。马克思恩格斯从"现实的人是历史的前提"这一研究视角出发,认为历史的前提是人,但他"不是处在某种虚幻的离群索居和固定不变状态中的人,而是处在现实的、可以通过经验观察到的、在一定条件下进行的发展过程中的人"①,"也就是说,这些个人是从事活动的,进行物质生产的,因而是在一定的物质的、不受他们任意支配的界限、前提和条件下活动着的"② 人。现实的人是由物质资料生产、新的需要引起的再生产、人类自身生产而共同构成它的具体的规定性内容。但实现的人也是有意识的人,意识同样是现实的人的规定,尽管它是一个派生的规定。马克思主义认为,现实的人是有目的、有意识的活动,这就决定了这种活动的因果性和目的性,而目的性又总是与人的意识相联系的。因此,在考察人的历史活动的思想动机基础上,还要研究产生这些思想动机背后的真正动因。唯心史观只研究了"目的""意识"等的精神动力,而没有深入探究并发现"社会历史深处的物质动因",最终把历史归结为意识活动。正如恩格斯所说:这是"因为它认为在历史领域中起作用的精神的动力是最终原因,而不去研究隐藏在这些动力后面的是什么,这些动力的动力是什么。不彻底的地方并不在于承认精神的动力,而在于不从这些动力进一步追溯到它的动因"。③ 唯物史观正是在克服了唯心史观只是考察人们历史活动的思想动机这一根本缺陷基础上,揭示了人的活动目的的

---

① 《马克思恩格斯选集》第 1 卷,人民出版社 2012 年版,第 153 页。
② 《马克思恩格斯选集》第 1 卷,人民出版社 2012 年版,第 151 页。
③ 《马克思恩格斯选集》第 4 卷,人民出版社 2012 年版,第 255 页。

真正动因。这就是追求一定的物质利益。恩格斯指出:"在社会历史领域内进行活动的,是具有意识的、经过思虑或凭激情行动的、追求某种目的的人;任何事情的发生都不是没有自觉的意图,没有预期的目的。"① 在人类社会历史领域内,人们的各种思想动机,"最终都无例外地植根于他们自身的和社会的物质利益""一切思想、观念、目的和意识,归根到底总是反映一定的实际利益"。② 物质利益是人们进行一切历史活动的客观根源,是社会发展的真正动因。马克思指出:"人们为之奋斗的一切,都同他们的利益有关。"③ 在马克思恩格斯看来,利益是一个复杂的系统,人们对利益的需求多种多样,但最根本、最直接的,是以人们的物质生活条件为基础的物质利益。"每一既定社会的经济关系首先表现为利益。"④ 恩格斯指出:"一个很明显的而以前完全被人忽略的事实,即人们首先必须吃、喝、住、穿,就是说首先必须劳动,然后才能争取统治,从事政治、宗教和哲学等等。"⑤ "人们头脑中发生的这一思想过程,归根到底是由人们的物质生活条件决定的。"⑥ 人类的生产劳动,是为了满足人们吃、喝、住、穿等最基本的物质需要,只有在此基础上,才有其他的种种需要和为之而进行的种种活动。马克思恩格斯在《神圣家族》中,还肯定了物质利益对推动社会历史运动所发挥的重要作用,认为"'思想'一旦离开'利益',就一定会使自己出丑"⑦。马克思恩格斯指出:"资产阶级在 1789 年革命中的利益决不是'不合时宜的',它'赢得了'一切,并且有过'极有影响的成效'"⑧。

---

① 《马克思恩格斯选集》第 4 卷,人民出版社 2012 年版,第 253 页。
② 《马克思主义哲学》第二版,高等教育出版社 2020 年版,第 138 页。
③ 《马克思恩格斯全集》第 1 卷(上),人民出版社 1956 年版,第 187 页。
④ 《马克思恩格斯选集》第 3 卷,人民出版社 2012 年版,第 258 页。
⑤ 《马克思恩格斯选集》第 3 卷,人民出版社 2012 年版,第 723 页。
⑥ 《马克思恩格斯选集》第 4 卷,人民出版社 2012 年版,第 261 页。
⑦ 《马克思恩格斯文集》第 1 卷,人民出版社 2009 年版,第 286 页。
⑧ 《马克思恩格斯文集》第 1 卷,人民出版社 2009 年版,第 287 页。

马克思恩格斯关于人的思想和行为形成的物质动因原理，对于指导新时代思想政治教育工作，分析人的思想形成动因，坚持思想教育与物质利益相结合，在实现好维护好发展好人民根本利益基础上，不断提高人的思想境界、政治意识、理论水平、道德情操和文明素养，都具有重要的理论指导价值和实践运用意义。

二、论思想政治教育的概念名称

马克思恩格斯尽管没有直接使用过"思想政治教育"这样的词项，但在创立科学社会主义和领导工人运动实践中，他们早已认识到思想政治教育的重要性，做了大量政治宣传和说服教育工作，使用了多个与现代思想政治教育概念内涵基本一致的相关名词，诸如"宣传""鼓动""传布""启发""教育""灌输"等等，就是马克思恩格斯撰文时经常用到的基本提法，这些提法与现代思想政治教育的概念内涵是基本一致的。

第一，最早启用了"宣传""宣传鼓动""宣传手段""宣传工作""宣传能力""宣传途径"等相关概念。较早提出"宣传鼓动"这一概念名称的是恩格斯。早在1843年，在谈及英国辉格党执政时期的统治手段时，恩格斯就曾肯定过"宣传鼓动"的重要作用，认为"宣传鼓动更是将他们的事业广而告之的一种手段"①。在《英国工人阶级状况》一文中，恩格斯认为，工人们要求实行的十小时工作法案，是"工会通过宣传使这个要求变成了所有工厂居民的共同要求"②。1845年2月，恩格斯充分肯定了出版共产主义书刊对于"全部用来宣传我们的思想"③和"利用雄辩的事实来宣传彻底改造的必要性"④的重要价值。马克思恩格斯在《共产主义者同盟

---

① 《马克思恩格斯全集》第3卷，人民出版社2002年版，第436页。
② 《马克思恩格斯全集》第2卷，人民出版社1957年版，第456页。
③ 《马克思恩格斯全集》第2卷，人民出版社1957年版，第594页。
④ 《马克思恩格斯全集》第2卷，人民出版社1957年版，第594页。

章程》中，明确把"具有革命毅力并努力进行宣传工作"①列为加入同盟盟员的必备条件。恩格斯在阐述建立无产阶级政党和开展政治斗争的必要性时还指出："如果放弃在政治领域中同我们的敌人作斗争，那就是放弃了一种最有力的行动手段，特别是组织和宣传的手段。"②恩格斯在批驳俄国民粹主义者特卡乔夫对他的攻击污蔑时，强调了宣传工作在俄国革命中的重要意义，指出"在俄国本国内，尤其是在城市中，向人民进行口头宣传的途径是永远不可能完全被杜绝的，不管特卡乔夫先生在这个问题上可以找到有利于自己的什么说法"③。在《卡·马克思〈1848年至1850年的法兰西阶级斗争〉一书导言》中，恩格斯再次强调了宣传工作对争取工农群众参加革命斗争的重要性，因此，他认为要把"耐心的宣传工作和议会活动"作为"党的当前任务"④。

第二，多次用了"鼓动""鼓动工作""政治鼓动工作"等这样的词汇。恩格斯在评价德译本《巴黎的秘密》小说时就提到了"鼓动"的概念和作用，认为"目前在德国开始进行更广泛的社会鼓动该是多么有利的时机，办一种主张彻底进行社会改革的新期刊会收到怎样的效果"⑤。在《英国工人阶级状况》中，有多处使用了"鼓动"这个词语，如"鼓动还是同样活跃地继续下去"⑥"社会主义的鼓动也在继续进行"⑦等，都强调了"鼓动"的重要作用。恩格斯在肯定宪章派新政党所做的宣传鼓动工作时写道："一个人数众多的新政党几年的工夫就在人民宪章的旗帜下形成了，它正在朝气蓬勃地进行宣传鼓动，对比之下，奥康奈尔和反谷物法同盟则是不成

---

① 《马克思恩格斯全集》第4卷，人民出版社1958年版，第572页。
② 《马克思恩格斯选集》第3卷，人民出版社2012年版，第40页。
③ 《马克思恩格斯选集》第3卷，人民出版社2012年版，第321页。
④ 《马克思恩格斯选集》第4卷，人民出版社2012年版，第394—395页。
⑤ 《马克思恩格斯全集》第3卷，人民出版社2002年版，第557页。
⑥ 《马克思恩格斯选集》第1卷，人民出版社2012年版，第121页。
⑦ 《马克思恩格斯选集》第1卷，人民出版社2012年版，第127页。

材的无能之辈"①。马克思从法国移居到布鲁塞尔后，就"开始了实际的鼓动工作"②，"自从 1847 年他和他的政治上的朋友加入已存在多年的秘密的'共产主义者同盟'后，实际的鼓动工作对于他就具有更重要的意义了"③。但由于"共产主义者同盟的盟员在科隆被判罪以后，马克思离开了政治鼓动工作"④，开始专心研究政治经济学和为报刊写稿。

　　第三，采用了"政治教育""宗教教育""道德教育""理论教育"等相关提法。恩格斯曾经依据 1839 年出版的《普鲁士和普鲁士制度》一书中的详细分析，认为普鲁士政府的法律、国家管理和赋税分配制度的实质，就是"靠牺牲贫民的利益来优待金钱贵族、追求一成不变的专制制度；实施的办法是：压制政治教育，使大多数人处于愚昧状态"⑤。在《瓦勒内战》中，恩格斯分析了在罗尼河瓦勒河谷地区居住的德意志居民状况，认为他们"直到今天依然处于几乎和他们的祖先占据上瓦勒时一样的原始状态"⑥。他们之所以这样，就是因为"政治教育和宗教教育完全把持在少数贵族门阀和僧侣手中。他们自然是极力保持人民的愚昧和迷信"⑦。在考察英国工人道德面貌时，恩格斯分析认为，英国的工人"不仅在身体和智力方面，而且在道德方面，也遭到统治阶级的摈弃和忽视"⑧，"在英国所有的学校里，道德教育是和宗教教育结合在一起的，这种道德教育所产生的结果显然也不会比宗教教育好"⑨。马克思恩格斯在强调"真正的教育因素"对"无产阶级运动有益处"时，还采用了"理论教育"的提法，认为德国

① 《马克思恩格斯全集》第 3 卷，人民出版社 2002 年版，第 423 页。
② 《马克思恩格斯选集》第 3 卷，人民出版社 2012 年版，第 716 页。
③ 《马克思恩格斯选集》第 3 卷，人民出版社 2012 年版，第 716—717 页。
④ 《马克思恩格斯选集》第 3 卷，人民出版社 2012 年版，第 719 页。
⑤ 《马克思恩格斯全集》第 41 卷，人民出版社 1982 年版，第 534 页。
⑥ 《马克思恩格斯全集》第 42 卷，人民出版社 1979 年版，第 207 页。
⑦ 《马克思恩格斯全集》第 42 卷，人民出版社 1979 年版，第 207 页。
⑧ 《马克思恩格斯文集》第 1 卷，人民出版社 2009 年版，第 428 页。
⑨ 《马克思恩格斯文集》第 1 卷，人民出版社 2009 年版，第 427 页。

人创办的"《未来》杂志或《新社会》杂志,都没有带来任何能使运动前进一步的东西"①,因为"这里绝对没有真正的实际教育材料或理论教育材料"②。恩格斯还深刻分析认为,无产阶级革命运动发展最快的地方,往往是"一部分无产阶级已经组织起来并且受过理论教育的地方,如德国"③就是这样的地方。

第四,明确使用了"灌输"这一概念词汇。马克思恩格斯在向无产阶级宣讲和传播科学理论过程中,多次提出和使用了"灌输"这个术语,突出地体现了它在无产阶级思想政治教育中的重要性。在 1843 年撰写的《〈黑格尔法哲学批判〉导言》一文中,马克思在谈到德国人的解放时这样写道:"思想的闪电一旦彻底击中这块素朴的人民园地,德国人就会解放成为人。"这里的"彻底击中"就包含了浓郁的"灌输"意味。在马克思关于"工资"的手稿中,明确使用了"灌输"一词,马克思在遗稿中写道:"资产者认为道德教育就是灌输资产阶级的原则"④。马克思恩格斯在《所谓国际内部的分裂》中,批判巴枯宁分子"将用它绝不会有任何成果的'彻底研究'的办法引出思想。'然后'由他们将它'灌输到我们的工人组织中去'"⑤。这里的"灌输"之意,已经表达了灌输理论的基本内涵。马克思在《哥达纲领批判》中又采用了这个术语,批评纲领的制定者"用民主主义者和法国社会主义者所惯用的、凭空想象的关于权利等等的废话,来歪曲那些花费了很大力量才灌输给党而现在已在党内扎了根的现实主义观点"⑥。恩格斯在给一位美国朋友写信时这样指出,"不要硬把别人在开始时还不能正确了解、但很快就能学会的一些东西灌输给别人,从而使初期

① 《马克思恩格斯选集》第 3 卷,人民出版社 2012 年版,第 738 页。
② 《马克思恩格斯选集》第 3 卷,人民出版社 2012 年版,第 738 页。
③ 《马克思恩格斯全集》第 37 卷,人民出版社 1971 年版,第 348 页。
④ 《马克思恩格斯全集》第 6 卷,人民出版社 1961 年版,第 648 页。
⑤ 《马克思恩格斯全集》第 18 卷,人民出版社 1964 年版,第 45 页。
⑥ 《马克思恩格斯选集》第 3 卷,人民出版社 2012 年版,第 365 页。

不可避免的混乱现象变本加厉"①。之后恩格斯又对他再次强调："越少从外面把这种理论硬灌输给美国人，而越多由他们通过自己亲身的经验（在德国人的帮助下）去检验它，它就越会深入他们的心坎。"② 等等。总之，马克思恩格斯这些关于灌输的初步思想，为日后灌输理论的形成提供了理论准备。

三、论思想政治教育的价值、地位和作用

马克思恩格斯作为无产阶级思想政治教育理论与实践的开创者、探索者，阐述了思想政治教育客观存在的必然性，论述了思想政治教育的价值、地位和作用，成为指导无产阶级政党开展思想政治教育的理论依据和实践指南。

第一，"理论一经掌握群众，也会变成物质力量"。这是马克思阐述理论教育、进行理论斗争、肯定思想政治教育价值功能、地位和作用的精辟论断。恩格斯指出："一个民族要想站在科学的最高峰，就一刻也不能没有理论思维。"③ 马克思恩格斯认为，无产阶级要夺取革命胜利，就离不开科学的理论指导，"只有当工人通过组织而联合起来并获得知识的指导时，人数才能起举足轻重的作用"④。马克思在《〈黑格尔法哲学批判〉导言》一文中，重点研究了理论对指导工人运动的重要意义和作用。马克思分析认为，德国人善于理论思维，"在政治上思考其他国家做过的事情。德国是这些国家的理论良心"⑤。"即使从历史的观点来看，理论的解放对德国也有特殊的实践意义。德国的革命的过去就是理论性的，这就是宗教

---

① 《马克思恩格斯选集》第 4 卷，人民出版社 2012 年版，第 586—587 页。
② 《马克思恩格斯选集》第 4 卷，人民出版社 2012 年版，第 588 页。
③ 《马克思恩格斯选集》第 3 卷，人民出版社 2012 年版，第 875 页。
④ 《马克思恩格斯选集》第 3 卷，人民出版社 2012 年版，第 10 页。
⑤ 《马克思恩格斯选集》第 1 卷，人民出版社 2012 年版，第 9 页。

改革。正像当时的革命是从僧侣的头脑开始一样,现在的革命则从哲学家的头脑开始。"① 因此,"哲学把无产阶级当作自己的物质武器,同样,无产阶级也把哲学当做自己的精神武器;思想的闪电一旦彻底击中这块素朴的人民园地,德国人就会解放成为人。"② 这就是说,哲学、革命的理论一旦把无产阶级头脑武装起来了,那么这个"精神武器"就会发挥"思想的闪电"的巨大作用,从而有利于推动革命发展、实现革命目标。马克思深刻指出:"批判的武器当然不能代替武器的批判,物质力量只能用物质力量来摧毁;但是理论一经掌握群众,也会变成物质力量。"③ 这一精辟论述,进一步阐明了理论教育、理论斗争的重要价值和作用,强调理论的这个"精神武器"一旦被广大人民群众认可、接受和掌握,就会变成强大的"物质力量",发挥出"物质力量"的重要威力。"批判的武器"指的是理论斗争,"武器的批判"指的是武装革命。理论斗争当然不能代替武装革命,要想摧毁反动阶级的"物质力量",只能用革命阶级的"物质力量"去摧毁。然而,这并不等于说就可以忽视理论斗争的作用,因为科学的理论能够教育和说服群众,一旦群众接受和掌握了科学理论,并运用它来指导革命实践,就会变成物质力量。那么,理论怎样才能为群众所接受和掌握,并转化为物质力量呢,这就需要对群众开展教育说服工作,进行耐心细致的思想政治教育,"而这就是思想政治教育的作用和使命所在"④。由于理论属于社会意识范畴,这就决定了它要受到社会存在的制约和限定。所以理论斗争、思想政治教育又要受制于"物质基础",这"就是说,革命需要被动因素,需要物质基础。理论在一个国家实现的程度,总是取决

---

① 《马克思恩格斯选集》第 1 卷,人民出版社 2012 年版,第 10 页。
② 《马克思恩格斯选集》第 1 卷,人民出版社 2012 年版,第 16 页。
③ 《马克思恩格斯选集》第 1 卷,人民出版社 2012 年版,第 9 页。
④ 刘建军:《马克思主义经典作家论思想政治教育的意义》,《西北师大学报》(社会科学版)2020 年第 1 期。

于理论满足这个国家的需要的程度"①。而要把"理论需要"直接转变为"现实需要",这就要求"现实本身"的物质基础与条件要不断得以改善,以适应理论斗争和思想政治教育需要。马克思指出:"光是思想力求成为现实是不够的,现实本身应当力求趋向思想。"②

第二,"统治阶级的思想在每一时代都是占统治地位的思想"③。这是马克思恩格斯依据唯物史观而提出的核心论断,深刻阐明了统治阶级主流意识形态存在的客观事实,肯定了思想政治教育在阶级统治中的重要价值功能和地位作用。马克思恩格斯在《德意志意识形态》中深刻指出:"统治阶级的思想在每一时代都是占统治地位的思想。这就是说,一个阶级是社会上占统治地位的物质力量,同时也是社会上占统治地位的精神力量。"④ 在《共产党宣言》中,马克思恩格斯分析认为,"人们的观念、观点和概念,一句话,人的意识,随着人们的生活条件、人们的社会关系、人们的社会存在的改变而改变"⑤,人们的"精神生产随着物质生产的改造而改造"⑥。因此,"任何一个时代的统治思想始终都不过是统治阶级的思想。"⑦ 这一重要论断,既体现了社会存在与社会意识的辩证关系原理,也彰显了思想政治教育的重要价值、地位和作用。第一,社会存在决定社会意识,有什么样的社会存在,就会形成与之相适应的社会意识。统治阶级的思想是在其占统治地位的社会物质生产和经济条件基础上产生的,是体现统治阶级政治地位和经济利益的主流意识形态。统治阶级利用其在社会物质生产上占统治地位的绝对优势,用其思想教化被统治阶级,从而实现

---

① 《马克思恩格斯选集》第 1 卷,人民出版社 2012 年版,第 11 页。
② 《马克思恩格斯选集》第 1 卷,人民出版社 2012 年版,第 11 页。
③ 《马克思恩格斯选集》第 1 卷,人民出版社 2012 年版,第 178 页。
④ 《马克思恩格斯选集》第 1 卷,人民出版社 2012 年版,第 178 页。
⑤ 《马克思恩格斯选集》第 1 卷,人民出版社 2012 年版,第 419—420 页。
⑥ 《马克思恩格斯选集》第 1 卷,人民出版社 2012 年版,第 420 页。
⑦ 《马克思恩格斯选集》第 1 卷,人民出版社 2012 年版,第 420 页。

思想上的统治，维护其政治上的统治地位和经济上的根本利益。第二，统治阶级的思想之所以成为占统治地位的思想，是统治阶级利用其在经济上占统治地位的优势条件，通过政治控制、社会教化等手段，传播其思想文化和道德规范，从而实现其在思想上的统治地位。第三，它深刻揭示了思想政治教育在阶级社会中的地位和作用。在阶级社会中，思想政治教育的价值和作用不可忽视和低估。统治阶级为了维护其统治地位，不仅要靠国家机器和暴力工具等硬实力来保证，而且还要靠宣传和思想政治教育等软实力来巩固。无产阶级要彻底摆脱占统治地位的资产阶级旧思想旧文化的钳制，就要进行彻底的思想斗争，通过宣传和思想政治教育，使无产阶级和人民群众接受和掌握马克思主义科学理论，用先进的"思想闪电"去击破资产阶级旧思想旧文化的裹挟，从而彻底摆脱资产阶级的精神束缚，实现真正的思想解放，夺取革命胜利，最终实现革命目标。

第三，"共产党一分钟也不忽略教育工人"。这是马克思恩格斯关于思想政治教育重要价值、地位和作用的精辟论断。在马克思恩格斯为共产主义者同盟起草的纲领性文献《共产党宣言》中，特别强调了对无产阶级开展宣传和思想政治教育的必要性和紧迫性，他们提出要对无产阶级进行阶级立场、阶级意识和阶级观念的宣传教育，认为通过宣传教育，可以站稳无产阶级革命立场，增强无产阶级革命意识，坚定革命必胜信念，加强革命团结，有利于推动无产阶级反抗资产阶级的斗争，并最终夺取革命的胜利。马克思恩格斯指出："共产党一分钟也不忽略教育工人尽可能明确地意识到资产阶级和无产阶级的敌对的对立，以便德国工人能够立刻利用资产阶级统治所必然带来的社会的和政治的条件作为反对资产阶级的武器，以便在推翻德国的反动阶级之后立即开始反对资产阶级本身的斗争。"[①] 无产阶级革命立场是鲜明的，革命观点是明确的，革命的目的就是要"用暴

---

① 《马克思恩格斯选集》第1卷，人民出版社2012年版，第434—435页。

力推翻全部现存的社会制度"。"共产党人不屑于隐瞒自己的观点和意图",对无产阶级进行革命宣传和政治教育必须开诚布公、旗帜鲜明。在马克思恩格斯看来,只有通过宣传鼓动和思想政治教育,才能使无产阶级不断了解和认识到革命"运动的条件、进程和一般结果",从而使之成为反对资产阶级斗争中"最坚决的、始终起推动作用的部分"①。恩格斯还把无产阶级"认识到自己的行动的条件和性质"②看作是"无产阶级运动的理论表现即科学社会主义的任务"③。马克思恩格斯认为,加强对无产阶级和广大劳动群众的宣传和思想政治教育,有利于统一思想认识,扩大革命队伍,形成广泛的革命统一战线,增强无产阶级革命斗争的团结性、纪律性和战斗力。恩格斯指出:"社会主义自从成为科学以来,就要求人们把它当作科学来对待,就是说,要求人们去研究它。必须以高度的热情把由此获得的日益明确的意识传播到工人群众中去,必须不断增强党组织和工会组织的团结。"④ 恩格斯还充分肯定地说,"单靠那种认识到阶级地位的共同性为基础的团结感,就足以使一切国家和操各种语言的工人建立同样的伟大无产阶级政党并使它保持团结"⑤。

四、论思想政治教育的性质、目的和任务

马克思恩格斯在领导无产阶级革命斗争实践中,不仅提出了思想政治教育的基本概念,肯定了思想政治教育的价值、地位和作用,而且还阐述了无产阶级思想政治教育的性质、目的、任务和党性原则。

马克思恩格斯旗帜鲜明地阐明了无产阶级思想政治教育的立场和党性

---

① 《马克思恩格斯选集》第 1 卷,人民出版社 2012 年版,第 413 页。
② 《马克思恩格斯选集》第 3 卷,人民出版社 2012 年版,第 817 页。
③ 《马克思恩格斯选集》第 3 卷,人民出版社 2012 年版,第 817 页。
④ 《马克思恩格斯选集》第 3 卷,人民出版社 2012 年版,第 38 页。
⑤ 《马克思恩格斯选集》第 4 卷,人民出版社 2012 年版,第 216 页。

原则，强调无产阶级要把"哲学当做自己的精神武器"①，并通过宣传与思想政治教育，把哲学这个先进的科学的彻底的马克思主义理论，传播和灌输给工人阶级和普罗民众，用先进的革命理论武装群众、掌握群众、指导革命运动和斗争，使之发挥精神武器的"思想的闪电"作用，从而变成推翻资产阶级反动统治、夺取无产阶级革命胜利的物质力量。思想政治教育的根本任务就是要用马克思主义这个"彻底的理论"和"思想的闪电"，去教育和掌握群众，使广大无产阶级通过宣传、学习和教育，真正掌握这个强大的精神武器，充分认识到自己行动的条件和性质，坚定社会主义、共产主义信念，在自己的发展进程中"同传统的观念实行最彻底的决裂"，战胜资产阶级等一切旧阶级的狭隘眼界、思想偏见和传统习惯势力，推翻资本主义反动统治，实现共产主义。马克思恩格斯指出："共产主义革命就是同传统的所有制关系实行最彻底的决裂；毫不奇怪，它在自己的发展进程中要同传统的观念实行最彻底的决裂。"② 这就深刻揭示了无产阶级思想政治教育的政治立场和党性原则。马克思恩格斯认为，要实现各尽所能、按需分配的自由人联合体社会，既要不断增加和扩大生产力的总量，使社会财富极大丰富，同时还要求人们的思想觉悟要得到极大提高，而无产阶级思想政治觉悟的极大提高又离不开思想政治教育，这就充分肯定了思想政治教育在实现无产阶级革命目标和任务中的重要地位。在此基础上，马克思恩格斯深刻阐明了思想政治教育的根本目的就是实现人类的彻底解放和人的自由全面发展。马克思恩格斯认为，实现人的自由全面发展，生产力是最终的决定力量，人的自由全面发展"是在现有的生产力所决定和所容许的范围之内取得"的。新型社会关系的合理构建是人的自由全面发展的重要条件。工业革命所创造的经济基础，虽然为人的全面发展

---

① 《马克思恩格斯选集》第 1 卷，人民出版社 2012 年版，第 16 页。
② 《马克思恩格斯选集》第 1 卷，人民出版社 2012 年版，第 421 页。

提供了物质条件，但由资本主义私有制而联合形成的共同体，却不是真正的共同体，而是冒充的、虚假的共同体，这对于被统治阶级来说"不仅是完全虚幻的共同体，而且是新的桎梏"。因此，在马克思恩格斯看来，只有"在真正的共同体的条件下，各个人在自己的联合中并通过这种联合获得自己的自由""只有在共同体中，个人才能获得全面发展其才能的手段，也就是说，只有在共同体中才可能有个人自由"。① 而教育的发展则是促进人的全面发展的重要途径。教育与生产劳动相结合是"造就全面发展的人的唯一方法"和"未来教育的'幼芽'"②。"如果不把儿童和少年的劳动和教育结合起来，那无论如何也不能允许父母和企业主使用这种劳动"③。马克思深刻指出："从工厂制度中萌发出了未来教育的幼芽，未来教育对所有已满一定年龄的儿童来说，就是生产劳动同智育和体育相结合，它不仅是提高社会生产的一种方法，而且是造就全面发展的人的唯一方法。"④ 这就深刻阐明了教育对人的自由全面发展的重要作用。 马克思在这里所说的教育，当然是包含思想政治教育在内的教育，通过思想政治教育与生产劳动相结合，培养和提高人的政治觉悟、思想素质和文化水平，培养人的健全人格和丰富个性，从而造就全面发展的人。

五、论思想政治教育的主体与对象

马克思曾经指出："主体是人，客体是自然，这总是一样的。"⑤ 关于思想政治教育的主体与对象，尽管马克思恩格斯没有直接指明，但他们深知"思想本身根本不能实现什么东西。思想要得到实现，就要有使用

---

① 《马克思恩格斯选集》第 1 卷，人民出版社 2012 年版，第 199 页。
② 《马克思恩格斯选集》第 2 卷，人民出版社 2012 年版，第 230 页。
③ 《马克思恩格斯全集》第 16 卷，人民出版社 1964 年版，第 218 页。
④ 《马克思恩格斯选集》第 2 卷，人民出版社 2012 年版，第 230 页。
⑤ 《马克思恩格斯选集》第 2 卷，人民出版社 2012 年版，第 685 页。

实践力量的人"①的重要性，认为只有依靠"使用实践力量的人"，才能把革命理论和先进理念传播给工人阶级和广大民众，无产阶级也只有在科学理论指导下，才能发挥思想的闪电作用，变成现实的"物质力量"。"使用实践力量的人"，指的是什么人，很显然是包括教育者和受教育者，这就指明了思想政治教育的主体与对象。如果没有教育主体和接受对象，理论就不能自动被群众所掌握，也不可能自动变为物质力量。为此，马克思恩格斯就特别注重无产阶级政党、工会、协会、共青团组织等这些实施主体对工农群众等教育对象进行宣传、鼓动和教育的作用。

《共产党宣言》中所讲的"共产党一分钟也不忽略教育工人"②，这句话就阐明了思想政治教育的实施主体是"共产党"，教育对象是"工人"，同时还强调了思想政治教育的重要性、紧迫性，即"一分钟也不忽略教育"。而在"共产党人并没有发明社会对教育的作用；他们仅仅是要改变这种作用的性质，要使教育摆脱统治阶级的影响"③这句话中，马克思恩格斯再次强调了"共产党人"是实施思想政治教育的主体，"无产者及其他们的子女"是教育对象。"共产党人"当然具体包括无产阶级政党成员及其领袖、理论宣传家、政治鼓动家、思想政治教育工作者，等等。无产阶级政党是由无产阶级中的先进分子所组成的，是先进生产力和先进文化的代表者，它组织和领导的运动是"为绝大多数人谋利益的独立的运动"，代表的是"整个运动的利益"，因而它的政治觉悟、思想素质、理论水平和道德情操都要高于普通工人群众，具备了作为实施宣传工作和思想政治教育主体的先天条件，"于是便形成了一个强有力的核心，这个核心关于本阶级解放的思想更加明确得多，而且更加符合现

---

① 《马克思恩格斯文集》第 1 卷，人民出版社 2009 年版，第 320 页。
② 《马克思恩格斯选集》第 1 卷，人民出版社 2012 年版，第 434 页。
③ 《马克思恩格斯选集》第 1 卷，人民出版社 2012 年版，第 418 页。

存的事实和历史的需要"①。马克思恩格斯对思想政治教育主体还提出了
具体要求，如马克思就指出，"在市民社会，任何一个阶级要能够扮演
这个角色，就必须在自身和群众中激起瞬间的狂热。在这瞬间，这个阶
级与整个社会亲如兄弟，汇合起来，与整个社会混为一体并且被看做和
被认为是社会的总代表；在这瞬间，这个阶级的要求和权利真正成了社
会本身的权利和要求，它真正是社会的头脑和社会的心脏"②。恩格斯也
认为："党的政论家应当具备完全不同于海因岑先生（前面已经指出，他
是本世纪最无知的人之一）所具有的素质。……作为党的政论家，除了
一定的信念、善良的愿望和洪亮的嗓音而外，还需要一些别的条件。同
海因岑先生现在具有的和多年经验证明他能够具有的各方面的条件相
比，党的政论家还需要具有更多的智慧、更明确的思想、更好的风格和
更丰富的知识。"③

　　马克思恩格斯还强调了工会、协会等组织对宣传发动和教育工农群众
的重要作用。在《临时中央委员会就若干问题给代表的指示》中，马克思
就阐述了工会组织的重要性，认为工会是工人阶级的组织中心，是"消灭
雇佣劳动制度本身和消灭资本权力的一种有组织的力量"④，肯定了国际协
会能"真正促进全体劳动者的进步与繁荣"，指出"不管工会的最初目的
如何，现在它们必须学会作为工人阶级的组织中心而自觉地进行活动，把
工人阶级的彻底解放作为自己的伟大任务"。⑤ 恩格斯在《英国工人阶级
状况》中认为，"工会在很大程度上加深了工人对有产阶级的仇恨和愤怒，
这是无须加以说明的"⑥，工会通过宣传"十小时法案""使这个要求变成

---

① 《马克思恩格斯选集》第 1 卷，人民出版社 2012 年版，第 571 页。
② 《马克思恩格斯选集》第 1 卷，人民出版社 2012 年版，第 13 页。
③ 《马克思恩格斯选集》第 1 卷，人民出版社 2012 年版，第 283 页。
④ 《马克思恩格斯全集》第 16 卷，人民出版社 1964 年版，第 220 页。
⑤ 《马克思恩格斯全集》第 16 卷，人民出版社 1964 年版，第 221 页。
⑥ 《马克思恩格斯选集》第 1 卷，人民出版社 2012 年版，第 111 页。

了所有工厂居民的共同要求"①。在《共产主义在德国的迅速进展》中，恩格斯肯定了协会对教育工人群众的重要作用，认为它既可以改善劳动者的处境，又可以帮助他们进行自我教育，甚至连"有些普鲁士政府的高级官员也积极地参加了这些协会的活动"②。除此之外，马克思恩格斯还阐述了对农民群众、农民工人、儿童、青年的教育问题，这些都属于思想政治教育对象的范畴。

六、论思想政治教育的基本内容

马克思恩格斯对思想政治教育内容的论述也较为丰富，概括起来主要包括科学社会主义理论教育、阶级意识与阶级斗争教育、共产主义教育、无产阶级国际主义教育和爱国主义教育等。这些核心论述和观点是无产阶级开展思想政治教育的基本内容，也是推动思想政治教育内容丰富发展的理论依据，有助于深刻理解和精准把握习近平总书记关于思想政治教育重要论述的内涵要义，对于新时代高校"办好讲好学好"思想政治理论课具有重要的指导意义。

一是科学社会主义理论教育。1948年2月，《共产党宣言》在伦敦的公开发表，标志着科学社会主义的创立。因此，用科学社会主义理论武装无产阶级和指导革命斗争，就成为思想政治教育的重要内容。恩格斯在他撰写的《关于共产主义者同盟的历史》一文中，特别阐述了要把科学社会主义理论传播给无产阶级的重要性和紧迫性，认为现代被压迫阶级即无产阶级只有用科学理论武装头脑并指导革命运动，才能摆脱阶级划分和阶级斗争，争得自身的解放。恩格斯指出："我们决不想把新的科学成就写成厚厚的书，只向'学术'界吐露。正相反，我们两人已经深入到政治运动

---

① 《马克思恩格斯全集》第2卷，人民出版社1957年版，第456页。
② 《马克思恩格斯全集》第2卷，人民出版社1957年版，第589页。

中；我们已经在知识分子中间，特别是在德国西部的知识分子中间获得一些人的拥护，并且同有组织的无产阶级建立了广泛联系。我们有义务科学地论证我们的观点，但是，对我们来说同样重要的是：争取欧洲无产阶级，首先是争取德国无产阶级拥护我们的信念。"① 当这一任务明确后，马克思恩格斯带领共产主义者同盟的盟员，"就立即着手工作了"，建立工人协会，创办机关报，对广大无产阶级和普通民众开展科学社会主义理论宣传与教育。通过教育，把科学社会主义理论渗透到工人阶级的"血肉"，占领他们的"头脑"，成为指导无产阶级革命和争取人类解放事业的行动指针。恩格斯指出："如果工人没有理论感，那么这个科学社会主义就决不可能像现在这样深入他们的血肉。"② 只有用马克思主义科学理论武装起来的无产阶级革命运动，才能最终实现它的革命目标。

二是阶级立场、阶级意识、阶级观念和阶级斗争教育。马克思恩格斯始终坚持思想政治教育为无产阶级解放事业服务的党性原则，认识到"必须以高度的热情把由此获得的日益明确的意识传播到工人群众中去，必须不断增强党组织和工会组织的团结"③ 的重要性，认为只有不断加强对工人阶级和广大劳苦大众的阶级立场、阶级意识、阶级观念和阶级斗争教育，才能使"工人尽可能明确地意识到资产阶级和无产阶级的敌对的对立"④，认识到资产阶级的虚假性、伪善性、欺骗性，引导广大工人学会用"冷静的眼光来看他们的生活地位、他们的相互关系"⑤。通过阶级意识、阶级观念和阶级斗争教育，牢固树立无产阶级革命立场和共产主义坚定信念，使工人群众充分认识到隐藏在资产阶级温情面纱背后的利己主义、

---

① 《马克思恩格斯选集》第 4 卷，人民出版社 2012 年版，第 203 页。
② 《马克思恩格斯选集》第 3 卷，人民出版社 2012 年版，第 36 页。
③ 《马克思恩格斯选集》第 3 卷，人民出版社 2012 年版，第 38 页。
④ 《马克思恩格斯选集》第 1 卷，人民出版社 2012 年版，第 434 页。
⑤ 《马克思恩格斯选集》第 1 卷，人民出版社 2012 年版，第 404 页。

"赤裸裸的利害关系"、"冷酷无情的'现金交易'"、"纯粹的金钱关系",以及由宗教幻想和政治幻想掩盖着的"公开的、无耻的、直接的、露骨的剥削"①等反动本质,确立起这样的坚定信念,那就是:"只有用暴力推翻全部现存的社会制度"、消灭私有制,才能摆脱被资产阶级套在自己身上的"锁链",获得自由和"整个世界"②,实现共产主义。马克思恩格斯对工人阶级进行的广泛的阶级意识和阶级斗争教育,"现在已为正在争取自己解放的全体无产阶级所领会"③,使无产阶级深刻认识到自己的历史使命和时代担当。正如列宁在 1895 年纪念恩格斯的文中所说:"马克思和恩格斯对工人阶级的功绩,可以这样简单地来表达:他们教会了工人阶级自我认识和自我意识,用科学代替了幻想。"④

三是共产主义教育。马克思恩格斯为共产主义者同盟起草的纲领性文献《共产党宣言》,系统阐述了共产主义先进理念,对资本主义作了深刻而系统的分析,揭示了资本主义社会内部的固有矛盾,阐述了"两个必然"的历史发展规律,阐明了共产主义的特征就是要废除资产阶级所有制、消灭私有制、消灭剥削制度,无产阶级革命的最终目标就是要建立起"每个人的自由发展是一切人的自由发展的条件"⑤的"自由人联合体"社会,论述了共产党的性质、基本纲领和斗争策略,划清了科学社会主义与各种社会主义流派的界限,提出了"全世界无产者,联合起来!"的战斗口号,创立了科学社会主义理论体系。马克思恩格斯通过召开会议、主办讲座、创办报刊、书信交流等方式与手段,向广大工人阶级和劳动人民宣传共产主义思想,传播科学社会主义理论。1848 年欧洲革命后,马克思亲自为

---

① 《马克思恩格斯选集》第 1 卷,人民出版社 2012 年版,第 403 页。
② 《马克思恩格斯选集》第 1 卷,人民出版社 2012 年版,第 435 页。
③ 《列宁选集》第 1 卷,人民出版社 2012 年版,第 89 页。
④ 《列宁选集》第 1 卷,人民出版社 2012 年版,第 89 页。
⑤ 《马克思恩格斯选集》第 1 卷,人民出版社 2012 年版,第 422 页。

流亡的共产主义者们讲解《共产党宣言》，并先后到巴黎、布鲁塞尔、科伦等地对"盟员"和工人们开展教育，鼓舞流亡者坚定共产主义信念和革命必胜信心。同时通过创办《共产主义杂志》《新莱茵报》等报刊宣传共产主义，传播革命理论和无产阶级斗争学说，教育团结工农群众，鼓舞革命斗志，使这些报刊成为"善于鼓舞无产阶级群众"的"有威力和有影响力"的教育载体。马克思恩格斯还同盟员中的卡尔·沙佩尔、亨利希·鲍威尔、魏特林等人进行书信交流、谈心、讨论，传播科学社会主义真理，交流观点，统一认识，不断夯实共产主义政党理论基础。通过宣传教育，越来越使盟员们明白，"过去的共产主义观点，无论是法国粗陋的平均共产主义还是魏特林共产主义，都是不够的"①，"过去的理论观念毫无根据以及由此产生的实践上的错误，越来越使伦敦的盟员认识到马克思和我的新理论是正确的"②。马克思恩格斯还通过批判蒲鲁东机会主义、巴枯宁无政府主义、拉萨尔机会主义，以及杜林反马克思主义等非马克思主义流派的错误路线和观点，宣传、丰富和发展了共产主义学说。

　　四是无产阶级国际主义教育。无产阶级国际主义是共产主义伟大事业的题中应有之义。马克思恩格斯在《共产党宣言》中明确提出了无产阶级国际主义原则和精神，认为共产主义和无产阶级革命运动，不只是德国、瑞士、波兰、英国、法国等少数几个国家的事业，而是"共产党人到处都支持一切反对现存的社会制度和政治制度的革命运动"③，因此，"共产党人到处都努力争取全世界民主政党之间的团结和协调"，"全世界无产者，联合起来"。④1848 年欧洲革命失败后，马克思恩格斯为了迎接新的革命高潮的到来，一方面，继续开展理论研究，出版了《政治经济学批判》第

---

① 《马克思恩格斯选集》第 4 卷，人民出版社 2012 年版，第 205 页。
② 《马克思恩格斯选集》第 4 卷，人民出版社 2012 年版，第 205 页。
③ 《马克思恩格斯选集》第 1 卷，人民出版社 2012 年版，第 435 页。
④ 《马克思恩格斯选集》第 1 卷，人民出版社 2012 年版，第 435 页。

1 分册和《资本论》第 1 卷，丰富和发展了马克思主义理论，为各国无产阶级革命斗争提供了强大的思想武器。另一方面，高度关注着国际政治斗争和世界各国的民族民主革命运动，坚持鲜明的无产阶级国际主义立场与原则，在当时美国的进步报纸《纽约每日论坛报》上，发表了大量的时评和政论文章，阐述了自己的立场和看法，提高了各国无产阶级的政治觉悟和思想认识，促进了无产阶级国际主义团结的大大加强，极大地鼓舞了各国人民的革命斗志。1864 年 9 月，马克思应邀出席了国际工人协会的成立大会，并主笔完成了《国际工人协会成立宣言》和《国际工人协会共同纲领》的撰写、修改与完善任务。针对起草委员会成员提出的种种错误主张，只有马克思"一个人清楚地懂得正在发生什么和应该建立什么"①。马克思认为，"成立国际是为了用工人阶级的真正的战斗组织来代替那些社会主义的或半社会主义的宗派"②。在《国际工人协会成立宣言》中，马克思坚持了科学社会主义原则，重申了在《共产党宣言》中所阐明的关于无产阶级与资产阶级的利益根本对立、资本主义内在的尖锐矛盾必然导致其灭亡的科学原理，再次强调了《共产党宣言》中关于无产阶级所肩负的世界历史使命，特别提出无产阶级必须加强国际团结，认为这是无产阶级获得解放的重要条件。如果无产阶级"忽视在各国工人间应当存在的兄弟团结，忽视那应该鼓励他们在解放斗争中坚定地并肩作战的兄弟团结，就会使他们受到惩罚——使他们分散的努力遭到共同的失败"③。在《国际工人协会成立宣言》的结尾处，马克思又一次提出了"全世界无产者，联合起来"的无产阶级国际主义原则和战斗口号。马克思在《国际工人协会共同章程》中，再次提出必须加强无产阶级国际团结，明确宣布："工人阶级的解放应该由工人阶级自己去争取"；又一次重申："每

① 《马克思恩格斯全集》第 22 卷，人民出版社 1965 年版，第 398 页。
② 《马克思恩格斯选集》第 4 卷，人民出版社 2012 年版，第 496 页。
③ 《马克思恩格斯选集》第 3 卷，人民出版社 2012 年版，第 10 页。

个国家的工人运动的成功只能靠团结和联合的力量来保证"①；并且指出："由于经济斗争而已经达到的工人力量的联合，同样应该成为这个阶级在反对它的剥削者的政权的斗争中所掌握的杠杆。"② 后来，马克思恩格斯又在总结第一国际的历史经验基础上，对新的无产阶级国际主义组织提出了新的更高的要求，认为新的"国际"应当"将是纯粹共产主义的国际，而且将直截了当地树立起我们的原则……"③，新的"国际""再也不会是一个宣传的团体，而只能是一个行动的团体了"④。继马克思之后，恩格斯肩负起建立新的"国际"的全部工作，积极投入建立新的无产阶级国际组织的战斗，发扬光大了无产阶级国际主义精神，加强了无产阶级国际团结，进一步显示了无产阶级国际主义原则和精神的强大凝聚力和战斗力，丰富发展了无产阶级国际主义思想。恩格斯曾经指出："无产阶级的五一节活动之所以有划时代的意义，不单单是因为它具有使之成为战斗工人阶级第一次国际行动的普遍性质。它还使我们能够证实各个国家里的运动所取得的最令人欢欣鼓舞的成就。"⑤ 因此，"必须维护真正的国际主义精神，这种精神不容许产生任何爱国沙文主义，这种精神欢迎无产阶级运动中任何民族的新进展"⑥。可以说，这一切成就的取得，都要归功于马克思恩格斯不遗余力地对无产阶级国际主义原则和精神的宣传、教育和亲身实践指导。

七、论思想政治教育的基本原则

马克思恩格斯关于思想政治教育基本原则的核心论述和观点，主要包

---

① 《马克思恩格斯选集》第 3 卷，人民出版社 2012 年版，第 171、173 页。
② 《马克思恩格斯选集》第 3 卷，人民出版社 2012 年版，第 174 页。
③ 《马克思恩格斯选集》第 4 卷，人民出版社 2012 年版，第 516 页。
④ 《马克思恩格斯全集》第 35 卷，人民出版社 1971 年版，第 268 页。
⑤ 《马克思恩格斯全集》第 22 卷，人民出版社 1965 年版，第 69 页。
⑥ 《马克思恩格斯选集》第 3 卷，人民出版社 2012 年版，第 38 页。

括理论武装原则、旗帜鲜明原则、与时俱进原则、人文关怀原则、物质利益原则、民主讨论原则、率先垂范原则，等等。这些具有代表性的原则，不仅在当时被证明是有效可行的，而且也为当今新时代的思想政治教育守正创新，提供了重要的原则观指导。

一是理论武装原则。理论是行动的指南。马克思恩格斯认为，无产阶级要夺取革命胜利和实现人类解放，只有在科学的革命理论指导下才能实现其革命目标。因此，注重对工人阶级进行先进理论教育，用共产主义世界观和无产阶级革命学说武装其头脑，就成为无产阶级思想政治教育应坚持的基本原则。1884 年 10 月，恩格斯把在科伦做宣传工作时发现的情况写信给马克思，说那里的人们虽然非常活跃，但也明显缺少"必要的支柱"，缺少共产主义世界观和科学方法论的理论指导，这样"人们就仍然不会真正清醒，多数人都得盲目摸索"①，甚至出现了工人们用殴打、刺杀、抢劫等粗暴方式"来反对旧的社会制度"的现象，而他们却仍然不知这种暴力方式"是没有用的"道理，也不明白只有"作为具有普遍品质的人通过共产主义来反对它"②，才会有效果的逻辑。因此，"如果把道路指给他们该多好！"③ 恩格斯还在信中写道："前天有一个老同学、中学教员来访，尽管他从来没有跟共产主义者接触过，但他也受到强烈的感染。如果我们能够直接地去影响人民，我们很快就会取得优势。"④ 在马克思恩格斯看来，无产阶级只有用科学理论武装起来，才能克服其自身的缺陷和不足，成长为一个具有理论感的、先进的、革命的阶级。马克思明确指出："如果没有严格的科学思想和正确的学说来号召工人，那就等于玩弄空洞虚伪的传教把戏……人们没有正确的理论就什么都做不成，事实上，除了

---

① 《马克思恩格斯全集》第 27 卷，人民出版社 1972 年版，第 6 页。
② 《马克思恩格斯全集》第 27 卷，人民出版社 1972 年版，第 7 页。
③ 《马克思恩格斯全集》第 27 卷，人民出版社 1972 年版，第 7 页。
④ 《马克思恩格斯全集》第 27 卷，人民出版社 1972 年版，第 6 页。

喧嚣叫嚷、有害的感情冲动和使事业遭到失败，什么事也干不出来。"① 德国工人运动之所以"强大有力和不可战胜"，其主要优势之一就是他们拥有丰富的"理论感"。而英国工人运动之所以"发展得非常缓慢，其主要原因之一就是对于一切理论的漠视"②。而"法国人和比利时人由于受初始形态的蒲鲁东主义的影响而产生谬误和迷惘，西班牙人和意大利人则由于受经巴枯宁进一步漫画化的蒲鲁东主义的影响而产生谬误和迷惘"③。由此可见，加强对工人阶级的理论武装，把科学社会主义深入到他们的血肉，统领他们的头脑，并以之指导革命运动实践，就会变成强大的物质力量。马克思恩格斯还强调要加强对党的领袖人物和理论家的理论学习和研究，并亲自安排和指导了李卜克内西、伯恩施坦等领导者的理论学习，使他们得以迅速成长和发挥作用，从而使共产党人形成了一个很大优点，这"就是有一个新的科学的世界观作为理论的基础"④，"他们胜过其余无产阶级群众的地方在于他们了解无产阶级运动的条件、进程和一般结果"⑤。这些论述充分表明，坚持用科学理论教育和武装群众，是无产阶级思想政治教育必须遵循的重要原则。

二是旗帜鲜明原则。共产党人的革命立场、观点和态度从来就是十分明确和开诚布公的，毫不讳言自己的看法和意图，在大是大非面前毫不含糊。在《共产党宣言》中，马克思恩格斯旗帜鲜明、态度明朗地站在无产阶级立场上，"向全世界公开说明自己的观点、自己的目的、自己的意图并且拿党自己的宣言来反驳关于共产主义幽灵的神话"⑥，客观公正地评价了资产阶级的所作所为，明确肯定了"资产阶级在历史上曾经起过非常革

---

① 《人间的普罗米修斯：回忆马克思恩格斯Ⅲ》，人民出版社 1983 年版，第 45 页。
② 《马克思恩格斯选集》第 3 卷，人民出版社 2012 年版，第 36 页。
③ 《马克思恩格斯选集》第 3 卷，人民出版社 2012 年版，第 36—37 页。
④ 《马克思恩格斯全集》第 13 卷，人民出版社 1962 年版，第 528 页。
⑤ 《马克思恩格斯选集》第 1 卷，人民出版社 2012 年版，第 413 页。
⑥ 《马克思恩格斯选集》第 1 卷，人民出版社 2012 年版，第 399 页。

命的作用",直截了当地揭露了"现代的资产阶级私有制是建立在阶级对立上面、建立在一些人对另一些人的剥削上面的"①反动本质和狰狞面目,公开宣布自己的理论就是一句话——"消灭私有制",共产党人的最近目的就是"使无产阶级形成为阶级,推翻资产阶级的统治,由无产阶级夺取政权"②,最终目标就是要建立自由人联合体社会即实现共产主义。马克思恩格斯指出:"共产党人不屑于隐瞒自己的观点和意图。他们公开宣布:他们的目的只有用暴力推翻全部现存的社会制度才能达到""无产阶级在这个革命中失去的只是锁链。他们获得的将是整个世界。"③凡此种种,显而易见的是,《共产党宣言》从开篇到结尾,字里行间,字字珠玑,处处都彰显了共产党人旗帜鲜明、开诚布公的革命品质和理论自信,内蕴着无产阶级思想政治教育的一条重要原则,这就是旗帜鲜明的原则。马克思恩格斯指出:"我们不是圆滑的资产者,因此我们说话不是拐弯抹角,而是直截了当,也就是直言不讳。"④马克思恩格斯创立、秉持和遵循的这一原则,充分体现了共产党人的理论自信、道路自信、制度自信、文化自信,展现了无产阶级光明磊落的博大胸怀和理直气壮的革命豪情,是新时代思想政治教育必须坚持的重要原则。

三是与时俱进原则。与时俱进既是马克思主义的理论品质,也是无产阶级思想政治教育必须遵循的重要原则。马克思恩格斯创立的科学社会主义就是与时俱进的理论创新成果。恩格斯曾经指出:"像唯心主义一样,唯物主义也经历了一系列的发展阶段。甚至随着自然科学领域中每一个划时代的发现,唯物主义也必然要改变自己的形式"⑤。马克思恩格斯认为,

① 《马克思恩格斯选集》第1卷,人民出版社2012年版,第414页。
② 《马克思恩格斯选集》第1卷,人民出版社2012年版,第413页。
③ 《马克思恩格斯选集》第1卷,人民出版社2012年版,第435页。
④ 《马克思恩格斯全集》第42卷,人民出版社1979年版,第446页。
⑤ 《马克思恩格斯选集》第4卷,人民出版社2012年版,第234页。

社会存在决定社会意识，人们的思想、观念、观点、看法和概念等意识
形式，都是随着人们的社会存在、生活条件、社会关系的改变而改变的，
"精神生产随着物质生产的改造而改造"① 的。正是基于这样的理念，马克
思恩格斯始终站在了时代的制高点上，因时而进、因势而新，根据当时工
人阶级的特点和无产阶级革命需要，创新发展了革命理论、战斗口号和战
略措施，把"正义者同盟"改造为"共产主义者同盟"，用"全世界无产
者，联合起来"这个阶级鲜明的国际性新口号，代替了"人人皆兄弟"这
个阶级模糊且具宗教色彩的旧时暗语，定位于时代坐标，系统阐述了体现
时代特征、回应时代问题、代表时代方向、具有划时代意义的《共产党宣
言》，成为指导无产阶级革命和实现自身解放的锐利思想武器，为无产阶
级思想政治教育提供了丰富的理论营养和实践指向。马克思指出："在再
生产的行为本身中，不但客观条件改变着，例如乡村变为城市，荒野变为
清除了林木的耕地等等，而且生产者也改变着，炼出新的品质，通过生产
而发展和改造着自身，造成新的力量和新的观念，造成新的交往方式，新
的需要和新的语言。"② 因此，马克思恩格斯再三强调他们的理论虽然是完
全正确的，但也不是教义而只是方法，对其原理的实际运用，应"随时随
地都要以当时的历史条件为转移"③，一再提醒人们不能"把我们运动的思
想变成必须背熟的僵死教条"④。恩格斯曾经深刻指出："我们的理论不是
教条，而是对包含着一连串互相衔接的阶段的发展过程的阐明""我们的
理论是发展着的理论，而不是必须背得烂熟并机械地加以重复的教条"。⑤
如此等等。这一切都告诉我们，马克思主义理论和无产阶级思想政治教育

①《马克思恩格斯选集》第 1 卷，人民出版社 2012 年版，第 420 页。
②《马克思恩格斯全集》第 46 卷（上册），人民出版社 1979 年版，第 494 页。
③《马克思恩格斯选集》第 1 卷，人民出版社 2012 年版，第 376 页。
④《马克思恩格斯全集》第 38 卷，人民出版社 1972 年版，第 106 页。
⑤《马克思恩格斯选集》第 4 卷，人民出版社 2012 年版，第 586、588 页。

具有因时而进的天然禀赋,体现了一条与时俱进的基本原则。这一原则仍然是新时代我国高校思政课建设创新发展的逻辑遵循。

四是人文关怀原则。人文关怀是马克思主义最鲜明的品格。习近平总书记在纪念马克思诞辰 200 周年大会上讲话指出:"人民性是马克思主义最鲜明的品格""让人民获得解放是马克思毕生的追求"。① 马克思主义唯物史观坚持从现实的人这个历史的前提出发,考察了人类社会发展历史,揭示了隐藏在人的目的和意识背后的"物质动因",阐明了社会历史运动的规律及其作用方式,以人为本,关注人的生存与发展,注重人的价值、人的意义,关怀人的心灵、精神和情感,提出了人类解放和人的自由全面发展的最高价值关怀。马克思在《资本论》中谈到生产领域的生产者时就曾这样指出:"这个领域内的自由只能是:社会化的人,联合起来的生产者,将合理地调节他们和自然之间的物质变换,把它置于他们的共同控制之下,而不让它作为盲目的力量来统治自己;靠消耗最小的力量,在最无愧于和最适合于他们的人类本性的条件下来进行这种物质变换。"② 很显然,这段话就充分展现了马克思对人的自由发展的追求和丰富的人文价值关怀情结。在《共产党宣言》《德意志意识形态》《英国工人阶级状况》《1844 年经济学哲学手稿》《资本论》《人类学笔记》等著作中,马克思恩格斯都阐述了对人的尊严、人的价值、人的自由和权利的维护和追求,洋溢着深厚的人文关怀。马克思在《1844 年经济学哲学手稿》中指出:"人同世界的关系是一种人的关系,那么你就只能用爱来交换爱,只能用信任来交换信任,等等。如果你想得到艺术的享受,那你就必须是一个有艺术修养的人。如果你想感化别人,那你就必须是一个实际上能鼓舞和推动别人前进的人。你同人和自然的一切关系,都必须是你的现实的个人生活的、与

---

① 习近平:《在纪念马克思诞辰 200 周年大会上的讲话》,《人民日报》2018 年 5 月 5 日。
② 《马克思恩格斯全集》第 25 卷(下),人民出版社 1974 年版,第 926—927 页。

你的意志的对象相符合的特定表现。"① 这就深刻地启示我们，马克思恩格斯向来重视人文关怀，无产阶级思想政治教育内蕴着一条人文关怀原则。开展思想政治教育只有坚持人文关怀原则，晓之以理、动之以情、导之以行，言之有度、言之有序、言之有礼，才能起到春风化雨、润物无声、潜移默化的效果。马克思为此还用生活中的生动事例来加以诠释和说明："如果你在恋爱，但没有引起对方的反应，也就是说，如果你的爱作为爱没有引起对方的爱，如果你作为恋爱者通过你的生命表现没有使你成为被爱的人，那么你的爱就是无力的，就是不幸"② 的。因此，思想政治教育必须坚持人文关怀原则，注重用人格塑造人格、用情感激发情感、用灵魂唤醒灵魂，才能不断增强亲和力、感染力、影响力。

八、论思想政治教育的基本方法

恩格斯曾经指出："马克思的整个世界观不是教义，而是方法。它提供的不是现成的教条，而是进一步研究的出发点和供这种研究使用的方法。"③ 马克思恩格斯在传播共产主义思想和无产阶级革命学说过程中，高度重视宣传教育的方式方法问题，在实践中摸索出了一套颇具特色且行之有效的思想政治教育方法。这些方法主要包括以下几个方面。

第一，彻底的理论说服教育。马克思指出："理论只要说服人，就能掌握群众；而理论只要彻底，就能说服人。"④ 这一核心观点深刻揭示了无产阶级思想政治教育的方法论原则，这就是彻底的理论说服教育方法。马克思恩格斯认为，无产阶级思想政治教育不是抽象的、不切实际的空洞说教，它必须以先进的革命理论和科学的世界观为精神武器，去教育和武装

① 《马克思恩格斯全集》第 42 卷，人民出版社 1979 年版，第 155 页。
② 《马克思恩格斯全集》第 42 卷，人民出版社 1979 年版，第 155 页。
③ 《马克思恩格斯选集》第 4 卷，人民出版社 2012 年版，第 664 页。
④ 《马克思恩格斯选集》第 1 卷，人民出版社 2012 年版，第 9—10 页。

无产阶级,用"思想的闪电"去"彻底击中"人民群众这块素朴的"园地",思想政治教育的实效性才能得以彰显。一方面,"理论只要彻底,就能说服人"。马克思认为,"彻底的革命只能是彻底需要的革命",这个彻底需要所应有的前提和基础就是"彻底的革命理论",只有能够满足这个国家和人民需要的理论,才是彻底的革命理论。"所谓彻底,就是抓住事物的根本"。马克思主义理论之所以是彻底的革命理论,就是因为它代表了无产阶级的整体利益,符合无产阶级革命运动的现实需要和价值诉求,能够促进人类解放和人的自由全面发展。这种先进的彻底的科学理论必然能赢得群众拥护、说服群众接受。另一方面,"理论只要说服人,就能掌握群众"。马克思恩格斯认为,抓住事物根本的理论,虽然能够说服人,但也不可能自动地为人民群众所接受和掌握,必须通过共产党人的宣传和思想政治教育,把理论灌输和植入他们的血肉和头脑,理论才能变成物质力量。否则,再先进、再彻底的理论,也不可能自动发挥出它的作用。正如恩格斯指出:"行动的一切动力,都一定要通过他的头脑,一定要转变为他的意志的动机,才能使他行动起来"①,并发挥出它的重要威力。马克思恩格斯也特别强调要用说服教育的方法来解决党内各种派别之间的思想斗争问题,反对简单压服、动辄把人从党内"赶出去"的粗暴做法,认为"要竭力说服他们,使他们相信采取任何'赶出去'的做法是不恰当的,这样做不是着眼于有说服力地证明这种行动对党的危害,而仅仅是着眼于对成立反对派的谴责"②。这就说明,马克思恩格斯非常重视说服教育工作,并实际上为无产阶级思想政治教育规定了一种方法,即理论说服教育法。无疑,这个方法应然是思想政治教育不可缺失的重要方法。

---

① 《马克思恩格斯选集》第 4 卷,人民出版社 2012 年版,第 258 页。
② 《马克思恩格斯全集》第 37 卷,人民出版社 1971 年版,第 436 页。

　　第二，批评和自我批评相结合。马克思恩格斯在领导工人运动过程中，善于运用批评和自我批评的方法，开展思想政治教育，以增强党的团结和统一。马克思恩格斯指出："工人运动的基础是最尖锐地批评现存社会，批评是工人运动的生命要素，工人运动本身怎么能逃避批评，禁止争论呢？难道我们要求别人给自己以言论自由，仅仅是为了在我们自己队伍中又消灭言论自由吗？"① 因此，批评和自我批评是增强无产阶级革命政党组织健康发展的活化素，它会产生强大的合力，有利于增强党的团结。在马克思恩格斯看来，党已经发展得很大，这样"在党内绝对自由地交换意见是必要的""争论、甚至小小的争吵是必要的，这在最初的时候是有益的。丝毫不用担心有分裂的可能"。② 相反，批评更有利于促进政党的团结。恩格斯指出："团结并不排斥相互间的批评。没有这种批评就不可能达到团结。没有批评就不能互相了解，因而也就谈不到团结。"③ 恩格斯在致卡尔·考茨基的信中说："恶意的诽谤当然是借任何事由都可以进行的。但是总的说来，这种无情的自我批评引起了敌人极大的惊愕，并使他们产生这样一种感觉：一个能够这样做的党该具有多么大的内在力量啊！"④ 可见，批评和自我批评是共产党人开展思想政治教育必须长期坚持的工作方法。

　　第三，原则坚定性与策略灵活性相结合。这种方法用马克思的原话来表述就是"实质上坚决，形式上温和"。无产阶级思想政治教育必须立场坚定、原则鲜明，坚持什么、反对什么，肯定什么、否定什么，决不模棱两可、含糊其词。马克思认为，制定国际工人协会的纲领和章程，必须坚持科学社会主义基本原则，这是国际工人协会真正能成为国际无产阶级团

---

① 《马克思恩格斯选集》第 4 卷，人民出版社 2012 年版，第 595 页。
② 《马克思恩格斯全集》第 37 卷，人民出版社 1971 年版，第 435 页。
③ 《马克思恩格斯全集》第 4 卷，人民出版社 1958 年版，第 423 页。
④ 《马克思恩格斯选集》第 4 卷，人民出版社 2012 年版，第 614 页。

结战斗的组织的思想基石。但是，考虑到"重新觉醒的运动要做到使人们能象过去那样勇敢地讲话，还需要一段时间"①，而且根据目前工人运动的水平，要求他们接受"我们的观点"，"那是很困难的事情"。因此，在撰写国际纲领时，就不能像以前起草《共产党宣言》那样，直接写出科学社会主义原则，而是要运用巧妙的笔法行文，用工人运动所能接受的形式表达。"这就必须实质上坚决，形式上温和。"② 马克思在起草《国际工人协会成立宣言》时，使用了"一种极其特殊的方法来整理这些已经'被采纳的意见'"③，修改了全部引言，在《协会临时章程》引言中采纳了"义务""权利""真理、道德和正义"等词，"这些字眼已经妥为安排，使它们不可能为害"④。为了获得较好的宣传和教育效果，马克思恩格斯有时还不得不对自己的观点作一些策略性的变换，以迎合某些教育对象甚至包括含有"低级趣味报纸"的胃口和要求。当然，这样做不是无原则的退让，而是只有在"对我们的直接的好处或对国家朝着经济革命和政治革命的方向前进的历史发展的好处是无可争辩的、值得争取的。而所有这一切又必须以党的无产阶级性质不致因此发生问题为前提"⑤ 的情况下，才赞成这样做，"这是绝对的界限"和原则底线。总之，对于革命者来说，"一切达到目的的手段都是可以使用的，不论是最强硬的，还是看起来最温和的"⑥。马克思恩格斯的这些深刻论述，表明了他们在对无产阶级进行宣传和思想政治教育时，非常注重原则坚定性和策略灵活性相结合的工作方法。这个原则也是当下进行思想政治教育必须注重的工作方法，运用原则性与策略性、坚定性与灵活性、先进性与广泛性相结合的教育方法，有利于增强思想政治

---

① 《马克思恩格斯全集》第 31 卷（上），人民出版社 1972 年版，第 17 页。
② 《马克思恩格斯全集》第 31 卷（上），人民出版社 1972 年版，第 17 页。
③ 《马克思恩格斯全集》第 31 卷（上），人民出版社 1972 年版，第 16 页。
④ 《马克思恩格斯全集》第 31 卷（上），人民出版社 1972 年版，第 17 页。
⑤ 《马克思恩格斯选集》第 4 卷，人民出版社 2012 年版，第 593 页。
⑥ 《马克思恩格斯选集》第 4 卷，人民出版社 2012 年版，第 593 页。

教育的实效性。

第四，有效的传播介体引导。马克思恩格斯非常注重传播介体对宣传科学理论的重要作用，主张尽量使用多种多样的有效传播载体开展思想政治教育。马克思在《评普鲁士最近的书报检查令》中，就曾引用伏尔泰的观点来表达对宣传媒介的关注，赞同"除了乏味的体裁之外，其余的一切体裁都是好的"[①]看法。恩格斯在谈到共产主义者同盟的思想政治教育时，肯定了传播媒介的重要作用，认为"口头、书信和报刊，影响着最杰出的盟员的理论观点"[②]。一是注重口头语言宣传介体的重要作用。马克思主义认为，语言是由于和他人交往的迫切需要而产生的，它是人类最重要的交际工具。马克思恩格斯非常重视口语传播在思想政治教育中的有效性，强调面对面的演说、讲座、讨论，能更好地提高受众的接受度、感染力。马克思曾说，"如果你想感化别人，那你就必须是一个实际上能鼓舞和推动别人前进的人"[③]，认为直接的口头演讲比间接的文字宣传，其效果要好得多。马克思指出："站在真正的活生生的人面前，直接地、具体地、公开地进行宣传，比起胡乱写一些令人讨厌的抽象文章、用自己'精神的眼睛'看着同样抽象的公众，是完全不同的两回事。"[④]恩格斯在致信马克思时也这样肯定地说："一次演说将胜过十篇文章和一百次访问。"[⑤]同时，他们也强调要"利用雄辩的事实来宣传彻底改造的必要性"[⑥]，认为"只有明显的、无可争辩的事实才能""使读者确立无可争辩的信念"。而"仅凭空洞的说教，哪怕是很高明的权威的说教，都不能使人产生这种信念"。[⑦]所

---

① 《马克思恩格斯全集》第 1 卷（上），人民出版社 1956 年版，第 113 页。
② 《马克思恩格斯选集》第 4 卷，人民出版社 2012 年版，第 204 页。
③ 《马克思恩格斯全集》第 42 卷，人民出版社 1979 年版，第 155 页。
④ 《马克思恩格斯全集》第 27 卷，人民出版社 1972 年版，第 24 页。
⑤ 《马克思恩格斯全集》第 27 卷，人民出版社 1972 年版，第 119 页。
⑥ 《马克思恩格斯全集》第 2 卷，人民出版社 1957 年版，第 594 页。
⑦ 《马克思恩格斯全集》第 42 卷，人民出版社 1979 年版，第 277 页。

以,"事实就十分必要了"①。二是注重报刊传播介体的重要作用。马克思恩格斯一直把党的报刊作为传播科学社会主义、宣传和开展思想政治教育的重要阵地和有效载体。马克思指出:"报纸最大的好处,就是它每日都能干预运动,能够成为运动的喉舌,能够反映出当前的整个局势,能够使人民和人民的日刊发生不断的、生动活泼的联系。"②马克思恩格斯通过亲自创办《新莱茵报》、担任进步报刊通讯员和主要撰稿人、参与报刊的编辑工作等方式,阐述先进的革命真理和无产阶级斗争学说,批判各种错误思潮,纠正各种错误观点,团结教育和鼓舞了工农大众,极大地提高了无产阶级的政治觉悟、理论水平和革命斗志。马克思指出:"报刊按其使命来说,是社会的捍卫者,是针对当权者的孜孜不倦的揭露者,是无处不在的耳目,是热情维护自己自由的人民精神的千呼万应的喉舌。"③"自由报刊是人民精神的洞察一切的慧眼,是人民自我信任的体现,是把个人同国家和世界联结起来的有声的纽带,是使物质斗争升华为精神斗争,并且把斗争的粗糙物质形式观念化的一种获得体现的文化。"④"报刊可使物质斗争变成思想斗争,使血肉斗争变成精神斗争,使需求、欲望和经验的斗争变成理论、理性和形式的斗争"⑤。三是善于利用书信交流、会议讨论、对话谈心、娱乐活动等传播介体进行宣传和思想政治教育。马克思恩格斯不仅在他们之间经常通过书信交流思想与观点,而且他们都很擅长同党内持不同意见的同志,通过书信交流方式,阐述科学理论和正确主张,批评和驳斥党内的"左"右倾错误思潮和有害言论,这对于教育引导"盟员"和广大无产阶级统一思想认识、提高理论水平、增强革命团结、激励革命斗

---

① 《马克思恩格斯全集》第 42 卷,人民出版社 1979 年版,第 277 页。
② 《马克思恩格斯全集》第 7 卷,人民出版社 1959 年版,第 3 页。
③ 《马克思恩格斯全集》第 6 卷,人民出版社 1961 年版,第 275 页。
④ 《马克思恩格斯全集》第 1 卷(上),人民出版社 1956 年版,第 179 页。
⑤ 《马克思恩格斯全集》第 40 卷,人民出版社 1982 年版,第 329 页。

志都起到了重要作用。马克思恩格斯同鲍威尔、倍倍尔、左尔格、李卜克内西、拉萨尔、考茨基、伯恩施坦等等诸多同志写的书信，其数量之多、内容之广、说理之透、形式之美，都是世所罕见的。同时，他们还善于利用主办座谈会、会议致辞，甚至包括茶话会、音乐会、舞会等娱乐活动，向工农群众宣传共产主义思想，号召人民积极参加政治斗争，争取自身解放和获得自由。

第二节 列宁思想政治教育创新理论的实践指导

列宁曾经指出："我们曾经靠宣传工作取得了世界性的成就，因为我们的宣传过去和现在一直是向全世界的工人和农民说真话"①" 我们的敌人也承认，说我们在开展宣传鼓动工作方面做出了奇迹"，这"应当从实质上来理解，就是说，我们宣传的真理深入了人心"。②列宁在运用马克思主义理论指导俄国革命和建设的实践过程中，充分运用马克思主义思想政治教育理论，结合俄国宣传和思想政治教育具体实际，创造性地提出了符合俄国社会主义革命和建设规律与特点的系列观点和看法，创新发展了马克思主义思想政治教育理论。列宁的思想政治教育创新理论，不仅在俄国社会主义革命和建设时期发挥了重要指导作用，而且对于帝国主义与无产阶级革命时代的世界无产阶级思想政治教育具有普遍的指导意义，为马克思主义思想政治教育理论中国化树立了典范，对于推动我国新时代思想政治教育守正创新、"办好讲好学好"思政课仍具有重要指导意义。

---

① 《列宁选集》第 4 卷，人民出版社 2012 年版，第 352 页。
② 《列宁选集》第 4 卷，人民出版社 2012 年版，第 123 页。

一、思想政治教育概念的创新论述

列宁是一位杰出的思想政治工作者、天才般的演说家和语言大师。他在传承了马克思恩格斯关于"宣传""鼓动""宣传鼓动"的概念基础上,根据俄国革命形势需要,提出了"经济鼓动""政治鼓动""政治工作""政治教育""思想教育""政治教育工作者"等诸多新概念,内蕴了与现代思想政治教育概念内涵相一致的语义逻辑。

一是深刻阐明了"宣传""鼓动"工作的重要性、主要任务及其关系。列宁沿用了马克思恩格斯关于"宣传""鼓动"的提法,再三强调其对于唤醒工农群众阶级意识和政治觉悟的重要作用。列宁在俄国社会民主党刚刚成立时就提出了"宣传"的性质和任务,认为"俄国社会民主党人的社会主义工作,就是在工人中间宣传科学社会主义学说"①,而且"除了宣传科学社会主义以外,同时还要在工人群众中间广泛宣传民主主义思想,竭力使工人认识专制制度的一切活动表现,专制制度的阶级内容,推翻专制制度的必要性"②。而"同宣传工作紧密相联的,就是在工人中间进行鼓动工作,这个鼓动工作在俄国目前的政治条件和工人群众的发展水平下,自然成为首要的工作"③。在列宁看来,鼓动工作在任何时候都是必要的,"在饥荒的时候尤其必要"④,"在无产阶级的先进阶层中间进行鼓动,是把整个俄国无产阶级唤醒起来(随着运动的扩大)的最可靠手段"⑤。"宣传"和"鼓动"是相互联系、密不可分的。列宁指出:"我们已经指明社会主义的与民主主义的宣传和鼓动有不可分割的联系,指明革命工作在这两方

---

① 《列宁选集》第1卷,人民出版社2012年版,第140—141页。
② 《列宁选集》第1卷,人民出版社2012年版,第143页。
③ 《列宁选集》第1卷,人民出版社2012年版,第141页。
④ 《列宁全集》第5卷,人民出版社1986年版,第256页。
⑤ 《列宁选集》第1卷,人民出版社2012年版,第142页。

面是完全并行的。"① 党的"宣传、鼓动和组织工作，都是为了加强和扩大同群众的联系。这种工作任何时候都是必要的，但是在革命时期会显得更加必要"②。

二是明确提出了"经济鼓动"的新概念及其与"政治鼓动"互为表里的关系。列宁在《俄国社会民主党人的任务》一文中，明确提出了"经济鼓动"这个新概念，阐述了它与"政治鼓动"的表里关系，拓展了"鼓动"的内涵与外延。列宁指出："在经济方面，没有一个工人生活问题不可以利用来进行经济鼓动，同样，在政治方面，也没有一个问题不可以当做政治鼓动的对象。这两种鼓动在社会民主党人的活动中是互为表里，密切联系的。"③ 列宁认为，"无论经济鼓动或政治鼓动，都是为发展无产阶级的阶级自觉所必需的""教育他们进行一致活动并为社会民主主义理想而斗争""改善自己的经济状况"。④ 为此，列宁提出革命政党肩负的重要历史任务就是："不仅要针对当前的经济要求进行鼓动，而且要针对一切政治压迫进行鼓动"⑤，推翻专制制度，"开展全面的和全民的政治鼓动，号召无产阶级进行斗争，反对强加于任何一部分居民的一切经济、政治、民族和社会的压迫"⑥。政治鼓动就是组织全面的政治揭露，社会民主党人"应该承担起反对专制制度的全面政治鼓动即全民揭露运动的任务"⑦。

三是明确使用了"政治教育""政治教育工作""社会教育""思想教育"的新提法。马克思恩格斯提出的"政治教育"这一概念，不仅成为列宁使用频率最高的词汇之一，而且还拓展了它的含义。列宁认为，"对人民进

---

① 《列宁选集》第 1 卷，人民出版社 2012 年版，第 144 页。
② 《列宁选集》第 1 卷，人民出版社 2012 年版，第 528 页。
③ 《列宁选集》第 1 卷，人民出版社 2012 年版，第 143—144 页。
④ 《列宁选集》第 1 卷，人民出版社 2012 年版，第 144 页。
⑤ 《列宁选集》第 1 卷，人民出版社 2012 年版，第 270—271 页。
⑥ 《列宁全集》第 6 卷，人民出版社 1986 年版，第 280 页。
⑦ 《列宁全集》第 6 卷，人民出版社 1986 年版，第 249 页。

行政治教育——这就是我们的旗帜,这就是全部哲学的意义。"① 列宁在谈到进行政治教育的重要意义时指出:"我们善于重视社会民主党一向进行的、而且将始终进行的那种顽强的、缓慢的、往往是不显眼的政治教育工作的意义。"② 而对政治教育在揭露立宪民主党的虚伪谎言所起的作用时分析认为,"社会民主党应该利用这些政党的活动对人民进行政治教育,拿它们的虚假的民主谎言同无产阶级的彻底的民主主义相比较,无情地揭穿它们所散布的立宪幻想"③。列宁还谈到了对农民、工人、士兵的政治教育问题。如在谈到农民问题时,就认为"农民的团结性、组织性和自觉性当然要比工人差得多。这里还是一个尚待开展严肃的大有可为的政治教育工作的领域"④。十月革命胜利后,列宁提出要加强社会教育、科学教育和文化教育,不断提高人民群众的科学文化水平和综合素养。同时提出要加强思想教育,要把它作为苏维埃政权成立后的一项重要任务来抓,认为"在战场上进行斗争比较容易。现在需要进行组织工作和思想教育工作"⑤"党的任务主要是进行思想教育工作,彻底消灭过去的不平等现象或成见的一切痕迹,在无产阶级和农民的落后阶层中尤其要进行这一工作"⑥。

四是创新提出了"国民教师""国民教育工作者""政治教育工作者""教育工作者""社会教育工作者"等新名词。列宁非常重视苏维埃社会主义俄国的教育事业,关心和爱护国民教师。在《论国民教育部的政策问题》中,列宁分析了俄国国民教师的不堪现状和悲惨处境,认为:"俄国的国民教师象兔子一样被追逐得筋疲力尽!"⑦ 甚至于在俄国,"任

① 《列宁全集》第 13 卷,人民出版社 1987 年版,第 169 页。
② 《列宁全集》第 10 卷,人民出版社 1987 年版,第 319—320 页。
③ 《列宁全集》第 12 卷,人民出版社 1987 年版,第 209 页。
④ 《列宁全集》第 21 卷,人民出版社 1990 年版,第 52 页。
⑤ 《列宁全集》第 38 卷,人民出版社 1986 年版,第 340 页。
⑥ 《列宁全集》第 36 卷,人民出版社 1985 年版,第 407 页。
⑦ 《列宁全集》第 23 卷,人民出版社 1990 年版,第 118 页。

何一个巡官，任何一个农村黑帮分子或甘心当暗探和特务的人都可以陷害国民教师，至于来自上司的各种挑剔和迫害就更不用说了"①。国民教师的薪金也只能是领到少得可怜的一点钱。沙皇俄国政府声称"在支付正直的国民教育工作者的薪金方面，俄国是很穷的"，但他们"在抛掷数百万数千万卢布来供养贵族寄生虫、进行军事冒险、资助制糖厂老板和石油大王等类事情上，俄国倒是很富的"。② 列宁使用"政治教育工作者"这个概念，最早见于他的《新经济政策和政治教育委员会的任务》中，他以"政治教育工作者的任务"为小标题，认为政治教育工作者要在识字的基础上，"还要有能教人们同拖拉作风和贪污受贿行为作斗争的文化素养"③。列宁指出："政治教育工作者由于在政治上比别人有修养，不仅会责骂一切拖拉现象（这在我们这里非常风行），并且能以行动表明怎样克服这一弊病。"④"政治上有教养的人是不会贪污受贿的"⑤。列宁在这里使用了"教育工作者"一词，认为"教育工作者和教员过去受的是资产阶级的偏见和习惯的教育，是敌视无产阶级的教育，他们同无产阶级没有任何联系"⑥。所以列宁提出要对教育工作者进行思想改造，用共产主义精神教育他们，把他们改造培养成为"同党和党的思想保持紧密联系，贯彻党的精神""关心共产党员所做的事情"的一支新教育大军。⑦列宁根据俄国社会主义建设需要，提出了教育工作者的历史任务就是"要完成这一改造群众的工作"⑧"就是帮助培养和教育劳动群众，使他们

---

① 《列宁全集》第 23 卷，人民出版社 1990 年版，第 112 页。
② 《列宁全集》第 23 卷，人民出版社 1990 年版，第 112 页。
③ 《列宁选集》第 4 卷，人民出版社 2012 年版，第 588 页。
④ 《列宁选集》第 4 卷，人民出版社 2012 年版，第 589 页。
⑤ 《列宁选集》第 4 卷，人民出版社 2012 年版，第 588 页。
⑥ 《列宁选集》第 4 卷，人民出版社 2012 年版，第 305 页。
⑦ 《列宁选集》第 4 卷，人民出版社 2012 年版，第 305 页。
⑧ 《列宁选集》第 4 卷，人民出版社 2012 年版，第 307 页。

克服旧制度遗留下来的旧习惯、旧风气，那些在群众中根深蒂固的私有者的习惯和风气"。① 列宁还使用过"社会教育工作者"这个名称，并对其提出了要求和厚望，认为"来自外部的危险消除愈多，我们就愈能从事和平建设工作，所以对于你们的工作，对于你们社会教育工作者，我们是寄予希望的"②。

二、思想政治教育地位和作用的创新论述

列宁在领导俄国无产阶级进行革命斗争过程中，结合俄国具体实际，深刻阐述了思想政治教育对于唤醒广大工农群众、增强阶级意识和提高政治觉悟的重要价值、地位和作用，深化了对思想政治教育地位和作用的认识，丰富发展了马克思主义思想政治教育理论。这些重要论述对于指导无产阶级政党开展思想政治教育发挥了重要指导作用，对于新时代贯彻落实习近平思想政治教育重要论述、扎实办好高校思政课仍具有重要指导意义。

第一，"没有革命的理论，就不会有革命的运动。"这是列宁阐述思想政治教育重要地位和作用的最经典论断。革命行动需要科学理论指导。列宁深谙"理论一经掌握群众，也会变成物质力量"的深刻哲理，始终特别强调只有坚持用革命的理论来指导革命的斗争实践，才能取得革命的最终胜利。列宁深刻指出："没有革命的理论，就不会有革命的运动。在醉心于最狭隘的实际活动的偏向同时髦的机会主义说教结合在一起的情况下，必须始终坚持这种思想。"③ 列宁针对当时俄国社会民主党内存在的"三种时常被人忘记的情况"，进行了深入分析并认为，"我们的党还刚刚在形成，刚刚在确定自己的面貌，同革命思想中有使运动离开正确道路危险的

① 《列宁选集》第4卷，人民出版社2012年版，第303页。
② 《列宁全集》第38卷，人民出版社1986年版，第174页。
③ 《列宁选集》第1卷，人民出版社2012年版，第311页。

其他派别进行的清算还远没有结束"①，而"非社会民主党的革命派别显得活跃起来"②的时候，"理论的意义就显得更为重要了"③。在列宁看来，由于俄国的社会民主主义运动是国际性的运动，这就要求必须在反对民族沙文主义的同时，还必须善于用批判的态度来学习、运用、借鉴和检验别国的经验，这就"需要有多么雄厚的理论力量和多么丰富的政治经验（以及革命经验）"④。由于"俄国社会民主党担负的民族任务是世界上任何一个社会党都不曾有过的"⑤，那么，要肩负起"把全体人民从专制制度压迫下解放出来这个任务"，"只有以先进理论为指南的党，才能实现先进战士的作用"⑥。列宁指出："没有革命理论，就不会有坚强的社会党，因为革命理论能使一切社会党人团结起来，他们从革命理论中能取得一切信念，他们能运用革命理论来确定斗争方法和活动方式。"⑦这就是说，革命理论能统一革命思想，树立革命必胜信念和信心；能塑造具有先进性的无产阶级政党；能把一切社会党人和有觉悟的群众团结起来；能指导革命者确定正确的斗争方法和有效的活动方式。那么，什么是革命理论呢？列宁所说的革命理论，当然是指马克思主义理论。因为马克思主义超越了其他一切理论，实现了科学性和革命性的有机统一，是唯一科学的革命理论，除此"不可能有马克思主义之外的革命理论"⑧。因此，在革命斗争中，无产阶级"越是迅速集中他们的全部力量来把这个理论在理论上和实践上运用于俄国，革命工作的成功就会越可靠越迅速"⑨。当然，列宁并没有"把马克

---

① 《列宁选集》第 1 卷，人民出版社 2012 年版，第 311 页。
② 《列宁选集》第 1 卷，人民出版社 2012 年版，第 311—312 页。
③ 《列宁选集》第 1 卷，人民出版社 2012 年版，第 311 页。
④ 《列宁选集》第 1 卷，人民出版社 2012 年版，第 312 页。
⑤ 《列宁选集》第 1 卷，人民出版社 2012 年版，第 312 页。
⑥ 《列宁选集》第 1 卷，人民出版社 2012 年版，第 312 页。
⑦ 《列宁选集》第 1 卷，人民出版社 2012 年版，第 274 页。
⑧ 《列宁选集》第 1 卷，人民出版社 2012 年版，第 84 页。
⑨ 《列宁选集》第 1 卷，人民出版社 2012 年版，第 84 页。

思的理论看做某种一成不变的和神圣不可侵犯的东西"①，而是深信"它只是给一种科学奠定了基础"②，所以列宁强调要活学活用，理论联系实际的加以运用，不能教条化、本本化、神圣化，"因为它所提供的只是总的指导原理，而这些原理的应用具体地说，在英国不同于法国，在法国不同于德国，在德国又不同于俄国"③。

第二，"对人民进行政治教育——这就是我们的旗帜。"马克思主义认为，任何先进的理论，如果把它束之高阁，不用它来武装工农群众，不被无产阶级所接受和掌握，就不可能自行变成物质力量。革命理论必须通过思想政治教育这个宣讲、传播和灌输载体，为群众所接受和掌握并用之指导革命行动，才能发挥作用。列宁对此有了更加深刻的认识和阐述。列宁针对普列汉诺夫在《论策略和不策略》《分开走，一起打》等文章中所表达的右倾机会主义观点，进行了反驳与批判。1905 年的俄国十二月革命失败后，普列汉诺夫不但没有认真总结经验教训，反而认为无产阶级"本来就用不着举行那次不合时宜的罢工""'本来就用不着拿起武器'"④，甚至认为无产阶级要争取"军官和比较稳健的人士的'支持'"⑤，才能避免无政府状态。对于这种主张同资产阶级联盟、反对武装起义、忽视走工农联盟道路的右倾机会主义观点，列宁在《莫斯科起义的教训》《立宪民主党、劳动派和工人政党》《远方来信》等论著中进行了严正驳斥与批判。列宁认为，正好相反，要公开向群众大声承认、宣传和说明单靠和平的政治罢工斗争是远远不够的，必须号召无产阶级"进行英勇无畏和毫不留情的武装斗争""应当在最广大的群众中鼓动武装起义"⑥。在列宁看来，对人

---

① 《列宁选集》第 1 卷，人民出版社 2012 年版，第 274 页。
② 《列宁选集》第 1 卷，人民出版社 2012 年版，第 274 页。
③ 《列宁选集》第 1 卷，人民出版社 2012 年版，第 274—275 页。
④ 《列宁全集》第 13 卷，人民出版社 1987 年版，第 367 页。
⑤ 《列宁全集》第 29 卷，人民出版社 1985 年版，第 24 页。
⑥ 《列宁全集》第 13 卷，人民出版社 1987 年版，第 367、367—368 页。

民进行政治教育，"这真是解决一切具体政治问题的一把优良的'万能钥匙'"①。俄国革命正在高涨，各阶级正在纷纷形成和出场，人民群众正在从事具有历史意义的工作等等，"这一切统统被归结为一点：对人民进行政治教育！"② 列宁深刻指出："对人民进行政治教育——这就是我们的旗帜，这就是全部哲学的意义。"③ 因此，通过思想政治教育，对工农群众进行革命理论的宣传、鼓动、灌输和教育，提高他们的政治觉悟、阶级意识、革命热情和斗争策略，是无产阶级政党首要的、摆在第一位的任务。这是因为，"没有革命的理论，就不可能有被压迫阶级的即历史上最革命的阶级的世界上最伟大的解放运动。"④ 等等。这一切都表明，列宁对思想政治教育价值、地位和作用的认识的极其深刻性和极端重要性。

第三，"不能让教育工作不联系政治"。列宁高度重视教育问题，在领导俄国社会主义革命和建设实践探索中，一直把国民教育事业放在十分突出的位置，而且特别注重教育与政治的联系，甚至把"教育人民委员部社会教育司"这个主管思想政治工作的机构改名为"政治教育总委员会"，明确它的职能是"统一和指导全国的政治教育和宣传鼓动工作，领导群众性的成人共产主义教育（扫除文盲、学校、俱乐部、图书馆、农村阅览室）以及党的教育（共产主义大学、党校）"⑤。列宁认为，改变叫法不只是换个名称的问题，而是"关键在于教育同我们的政治的联系问题"⑥。在资产阶级社会里，"所谓教育'不问政治'，教育'不讲政治'，都是资产阶级的伪善说法"⑦ 和欺骗群众的谎言，其实一切资产阶级国家的教育无不是与政治

---

① 《列宁全集》第 13 卷，人民出版社 1987 年版，第 168 页。
② 《列宁全集》第 13 卷，人民出版社 1987 年版，第 168 页。
③ 《列宁全集》第 13 卷，人民出版社 1987 年版，第 169 页。
④ 《列宁全集》第 27 卷，人民出版社 1990 年版，第 15 页。
⑤ 《列宁选集》第 4 卷，人民出版社 2012 年版，第 839 页。
⑥ 《列宁选集》第 4 卷，人民出版社 2012 年版，第 301 页。
⑦ 《列宁选集》第 4 卷，人民出版社 2012 年版，第 302 页。

机构有着非常密切联系的，尽管他们不肯承认这一点。在列宁看来，改变名称就是要规定新的内容，赋予新的内涵，这就是"在各方面的教育工作中，我们都不能抱着不问政治的旧观点，不能让教育工作不联系政治"①。这就是说，教育必须联系政治，为无产阶级革命和建设事业服务，培养真正的共产主义者，建设一个没有剥削和压迫的国家。为此，列宁特别强调每一个宣传员和鼓动员都应隶属于党的领导之下，成为"善于领导教师群众"的代表和指导者，成为"整个工人阶级国家政权派出的代表和指导者"②，要求他们"严格地按照党的精神进行工作""记住他们的任务是领导几十万教师，激发他们的兴趣，战胜旧的资产阶级偏见，吸引他们来参加我们正在进行的事业，使他们意识到我们的工作十分重大"③。列宁指出："我们教育工作者的任务就是要完成这一改造群众的工作。"④ 这些深刻论述，充分体现了列宁对思想政治教育工作的高度重视，对所有国民教师坚持和贯彻落实党的路线方针政策的严格要求。这些重要观点，对新时代加强党对思想政治教育的领导、强化"课程思政"建设具有一定的指导作用。

第四，"整个宣传工作应该建立在经济建设的政治经验之上。"⑤ 列宁指出："政治就是各阶级之间的斗争，政治就是无产阶级为争取解放而与世界资产阶级进行斗争的关系。"⑥ 政治的这种斗争，除了"要粉碎资产阶级制度遗留下来的东西，粉碎整个资产阶级一再想消灭苏维埃政权的尝试"⑦ 之外，还有"另一方面的任务——建设任务"⑧。"在资产阶级世界观的概念中，

---

① 《列宁选集》第 4 卷，人民出版社 2012 年版，第 302 页。
② 《列宁选集》第 4 卷，人民出版社 2012 年版，第 307 页。
③ 《列宁选集》第 4 卷，人民出版社 2012 年版，第 307 页。
④ 《列宁选集》第 4 卷，人民出版社 2012 年版，第 307 页。
⑤ 《列宁选集》第 4 卷，人民出版社 2012 年版，第 308 页。
⑥ 《列宁选集》第 4 卷，人民出版社 2012 年版，第 308 页。
⑦ 《列宁选集》第 4 卷，人民出版社 2012 年版，第 308 页。
⑧ 《列宁选集》第 4 卷，人民出版社 2012 年版，第 308 页。

政治似乎是脱离经济的。"①"其实不然，政治应该是人民的事，应该是无产阶级的事。"② 所以，"军事战线上的每一个胜利都能使我们腾出手来从事对内斗争，从事国家建设的政治"③。列宁指出："我们走向战胜白卫分子的每一步都会使斗争的重心逐渐转向经济方面的政治。"④ 列宁分析认为："老式的宣传方法是讲解或举例说明什么是共产主义。但这种老式的宣传已毫无用处，因为我们需要在实践中说明应该如何建设社会主义。整个宣传工作应该建立在经济建设的政治经验之上。"⑤ 现在应当根据"从事国家的经济建设"这个政治任务"来安排整个鼓动工作和宣传工作"⑥。"应当少说空话，因为空话满足不了劳动人民的需要。"⑦ 这样，"鼓动工作和宣传工作就将发挥更加重大的作用"⑧。列宁要求每一个鼓动员都应该在经济建设事业中指导全体农民和工人，为改善经济、发展生产、增加粮食和煤炭产量、恢复工业等方面而提高认识、掌握理论知识和各种技能，为共产主义建设事业服务。而要做到这一切，"就应该重新教育群众，而要重新教育群众又只有靠鼓动和宣传，应该首先把群众同国家经济生活的建设联系起来。这应该是每一个宣传鼓动员工作中主要的和基本的内容，谁领悟了这一点，谁在工作中就一定能做出成绩来"⑨。除此之外，列宁还提出了衡量思想政治教育成效的标准，这就是："政治教育的成果只能用经济状况的改善来衡量。"⑩ 列宁指出："应该使我们的宣传、我们实行的领导、我们的小册子真

---

① 《列宁选集》第 4 卷，人民出版社 2012 年版，第 308 页。
② 《列宁选集》第 4 卷，人民出版社 2012 年版，第 308 页。
③ 《列宁选集》第 4 卷，人民出版社 2012 年版，第 308 页。
④ 《列宁选集》第 4 卷，人民出版社 2012 年版，第 308 页。
⑤ 《列宁选集》第 4 卷，人民出版社 2012 年版，第 308 页。
⑥ 《列宁选集》第 4 卷，人民出版社 2012 年版，第 309 页。
⑦ 《列宁选集》第 4 卷，人民出版社 2012 年版，第 309 页。
⑧ 《列宁选集》第 4 卷，人民出版社 2012 年版，第 309 页。
⑨ 《列宁选集》第 4 卷，人民出版社 2012 年版，第 309—310 页。
⑩ 《列宁全集》第 42 卷，人民出版社 1987 年版，第 201 页。

正为人民所接受，并且使这些工作的成果体现在国民经济的改善上""这就是由于实行新经济政策而向政治教育委员会提出的任务"①。

第五，"课程的思想政治方向""完全而且只能由教学人员来决定"。列宁高度重视国民教育和决定课程思想政治方向的教学人员。列宁指出："劳动者渴求知识，因为知识是他们获得胜利所必需的""知识是他们争取解放的武器；他们遭到挫折就是因为没有受教育"②。无产阶级要使自己所进行的斗争最终取得胜利，那是多么地需要教育呀！列宁明确指出："国民教育事业是我们目前正在进行的斗争的一个组成部分。"③列宁分析认为，资产阶级说什么学校可以脱离政治、脱离生活，这完全是在撒谎骗人，"资产阶级国家愈文明，它就愈会骗人"④。而事实情况是，"学校完全变成了资产阶级阶级统治的工具，它浸透了资产阶级的等级观念，它的目的是为资本家培养恭顺的奴才和能干的工人"⑤。因此列宁说，"我们办学的事业同样也是一种推翻资产阶级的斗争"⑥。列宁深刻揭露了沙皇政府对教师的专横态度和不公正对待。他曾引用当时国家杜马代表十月党人克柳热夫先生的话说："我们的教师怎么能够睡得安稳呢？他今天在阿斯特拉罕睡，不知道明天会不会出现在维亚特卡。请设想一下一个象被人追逐得筋疲力尽的兔子那样的教师的这种心理状态吧！"⑦列宁在谈到国民教师的不公正待遇时深刻指出："国民教师在没有生火的、几乎无法居住的小木房里挨饿受冻。国民教师同冬天被农民赶进小木房里的牲畜住在一起。"⑧

---

① 《列宁全集》第 42 卷，人民出版社 1987 年版，第 201 页。
② 《列宁全集》第 35 卷，人民出版社 1985 年版，第 78 页。
③ 《列宁全集》第 35 卷，人民出版社 1985 年版，第 77 页。
④ 《列宁全集》第 35 卷，人民出版社 1985 年版，第 77 页。
⑤ 《列宁全集》第 35 卷，人民出版社 1985 年版，第 77 页。
⑥ 《列宁全集》第 35 卷，人民出版社 1985 年版，第 77 页。
⑦ 《列宁全集》第 23 卷，人民出版社 1990 年版，第 117 页。
⑧ 《列宁全集》第 23 卷，人民出版社 1990 年版，第 112 页。

然而，御用文人和官方奴仆却在反驳和借口说，"俄国很穷，没有钱""简直穷得一无所有"。但是俄国在支付警察和军队的费用，支付租金，支付官吏的薪俸等方面，"倒是显得很'富'"①。鉴于此，列宁充分肯定了国民教师在社会主义建设中的重要作用，提出要提高他们的社会地位，提高薪金待遇，把优秀教师提拔到领导岗位上予以重用。列宁在谈到国民教师的重要作用时指出："任何监督、任何教学大纲等等，绝对不能改变由教学人员所决定的课程的方向。"②"在任何学校里，最重要的是课程的思想政治方向。这个方向由什么来决定呢？完全而且只能由教学人员来决定。"③列宁认为，根据俄国生产力水平，保证国民教师得到"令人满意的薪金"，只要"国家制度从下到上彻底改造得象美国那样民主"④，还是完全可能做到的。甚至，列宁还提出宁可缩减其他方面的经济开支，用于提高教师的生活待遇，提出"在今年这个粮食供应还比较不错的年份，不要再舍不得增加教师的面包配给额了"⑤。列宁强调要把"国民教师的地位提到在资产阶级社会里从来没有、也不可能有的高度""而最最重要的是提高他们的物质生活水平"。⑥ 只有这样，才能"使他们从资产阶级制度的支柱""变成苏维埃制度的支柱"⑦。

三、思想政治教育灌输理论的创新论述

"灌输"这一概念，早在法国空想社会主义者泰·德萨米所著的《公有法典》中就已经提出和使用过。他在该书的第八章"哲学"的开篇中这

① 《列宁全集》第 23 卷，人民出版社 1990 年版，第 112 页。
② 《列宁全集》第 45 卷，人民出版社 1990 年版，第 250 页。
③ 《列宁全集》第 45 卷，人民出版社 1990 年版，第 249 页。
④ 《列宁全集》第 23 卷，人民出版社 1990 年版，第 113 页。
⑤ 《列宁全集》第 43 卷，人民出版社 1987 年版，第 357 页。
⑥ 《列宁全集》第 43 卷，人民出版社 1987 年版，第 358 页。
⑦ 《列宁全集》第 43 卷，人民出版社 1987 年版，第 358 页。

样写道:"要往无产者的头脑里灌输真理:你有责任给无产者进行这一洗礼!"① 但他并没有把这一想法具体运用于宣传和教育无产阶级进行革命斗争的实践活动中。马克思恩格斯当谈及对工农群众进行宣传教育和理论武装时,就多次提出和使用了"灌输"这一术语,并阐述了对工人进行灌输革命理论的重要性,而且在实践中始终践行了这一思想,坚持给工人阶级和劳动群众灌输无产阶级革命学说和共产主义思想,使无产阶级日益成为先进生产力的代表,成为埋葬资产阶级的掘墓人。列宁传承了马克思恩格斯的灌输思想,吸取了考茨基关于灌输的"十分正确而重要的话",结合俄国革命和建设具体实际,对这一思想展开了全面而深入的阐述,丰富和发展了马克思主义灌输思想,形成了较为系统的灌输理论,在宣传、教育和武装无产阶级接受和掌握革命理论实践中发挥了重要指导作用。

列宁早在《什么是"人民之友"以及他们如何攻击社会民主党人?》一文中,就批评了党内"歪曲历史事实"的机会主义经济派的错误主张和"这种小市民的怯懦遁词"。针对党内的经济派片面扩大经济斗争的作用,迷信工人运动的自发性,迷恋工联主义的政治,轻视理论斗争,否定政治斗争,否认党的组织作用,说什么"仿佛工人的组织和社会化是自然而然地进行的"② 等这些错误言论,列宁给予了严厉驳斥,认为单靠工人阶级自发的经济斗争,只能局限于罢工、毁坏机器等初级形式的斗争,只能形成工联主义的意识,根本不能彻底推翻资产阶级的反动统治和残酷剥削与压迫,更不能自发形成共产主义思想意识和阶级政治觉悟。考茨基曾经讲过:"社会民主党是工人运动和社会主义的结合。"③ 列宁在肯定考茨基的这句话"说得十分正确"的基础上,进一步强调了社会民主党人对工人进

---

① [法]泰·德萨米:《公有法典》,黄建华、姜亚洲译,商务印书馆1982年版,第98页。

② 《列宁全集》第1卷,人民出版社1984年版,第283页。

③ 《列宁全集》第1卷,人民出版社1984年版,第284页。

行理论灌输的必要性和重要性，认为社会民主党"应该更详细地探讨对俄国历史和现实的马克思主义观点，应该更具体地考察在俄国特别模糊而隐蔽的一切阶级斗争形式和剥削形式。他们应该进而把这个理论通俗化，把它灌输给工人"①。俄国社会民主党人已经"为了使工人运动具有觉悟性和组织性而付出"② 了大量劳动，而且强调这项工作"还需要许许多多的人做许多的努力，才能创造一点牢靠的东西"③。

在 1901—1902 年撰写的《怎么办？》一书，列宁较为全面地阐述了灌输理论。他围绕俄国工人运动的"自发性和自觉性的关系问题"展开了长篇论述，深刻阐述和论证了工人的"社会民主主义的意识""只能从外面灌输进去"④ 的著名原理，把马克思主义灌输理论提升到了系统化和完备化阶段。列宁指出："工人本来也不可能有社会民主主义的意识。这种意识只能从外面灌输进去。"⑤ 这是列宁阐述灌输理论的核心论断。

第一，工人不可能自发地产生和形成社会主义意识和阶级政治觉悟。列宁批判了伯恩施坦主义、经济主义、批评派推崇的所谓工人运动的"自发性因素"等机会主义观点，从分析工人罢工的"自发性和自发性也有不同"切入，论述了俄国工人的罢工斗争都是自发性运动，都不可能产生社会主义意识。列宁认为，俄国 19 世纪六七十年代发生的罢工，"当时还有'自发地'毁坏机器等等的现象。同这些'骚乱'比较起来"⑥，19 世纪 90 年代的罢工已经包含了"自觉性的萌芽状态"⑦。尽管这些有计划的罢工比骚乱有多得多的自觉色彩，表现出阶级斗争的萌芽，但也只能说是

---

① 《列宁全集》第 1 卷，人民出版社 1984 年版，第 284 页。
② 《列宁全集》第 1 卷，人民出版社 1984 年版，第 283 页。
③ 《列宁全集》第 1 卷，人民出版社 1984 年版，第 284 页。
④ 《列宁选集》第 1 卷，人民出版社 2012 年版，第 317 页。
⑤ 《列宁选集》第 1 卷，人民出版社 2012 年版，第 317 页。
⑥ 《列宁选集》第 1 卷，人民出版社 2012 年版，第 316 页。
⑦ 《列宁选集》第 1 卷，人民出版社 2012 年版，第 317 页。

一种萌芽,"仍然是纯粹自发的运动"。因为"这些罢工本身是工联主义的斗争,还不是社会民主主义的斗争","工人还没有意识到而且也不可能意识到他们的利益同整个现代的政治制度和社会制度的不可调和的对立","他们还没有而且也不可能有社会民主主义的意识"①。由于工人长期处于社会的底层,受压迫和受剥削最深,仅靠出卖劳动力来养家糊口,疲于劳动,无权利、无时间、无精力、无条件从事学习思考和理论研究,只能为生存生活、增加工资、改善条件而进行经济斗争,工联主义意识有余而社会民主主义思想明显缺乏。在这种情况下,工人的社会主义思想、阶级政治意识,只能从外面灌输进去,"即只能从经济斗争外面,从工人同厂主的关系范围外面灌输给工人"②。为此,列宁引用了考茨基的一段"十分正确而重要的话"来加以说明:"社会主义意识是一种从外面灌输到无产阶级的阶级斗争中去的东西,而不是一种从这个斗争中自发地产生出来的东西。"③"社会民主党的任务就是把认清无产阶级的地位及其任务的这种意识灌输到无产阶级中去。"④

第二,社会主义学说只能由革命的社会主义知识分子创造出来。既然工人的社会主义意识只能从外面灌输进去,那么,这些科学的革命理论、先进的社会主义和无产阶级革命斗争学说,又是怎样产生的呢?列宁对此作了进一步的分析和阐发认为:"社会主义学说则是从有产阶级的有教养的人即知识分子创造的哲学理论、历史理论和经济理论中发展起来的。"⑤列宁认为,马克思和恩格斯,他们两人都是资产阶级知识分子,属于资产阶级的上流社会阶层。正因如此,他们接受了良好教育,具有扎实的理论

---

① 《列宁选集》第 1 卷,人民出版社 2012 年版,第 317 页。
② 《列宁选集》第 1 卷,人民出版社 2012 年版,第 363 页。
③ 《列宁选集》第 1 卷,人民出版社 2012 年版,第 325、326 页。
④ 《列宁选集》第 1 卷,人民出版社 2012 年版,第 326 页。
⑤ 《列宁选集》第 1 卷,人民出版社 2012 年版,第 317—318 页。

功底，培养和形成了卓越的理论研究和创造能力。但是，他们坚定地站在
了无产阶级立场上，立志于无产阶级和全人类的解放事业，坚持"拿自己
的学说为人类服务"，而且目标始终如一，坚定不移，实现了从唯心主义
到唯物主义、从革命民主主义到共产主义的伟大转变，创立了马克思主
义。"俄国的情况也是一样，社会民主党的理论学说也是完全不依赖于工
人运动的自发增长而产生的，它的产生是革命的社会主义知识分子的思想
发展的自然和必然的结果。"① 社会主义学说在俄国的传播和发展，是以列
宁为代表的马克思主义者和无产阶级高级知识分子共同努力的结果。俄国
第一个马克思主义团体"劳动解放社"，已经把科学社会主义作为了它的
行动纲领，而且"已经把俄国大多数革命青年争取到自己方面来了"②。列
宁对马克思主义在俄国的传播和发展作出了杰出贡献，他阅读了大量的马
克思恩格斯的经典著作，结合俄国国情，理论联系实际地加以学习和研
究，发展创新了科学社会主义理论，建立了人类历史上第一个社会主义国
家，实现了从科学理论到革命实践的伟大飞跃，把马克思主义发展为列宁
主义新阶段。

　　第三，"社会民主党人应当到居民的一切阶级中去"灌输社会主义意
识和政治知识。灌输的对象是谁？俄国社会民主党人应向哪些人灌输先
进理论？列宁在《怎么办？》中指出："为了向工人灌输政治知识，社会
民主党人应当到居民的一切阶级中去，应当派出自己的队伍分赴各个方
面。"③"居民的一切阶级"和"分赴各个方面"，主要是指俄国的工人阶级、
农民大众、军队人员、青年和妇女阶层。这是列宁对灌输对象提出的明确
规定。工人阶级是俄国革命的主要依靠力量，是社会民主党人灌输社会主
义意识和阶级政治知识的主要对象。由于经济主义和工联主义思潮的影

---

① 《列宁选集》第 1 卷，人民出版社 2012 年版，第 318 页。
② 《列宁选集》第 1 卷，人民出版社 2012 年版，第 318 页。
③ 《列宁选集》第 1 卷，人民出版社 2012 年版，第 363 页。

响，俄国工人阶级的罢工斗争仅局限于"为工资增加一卢比"的狭隘的经济利益，而轻视革命理论斗争和政治意识。列宁指出："社会民主党领导工人阶级进行斗争不仅是要争取出卖劳动力的有利条件，而且是要消灭那种迫使穷人卖身给富人的社会制度。"①"社会民主党人不但不能局限于经济斗争"，而且"应当积极地对工人阶级进行政治教育，发展工人阶级的政治意识"②。并且通过"星期日夜校""罢工教育"（社会党人"把罢工叫作'战争的学校'"③）和"选举活动"等有效载体和手段，对工人进行社会主义意识和政治知识教育。农民是工人阶级的可靠同盟军。通过土地改革对俄国农民开展扫盲运动，进行社会主义、科学文化知识和政治意识教育，这对于提高农民群众的自身素质、巩固工农联盟、增强他们投身于社会主义革命和建设的积极性都具有重要意义。列宁还坚持向军队、青年、妇女等各阶层人民灌输革命理论、阶级观念和政治知识，极大地提高了他们的理论水平和政治觉悟。对社会民主党人以什么样的方式"到居民的一切阶级中去"进行理论灌输，列宁认为，"我们应当既以理论家的身份，又以宣传员的身份，既以鼓动员的身份，又以组织者的身份'到居民的一切阶级中去'"④。以列宁为代表的马克思主义理论家，认真学习和钻研马克思主义经典著作，翻译出版了《共产党宣言》《资本论》《社会主义从空想到科学的发展》等一批经典文献，为传播马克思主义和灌输先进理论提供了丰富的理论资源。同时还创办了各种宣传马克思主义理论的机构和团体、工人夜校，以及编辑印制了通俗化、便于携带的理论小册子与传单，大大促进了马克思主义在俄国的广泛传播，极大地提高了俄国无产阶级和广大劳动人民的理论素养、阶级意识和政治觉悟。列宁在《怎么办?》中还深刻阐述了社会民主党

---

① 《列宁选集》第 1 卷，人民出版社 2012 年版，第 342 页。
② 《列宁选集》第 1 卷，人民出版社 2012 年版，第 342 页。
③ 《列宁全集》第 4 卷，人民出版社 1984 年版，第 258 页。
④ 《列宁选集》第 1 卷，人民出版社 2012 年版，第 366 页。

人"到居民的一切阶级中去进行自己的宣传和鼓动"的力量、基础、内容和方法等问题，从而推进了灌输理论的系统化、完备化、科学化。

列宁的灌输理论是坚持和发展马克思主义灌输思想的创新成果，是对社会主义国家思想政治教育工作的有益探索、经验总结和理论升华，是无产阶级政党开展思想政治教育的重要理论指导。列宁的灌输理论，不仅在俄国社会主义革命和建设中发挥了重要作用，而且对于新时代我国高校"办好讲好学好"思政课，仍具有一定的现实指导意义。

四、思想政治教育内容的创新论述

列宁关于思想政治教育内容的创新论述主要包括对马克思主义理论教育、社会主义信念教育、共产主义道德教育、爱国主义和国际主义教育等等。

一是坚持马克思主义理论教育。列宁是用马克思主义理论武装起来的无产阶级革命家、政治家、理论家、宣传家。他在领导俄国人民进行社会主义革命和建设中，特别重视对广大工人阶级和人民群众进行马克思主义理论教育。列宁指出："没有革命的理论，就不会有革命的运动。"[1]"只有革命马克思主义的理论，才能成为工人阶级运动的旗帜"[2]。列宁要求俄国共产党人要不断加强马克思主义理论研究，"设法继续发展并且实现这个理论"，"全力以赴地到工厂工人和矿业工人中去进行活动"[3]，宣传、教育和灌输科学社会主义思想、社会民主主义思想，用马克思主义科学理论武装工人阶级、家庭工人、手工业者、农村工人，以及"千百万破产的饥寒交迫的农民"[4]，只有把他们用先进理论武装起来，才能增强革命团

---

[1] 《列宁选集》第 1 卷，人民出版社 2012 年版，第 311 页。
[2] 《列宁选集》第 1 卷，人民出版社 2012 年版，第 271 页。
[3] 《列宁选集》第 1 卷，人民出版社 2012 年版，第 271 页。
[4] 《列宁选集》第 1 卷，人民出版社 2012 年版，第 271 页。

结，站稳阶级立场，提高政治觉悟，形成强大战斗力，夺取革命的最终胜利。列宁深刻指出："只有以先进理论为指南的党，才能实现先进战士的作用。"①"没有革命理论，就不会有坚强的社会党，因为革命理论能使一切社会党人团结起来，他们从革命理论中能取得一切信念，他们能运用革命理论来确定斗争方法和活动方式"②。

二是加强社会主义信念教育。列宁是一位坚定的社会主义信奉者、研究者和实践探索者。他不仅自己怀有坚定的社会主义信念，而且特别强调要对广大工农群众灌输社会主义意识，进行社会主义理想信念教育。在《第二国际的破产》一文中，列宁驳斥了第二国际领袖们对社会主义信念的背叛，认为"国际的破产就是大多数正式社会民主党令人触目惊心地背叛了自己的信念"③。因此列宁强调："对于觉悟的工人来说，社会主义是一种庄严的信念，而不是便于掩饰各种小市民调和派和民族主义反对派意图的东西。"④为了加强对工人阶级进行社会主义信念教育，列宁领导成立了俄国社会民主工党，亲自带头通过专题演说、会议报告等形式宣传社会主义，要求社会民主党人"应当向全体人民说明和强调一般民主主义任务，同时一分钟也不隐瞒自己的社会主义信念"⑤，"要善于利用每一件小事来向大家说明自己的社会主义信念和自己的民主主义要求，向大家解释无产阶级解放斗争的世界历史意义"⑥。针对民粹主义、工联主义、机会主义、改良主义等不良思潮对工人运动的影响，列宁提出要"多注意社会主义宣传，多做工作去建立一个坚强的、能坚持原则并忠于社会主义的、真

① 《列宁选集》第 1 卷，人民出版社 2012 年版，第 312 页。
② 《列宁选集》第 1 卷，人民出版社 2012 年版，第 274 页。
③ 《列宁选集》第 2 卷，人民出版社 2012 年版，第 454 页。
④ 《列宁选集》第 2 卷，人民出版社 2012 年版，第 454 页。
⑤ 《列宁选集》第 1 卷，人民出版社 2012 年版，第 367 页。
⑥ 《列宁选集》第 1 卷，人民出版社 2012 年版，第 364—365 页。

正的党的组织"①，要求"社会民主党在任何场合，在任何情况下，都不应当拒绝利用哪怕是最小的合法机会来组织群众和宣传社会主义"②，呼吁社会民主党人要抵制大俄罗斯民族主义思想与民族政策，号召各阶层人民加强团结，宣传社会主义，因为"正是这种宣传，只有这种宣传，才能保证对群众进行真正民主主义和真正社会主义的教育"③。在《国家与革命》《共产主义运动中的"左派"幼稚病》等文献中，列宁还深刻阐述了实现社会主义革命的途径，展望了社会主义发展为共产主义的美好未来，论述了共产主义的不同历史阶段、特征、条件、实现途径，强调了实现共产主义不可能一蹴而就，而是要经过长期的历史发展过程，如果说目前就企图要实现共产主义，"这无异于叫四岁的小孩去学高等数学"④。这些精彩论述和重要观点，对于工人阶级学习和掌握社会主义精髓要义，增强社会主义信念，树立共产主义远大理想都有着重要的指导意义。

三是强调共产主义思想道德教育。列宁是一位伟大的马克思主义者，坚定的共产主义战士。他一生所追求和奋斗的崇高理想，就是要实现人类历史上最壮丽的共产主义事业。在《青年团的任务》《国家与革命》等诸多著作和讲话中，列宁论述了开展共产主义思想道德教育的重要性，研究和回答了什么是共产主义、怎样建设共产主义和进行共产主义道德教育的系列重要问题，丰富和发展了共产主义理论。列宁指出："什么是共产主义？""共产主义现在已经不再只是我们的纲领、理论和课题了，它已经是我们今天的实际建设事业了。"⑤ 因此，"整个共产主义宣传归根到底要落实到实际指导国家建设"⑥ 中去，"应该使工人群众把共产主义理解为自己

① 《列宁全集》第 23 卷，人民出版社 1990 年版，第 138 页。
② 《列宁选集》第 2 卷，人民出版社 2012 年版，第 525 页。
③ 《列宁选集》第 2 卷，人民出版社 2012 年版，第 388 页。
④ 《列宁选集》第 4 卷，人民出版社 2012 年版，第 159 页。
⑤ 《列宁选集》第 4 卷，人民出版社 2012 年版，第 309 页。
⑥ 《列宁选集》第 4 卷，人民出版社 2012 年版，第 309 页。

的事业"①。在《青年团的任务》中，列宁进一步诠释了共产主义，认为"共产主义者"一词是个拉丁文，原意是指"公共"的意思。"共产主义社会就意味着土地、工厂都是公共的，实行共同劳动——这就是共产主义。"②在此基础上，列宁明确提出了"共产主义道德"这个概念，系统阐述了共产主义道德形成的基础、本质、作用、主要规范、进行共产主义道德教育的原则与方法。列宁认为，青年团和所有想走向共产主义的青年都应该学习共产主义，都要接受共产主义道德教育，"应该使培养、教育和训练现代青年的全部事业，成为培养青年的共产主义道德的事业"③。在列宁看来，人类没有永恒的道德，超人类社会的道德是没有的，"道德是为人类社会上升到更高的水平，为人类社会摆脱对劳动的剥削服务的"④，在共产主义社会当然会有与之相适应的道德，这种道德是从无产阶级斗争的利益中引申出来的，"完全服从无产阶级阶级斗争的利益"⑤。无产阶级斗争还在继续，共产主义道德为这个斗争服务，"为摧毁剥削者的旧社会、把全体劳动者团结到创立共产主义者新社会的无产阶级周围服务的"⑥。列宁深刻指出："共产主义道德是为这个斗争服务的道德，它把劳动者团结起来反对一切剥削，反对一切小私有制。"⑦"为巩固和完成共产主义事业而斗争，这就是共产主义道德的基础。这也就是共产主义培养、教育和训练的基础。这也就是对应该怎样学习共产主义的回答。"⑧那么，怎样进行共产主义道德教育？列宁提出"要把自己的工作和精力

① 《列宁选集》第4卷，人民出版社2012年版，第309页。
② 《列宁选集》第4卷，人民出版社2012年版，第293页。
③ 《列宁选集》第4卷，人民出版社2012年版，第288页。
④ 《列宁选集》第4卷，人民出版社2012年版，第292页。
⑤ 《列宁选集》第4卷，人民出版社2012年版，第289页。
⑥ 《列宁选集》第4卷，人民出版社2012年版，第290页。
⑦ 《列宁选集》第4卷，人民出版社2012年版，第291页。
⑧ 《列宁选集》第4卷，人民出版社2012年版，第292页。

全部贡献给公共事业",要深入社会、深入农村、深入群众,到社区街道中去,走与工农相结合的道路,参加星期六义务劳动,在劳动中加强团结一致的纪律教育,"努力消灭'人人为自己,上帝为大家'这个可诅咒的准则,克服那种认为劳动只是一种差事,凡是劳动都理应按一定标准付给报酬的习惯看法。"①"努力把'大家为一人',一人为大家'和'各尽所能,按需分配'的准则渗透到群众的意识中去,渗透到他们的习惯中去,渗透到他们的生活常规中去"②。只有这样,才能培养和提高青年的共产主义思想道德品质。

四是注重爱国主义与国际主义教育。作为一位伟大的爱国主义者,列宁十分重视爱国主义和国际主义教育。列宁阐述了爱国主义概念内涵,批判了传统爱国主义的缺陷,探讨了爱国主义本质,爱国主义与国际主义的一致性,以及进行爱国主义和国际主义教育的重大意义。列宁指出:"爱国主义是每一个布尔什维克党员最基本最真挚的感情,它具有历史传承性,是一种客观存在的要求。"③ 列宁在《皮季里姆·索罗金的宝贵自供》中,诠释了传统意义上的爱国主义定义,即"爱国主义是由于千百年来各自的祖国彼此隔离而形成的一种极其深厚的感情"④。诚然,列宁认同"爱国主义"源自于"一种极其深厚的感情",这种对"各自的祖国"的感情流露,是经过了"千百年来"的长期的"彼此隔离"而积淀起来的。这种传统意义上的爱国主义对于抵抗外敌侵略,维护国家的独立、团结和统一,发挥了凝聚力作用。但是,由于"彼此隔离"而造成的视野的局限性、眼界的短浅性,却跟不上日新月异的时代变化,由于生产方式的固化而滞后,这种小资产阶级的局限性就容易形成传统爱国主义的民族性、狭隘性、狂热

---

① 《列宁全集》第 39 卷,人民出版社 1986 年版,第 100 页。
② 《列宁全集》第 39 卷,人民出版社 1986 年版,第 100 页。
③ 《列宁选集》第 3 卷,人民出版社 1972 年版,第 608 页。
④ 《列宁选集》第 3 卷,人民出版社 2012 年版,第 579—580 页。

性。列宁批判了"小资产阶级由于自己的经济地位,比资产阶级和无产阶级都更加爱国"① 的这种民族主义色彩浓厚的爱国主义。列宁指出:"爱国主义,这正是小私有者的经济生活条件造成的一种情感。资产阶级比小私有者更国际化。在布列斯特和约时期,当苏维埃政权把全世界的无产阶级专政和全世界的革命看得高于一切民族牺牲(不管这种牺牲是多么惨重)的时候,我们就碰到了这种爱国主义。"② 因此,在列宁看来,俄国无产阶级革命要"经过一个同爱国主义断然决裂的时期,即布列斯特和约时期"③,"为了世界无产阶级革命的最高利益,我们承担而且应当承担最大的民族牺牲"④。列宁指出:"当我们必须缔结布列斯特和约的时候,从狭隘的爱国主义来看,这一步骤是背叛祖国;而从世界革命来看,这却是对世界革命帮助最大的正确的战略步骤。"⑤ 这就是列宁对爱国主义的深刻理解和准确把握。它充分体现了列宁爱国主义的世界视野、无产阶级国际主义的价值和精神,展现了爱国主义与国际主义的高度一致性。列宁还对马克思恩格斯提出的"工人没有祖国"这句话,作出了进一步诠释,即"这就是说:(α)他们的经济地位(雇佣劳动制)不是民族的,而是国际的;(β)他们的阶级敌人是国际的;(γ)他们解放的条件也是国际的;(δ)他们的国际团结比民族团结更为重要。"⑥ 列宁以此强调无产阶级革命事业的国际性,爱国主义与国际主义的统一性。正如列

---

① 《列宁选集》第 3 卷,人民出版社 2012 年版,第 580 页。
② 《列宁全集》第 36 卷,人民出版社 1985 年版,第 121 页。
③ 布列斯特和约,是 1918 年 3 月 3 日苏维埃俄国在布列斯特—里托夫斯克同德国、奥匈帝国、保加利亚和土耳其签订的条约。和约包括停止战争状态、俄国撤军、波兰等国全部或部分地区脱离俄国、划定边界、俄国出让土地等等。这个和约是俄国为了摆脱帝国主义战争,集中力量巩固十月革命取得的胜利而实行的一种革命的妥协策略。参见《列宁选集》第 3 卷,人民出版社 2012 年版,第 902—903 页。
④ 《列宁选集》第 3 卷,人民出版社 2012 年版,第 580 页。
⑤ 《列宁全集》第 35 卷,人民出版社 1985 年版,第 212 页。
⑥ 《列宁全集》第 47 卷,人民出版社 1990 年版,第 458 页。

宁指出："我们是反对民族仇恨、民族纠纷和民族隔绝的。我们是国际主义者。我们力求实现世界各民族工农的紧密团结，力求使它们完全合并成为一个统一的世界苏维埃共和国。"① 列宁正是在这样的理论指导下来开展爱国主义和国际主义教育的，教育和引导俄国无产阶级和广大劳动人民要热爱自己的祖国、热爱自己的人民、热爱自己的民族语言文化和优秀传统，认为"祖国这个政治的、文化的和社会的环境，是无产阶级阶级斗争中最强有力的因素"②，号召俄国人民要弘扬爱国主义精神，把自己的祖国建设"成为一个自由的和独立自主的、民主的、共和的、足以自豪的国家"③。同时要加强无产阶级国际主义教育，培育国际主义情怀，反对小资产阶级狭隘的爱国主义，反对以"狭隘的民族利益而牺牲国际革命的利益"，坚定"国际革命是循着布尔什维克道路前进的，因为它不是民族革命，而是纯粹无产阶级的革命"④ 的信念。列宁深刻指出："如果你是一个社会主义者，你就应当为了国际革命而牺牲自己的一切爱国主义情感，这个革命一定会到来，它现在还没有到来，但如果你是一个国际主义者，就应当有信心。"⑤

五、思想政治教育目的、任务、原则和方法的创新论述

列宁在领导俄国工人阶级进行革命斗争和建设社会主义伟大实践中，明确提出和阐述了思想政治教育的目的、任务、原则和方法。这些重要论述和核心观点，对于贯彻落实新时代思想政治教育立德树人、铸魂育人根本任务，具有重要的现实指导意义。

---

① 《列宁选集》第 4 卷，人民出版社 2012 年版，第 98 页。
② 《列宁全集》第 17 卷，人民出版社 1988 年版，第 170 页。
③ 《列宁全集》第 26 卷，人民出版社 1985 年版，第 110 页。
④ 《列宁全集》第 35 卷，人民出版社 1985 年版，第 208 页。
⑤ 《列宁全集》第 35 卷，人民出版社 1985 年版，第 208 页。

（一）明确提出了思想政治教育的根本目的和任务

《在全俄省、县国民教育局政治教育委员会工作会议上的讲话》中，列宁阐明了思想政治教育的根本目的和任务，认为"政治文化、政治教育的目的是培养真正的共产主义者，使他们有本领战胜谎言和偏见，能够帮助劳动群众战胜旧秩序，建设一个没有资本家、没有剥削者、没有地主的国家"①。"教育工作者和共产党这个斗争的先锋队的基本任务，就是帮助培养和教育劳动群众，使他们克服旧制度遗留下来的旧习惯、旧风气，那些在群众中根深蒂固的私有者的习惯和风气""就是要完成这一改造群众的工作"②。在《青年团的任务》中，列宁进一步具体提出和阐述了青年团对全体青年进行思想政治教育的任务，强调"青年团的任务就是要这样来安排自己的实际活动：使团员青年在学习、组织、团结和斗争的过程中把他们自己和那些以他们为带头人的人都培养成共产主义者。应该使培养、教育和训练现代青年的全部事业，成为培养青年的共产主义道德的事业"③。列宁还围绕这一基本任务，对学习什么和怎样学习、怎样教授和学习共产主义等"主要的和最本质的问题"展开了系统论述，通过列举具体生动的小例子，理论联系实际地加以阐述和论证。同时对共产主义青年团怎样才能完成这一任务提出了具体要求，强调要通过发展和改善菜园工作、在工厂里组织青年学习、在农村和自己的街道上做一些"像卫生工作或分配食物"等有组织有纪律的劳动来培养共产主义者。列宁指出："共产主义青年团要使大家从小就在自觉的有纪律的劳动中受教育。这样我们才能有希望完成现在所提出的任务。"④

①　《列宁选集》第4卷，人民出版社2012年版，第306页。
②　《列宁选集》第4卷，人民出版社2012年版，第303、307页。
③　《列宁选集》第4卷，人民出版社2012年版，第288页。
④　《列宁选集》第4卷，人民出版社2012年版，第296页。

（二）明确阐述了思想政治教育的基本原则和方法

列宁关于思想政治教育的基本原则和方法主要包括理论联系实际、要与工农群众相结合、通俗化教育、榜样示范、耐心说服教育等。

一是坚持理论联系实际。理论联系实际是列宁强调最多的思想政治教育原则和方法。理论是实践的指导，只有革命的理论，才会有革命的运动。理论只有具体转化为正确的路线、方针和政策，才能指导实践，并在实践中得到发展完善。列宁指出："只有依靠革命的马克思主义理论，依靠国际社会民主党的经验，我们才能把我国的革命运动同工人运动结合起来，才能建立不可战胜的社会民主主义运动。"① 理论也只有回到实践中去，才能得到检验。列宁认为，现在的一切都在于实践，"理论在变为实践，理论由实践赋予活力，由实践来修正，由实践来检验"②。在对俄国无产阶级和劳动人民进行思想政治教育过程中，列宁特别强调："必须善于贯彻我们的策略路线，必须善于建设我们的组织，既要估计到已经变化了的客观情况，又不缩小、不削弱斗争任务，不贬低那些即使乍看起来是极平凡、极不显眼、极其琐碎的工作的思想政治内容"③，要通过全民劳动义务制、共产主义星期六义务劳动和社会主义竞赛等实践教育方式，来教育、示范和感召俄国人民，使之加深对共产主义的理解和向往，促进社会主义经济建设和共产主义的实现。

二是坚持要与工农群众相结合。列宁特别重视思想政治教育中的这一原则和方法，要求青年人"只有在与工农的共同劳动中，才能成为真

① 《列宁全集》第 7 卷，人民出版社 1986 年版，第 41 页。
② 《列宁选集》第 3 卷，人民出版社 2012 年版，第 381 页。
③ 《列宁全集》第 19 卷，人民出版社 1989 年版，第 214 页。

正的共产主义者"①。列宁认为，要造就建设共产主义社会的新一代人，其训练、培养和教育，不能仅仅是限于让青年学习和"领会共产主义教科书、小册子和著作里所讲的一切知识"②，如果是这样，就会造成书本知识和生活实践的完全脱节，"就很容易造就出一些共产主义的书呆子或吹牛家"③。这种人既不善于把所学知识融会贯通，也不会按共产主义的真正要求去行动，"只会使共产主义事业遭到莫大的损害"④。因此，列宁强调要改革这种教育制度，废除死读书、读死书、强迫纪律、死记硬背的资产阶级旧学校的落后的教育体制，坚持"把自己的教育、训练和培养同工农的劳动结合起来，不要关在自己的学校里，不要只限于阅读共产主义书籍和小册子"⑤，而是要与工农群众相结合，到社会大课堂中去经受锻炼和陶冶品行，参与社会各种具体工作，参加星期六义务劳动，到农村或社区街道去帮助做些公益事情，从小就在自觉的有纪律的劳动中接受教育。唯有如此，才能培养和造就共产主义事业的新一代建设者和接班人。

三是坚持灌输教育的通俗化。通俗化是列宁灌输理论的重要方法。列宁针对俄国工农群众文化水平普遍较低的实情，要求无产阶级政党要做好马克思主义理论的通俗化工作，用通俗易懂的语言文字，简明扼要的语义词汇，阐释和表述马克思主义，翻印成形式多样且便于携带的小传单、小册子，以此来灌输给工农群众。列宁认为，俄国社会主义者应该根据俄国国情来研究和阐释马克思主义观点，而且"应该进而把这个理论通俗化，把它灌输给工人"⑥。在给工农群众正面讲授和灌输马克思

---

① 《列宁选集》第 4 卷，人民出版社 2012 年版，第 295 页。
② 《列宁选集》第 4 卷，人民出版社 2012 年版，第 282 页。
③ 《列宁选集》第 4 卷，人民出版社 2012 年版，第 282 页。
④ 《列宁选集》第 4 卷，人民出版社 2012 年版，第 283 页。
⑤ 《列宁选集》第 4 卷，人民出版社 2012 年版，第 295 页。
⑥ 《列宁全集》第 1 卷，人民出版社 1984 年版，第 284 页。

主义革命理论时，列宁坚决反对庸俗化、教条化、简单化的硬灌方法，坚决反对脱离实际的空洞说教，始终强调要联系工人身边的具体事例，"用简单的推论或恰当的例子来说明从这些材料得出的主要结论，启发肯动脑筋的读者不断地去思考更深一层的问题"①，以便使工农群众理解透、把握住和接受好。列宁指出，"说群众不能理解政治斗争的思想，是不正确的。这种思想，连文化水平很低的工人也能理解，当然，这是要有条件的，就是要鼓动员或宣传员善于做他们的工作，能够把这种思想告诉他们，在传达这种思想时，要善于用通俗易懂的语言，并且能够借助于日常生活中他们所知道的事实。在说明经济斗争的条件时，这样做也是必需的"②。列宁对报刊载体也强调要坚持通俗化原则，要求报刊多用日常生活中的生动事例和群众喜闻乐见的方式来讨论理论问题。"如果我们不办通俗的机关报，群众就会被其他政党夺去，受它们利用。"③

四是坚持榜样示范教育。榜样的力量是无穷的。列宁认为，在资本主义生产方式下，榜样的力量是极其有限的。而在"政权转到无产阶级手里以后，在剥夺了剥夺者以后，情况就根本改变了"，"榜样的力量第一次有可能表现自己的广大影响。模范公社应该成为而且一定会成为落后公社的辅导者、教师和促进者"。④ 为了增强工农群众对社会主义的认识和信心，有效促进工人运动，列宁领导俄国无产阶级政党，大力宣传社会主义革命和建设中涌现出来的模范人物和先进事迹，号召工农群众向他们学习。如赫尔岑、欧仁·鲍狄埃等就是当时典型的模范代表。在《纪念赫尔岑》中，列宁提出要"以他为榜样来学习了解革命理论的伟大意义；学习了解，对

---

① 《列宁全集》第 5 卷，人民出版社 1986 年版，第 322 页。
② 《列宁全集》第 4 卷，人民出版社 1984 年版，第 277 页。
③ 《列宁全集》第 30 卷，人民出版社 1985 年版，第 195 页。
④ 《列宁选集》第 3 卷，人民出版社 2012 年版，第 493 页。

革命的无限忠心和向人民进行的革命宣传"①。在《论粮食税》中,列宁提出要安排中央机关的某些同志到地方去工作,"以县和乡的领导者身份,在那里模范地做好整个经济工作"②,发挥榜样示范作用。列宁指出:"这是因为模范工作是培养工作人员的园地,是可供仿效的榜样,有了榜样,仿效就会比较容易了,何况我们还能从中央给以帮助,使各地都来广泛地'仿效'这种榜样。"③曾被列宁高度评价为"伟大的创举"的"星期六义务劳动",就是当时最具广泛影响力和感召力的典型示范,这种不计报酬的忘我革命精神,为俄国人民树立了光辉榜样。列宁号召全体共青团员要以这些铁路工人为榜样,学习他们的无私奉献精神,深入开展"星期六义务劳动"。同时,列宁做到了身体力行,率先垂范,亲自带头参加各种形式的义务劳动,发挥了标杆作用。

① 《列宁选集》第 2 卷,人民出版社 2012 年版,第 289 页。
② 《列宁选集》第 4 卷,人民出版社 2012 年版,第 516 页。
③ 《列宁选集》第 4 卷,人民出版社 2012 年版,第 516 页。

第二章　高校"办好讲好学好"
思政课的根本遵循

　　习近平总书记指出，我们办中国特色社会主义教育，就是要理直气壮开好思政课，用新时代中国特色社会主义思想铸魂育人，引导学生增强中国特色社会主义道路自信、理论自信、制度自信、文化自信，厚植爱国主义情怀，把爱国情、强国志、报国行自觉融入坚持和发展中国特色社会主义事业、建设社会主义现代化强国、实现中华民族伟大复兴的奋斗之中。① 新时代办好我国高校思想政治理论课，必须坚持用习近平新时代中国特色社会主义思想武装头脑、统领全局，立足基本国情，遵循教育规律，锐意改革创新，立德树人，铸魂育人，全面推动全党全社会努力办好思政课、教师认真讲好思政课、学生积极学好思政课 ②，努力为党和国家培养能够担当民族复兴大任的时代新人。

---

　　① 《习近平主持召开学校思想政治理论课教师座谈会强调　用新时代中国特色社会主义思想铸魂育人　贯彻党的教育方针落实立德树人根本任务》，《人民日报》2019 年 3 月 19 日。
　　② 《习近平主持召开学校思想政治理论课教师座谈会强调　用新时代中国特色社会主义思想铸魂育人　贯彻党的教育方针落实立德树人根本任务》，《人民日报》2019 年 3 月 19 日。

第一节　用党的创新理论铸魂育人

用党的创新理论铸魂育人，是高校思想政治理论课建设的理论基础和思想前提。这对于新时代高校"办好讲好学好"思想政治理论课，引导当代大学生树立崇高理想信念，增强"四个意识"，坚定"四个自信"，做到"两个维护"，牢记"国之大者"，培养和造就德智体美劳全面发展的社会主义建设者和接班人具有重大意义。

一、科学内涵

习近平总书记在党的十九大报告中指出："经过长期努力，中国特色社会主义进入了新时代，这是我国发展新的历史方位。"① 党的十八大以来，以习近平同志为核心的党中央团结带领全国人民，站在时代前列，立足人民立场，坚持问题导向，以巨大的政治勇气、深邃的理论智慧、强烈的使命担当，准确把握世情国情党情变化的新特点，"从理论和实践结合上系统回答"了"坚持和发展什么样的中国特色社会主义、怎样坚持和发展中国特色社会主义"② 的一系列重大时代课题，创立了系统的、严密的、科学的理论体系——习近平新时代中国特色社会主义思想，中国特色社会主义进入了崭新时代。

习近平新时代中国特色社会主义思想是在中国特色社会主义现代化建设宏伟事业进入新时代、科学社会主义迈向新阶段、国际形势发生新变化、我国经济社会迎来新发展、中国共产党面临长期执政新考验的新的历史条件下，孕育、形成和发展起来的先进理论，"是对马克思列宁主义、毛泽东思想、邓小平理论、'三个代表'重要思想、科学发展观的继

---

① 《中国共产党第十九次全国代表大会文件汇编》，人民出版社 2017 年版，第 8 页。
② 《中国共产党第十九次全国代表大会文件汇编》，人民出版社 2017 年版，第 15 页。

承和发展，是马克思主义中国化最新成果，是党和人民实践经验和集体智慧的结晶，是中国特色社会主义理论体系的重要组成部分，是全党全国人民为实现中华民族伟大复兴而奋斗的行动指南"①。这一重大思想，紧紧围绕"坚持和发展什么样的中国特色社会主义、怎样坚持和发展中国特色社会主义，建设什么样的社会主义现代化强国、怎样建设社会主义现代化强国，建设什么样的长期执政的马克思主义政党、怎样建设长期执政的马克思主义政党等重大时代课题"②，提出了一系列原创性的治国理政新理念新思想新战略，准确回答了"新时代坚持和发展中国特色社会主义"③的历史渊源、理论基础、实践依据、独特优势、本质特征、总目标总任务，以及战略发展布局、动力、步骤等一系列重大问题。在"怎样坚持和发展中国特色社会主义"问题上，习近平总书记以丰富的马克思主义理论为指导，以博大精深的哲学智慧为基础，站在时代的战略高度，全面回答了"新时代坚持和发展中国特色社会主义的总目标、总任务、总体布局、战略布局和发展方向、发展方式、发展动力、战略步骤、外部条件、政治保证等基本问题"④，并"根据新的实践对经济、政治、法治、科技、文化、教育、民生、民族、宗教、社会、生态文明、国家安全、国防和军队、'一国两制'和祖国统一、统一战线、外交、党的建设等各方面"作出了"理论分析和政策指导"⑤。

习近平新时代中国特色社会主义思想的丰富内涵和精神实质，主要集中在党的十九大和十九届六中全会所精辟概括和凝练的"十个明确""十四个坚持"和"十三个方面成就"，党的二十大报告提出的"六个必须坚持"，

---

① 《中国共产党第十九次全国代表大会文件汇编》，人民出版社 2017 年版，第 16 页。
② 《中国共产党第十九届中央委员会第六次全体会议文件汇编》，人民出版社 2021 年版，第 10 页。
③ 《中国共产党第十九次全国代表大会文件汇编》，人民出版社 2017 年版，第 15 页。
④ 《中国共产党第十九次全国代表大会文件汇编》，人民出版社 2017 年版，第 15 页。
⑤ 《中国共产党第十九次全国代表大会文件汇编》，人民出版社 2017 年版，第 15 页。

概括了这一思想的世界观、方法论和贯穿其中的立场观点方法。其中，"十个明确"是最为关键的核心内容，侧重于理论层面，着重讲的是怎么看的问题，回答的是"新时代坚持和发展什么样的中国特色社会主义"的重大理论问题，每一个"明确"都是含有着丰富原创性和时代性的新理念新思想新观点，这是支撑这一重要思想的"四梁八柱"。而"十四个坚持"，侧重于实践层面，着重讲的是怎么做的问题，回答的是"新时代怎样坚持和发展中国特色社会主义"的重大实践问题，每一个"坚持"都是含有着很强针对性和指导性的新战略新举措新方法，这是坚持和发展中国特色社会主义、实现第一个百年奋斗目标和向第二个百年奋斗目标进军的"路线图"和"方法论"。"十个明确"和"十四个坚持"相互融合、相互促进，不可分割，统一于坚持和推进中国特色社会主义伟大实践中，体现在引领党和国家事业不断向前发展的历史进程中。

　　理论创新向前迈进一步，理论武装就要随之跟进一步。在新时代，坚持和发展中国特色社会主义，全面建设社会主义现代化国家，实现中华民族伟大复兴的中国梦，必须坚持用习近平新时代中国特色社会主义思想武装全党同志、教育全国各族人民、指导各项实际工作，切实把思想和行动统一到习近平新时代中国特色社会主义思想上来，更加紧密地团结在以习近平同志为核心的党中央周围，不断增强政治意识、大局意识、核心意识、看齐意识，"坚决维护习近平总书记党中央的核心、全党的核心地位，坚决维护党中央权威和集中统一领导""始终在政治立场、政治方向、政治原则、政治道路上同以习近平同志为核心的党中央保持高度一致"。①当前及今后一个时期，全国思想政治教育工作者、思想政治理论课教师和广大青年学生，都要认真学习和深刻领会习近平新时代中国特色社会主义思想的科学内涵和核心要义，领导干部要带头学、全党同志要认真学，广

---

　　①　《中共中央关于加强党的政治建设的意见》，《人民日报》2019年2月28日。

大师生要普遍学，坚持全面学、深入学、理论联系实际学，做到真学真懂真信真用，不断"增强学习本领、政治领导本领、改革创新本领、科学发展本领、依法执政本领、群众工作本领、狠抓落实本领、驾驭风险本领，把党的科学理论转化为强大物质力量，更加坚定自觉地为实现党的历史使命而奋斗"①。

二、重大意义

用党的创新理论铸魂育人，既是思想政治教育工作的本质要求，也是思想政治理论课这一关键课程的使命担当。这是因为，思想政治教育的本质就是要"坚持主流意识形态的主导和灌输"②。通过思想政治理论课这个主渠道、主课堂，把这一重大思想传播到当代大学生之中，使之入耳入脑入心，有利于增强他们的政治认同、理论认同、情感认同和目标认同，激发他们对实现中华民族伟大复兴中国梦的强烈热情和强大动力。

第一，有利于教育引导新时代大学生树立崇高理想信念，肩负起民族复兴的时代重任。习近平新时代中国特色社会主义思想，是中国特色社会主义理论体系的重要组成部分，"是当代中国马克思主义、二十一世纪马克思主义，是中华文化和中国精神的时代精华，实现了马克思主义中国化新的飞跃"③，是新时代坚持和发展中国特色社会主义、实现中华民族伟大复兴的行动指南。进入新时代的高校大学生，都是00后的年轻人，到2035年基本实现社会主义现代化时，很多人都在40岁上下；到2050年建成社会主义现代化强国时，很多人还不到60岁。这就意味着新时代的大

---

① 《全面把握中国特色社会主义进入新时代》，载《党的十九大报告辅导读本》，人民出版社2017年版，第86—87页。

② 郑永廷：《思想政治教育学原理》，高等教育出版社2016年版，第92页。

③ 《中国共产党第十九届中央委员会第六次全体会议文件汇编》，人民出版社2021年版，第48页。

学生将全程参与实现第二个百年奋斗目标的伟大实践，将亲身经历和见证实现中华民族伟大复兴中国梦的实践过程和美好时光，成为追梦、筑梦、圆梦的实践者、奋斗者、见证者。坚持用习近平新时代中国特色社会主义思想铸魂育人，有利于教育引导新时代大学生树立共产主义远大理想，坚定中国特色社会主义共同理想，拥护中国共产党的坚强领导，坚定革命理想高于天的崇高信念；有利于教育引导新时代大学生确立以人民为中心的正确立场和价值取向，立志听党话、跟党走、为人民、作贡献，肩负起民族复兴的时代使命；有利于教育引导新时代大学生积极投身于中国特色社会主义千秋伟业，珍惜学习时光，只争朝夕，"不负韶华，不负时代，不负人民，在青春的赛道上奋力奔跑"①，"勇做时代的弄潮儿，在实现中国梦的生动实践中放飞青春梦想，在为人民利益的不懈奋斗中书写人生华章"②。

第二，有利于教育引导新时代大学生坚定"四个自信"，培养和造就德智体美劳全面发展的社会主义时代新人。习近平新时代中国特色社会主义思想，内涵深刻，思想深邃，学理深厚，丰富发展了中国特色社会主义在新的历史时代的理论内涵，"从理论和实践结合上系统回答"了"新时代坚持和发展什么样的中国特色社会主义、怎样坚持和发展中国特色社会主义"③这一时代课题，提出了"坚持和发展中国特色社会主义的总目标、总任务、总体布局、战略布局"④等一系列基本问题，彰显了以习近平同志为核心的党中央发展21世纪中国马克思主义的政治智慧和理论勇气，开辟了马克思主义中国化时代化最新境界，实现了马克思主义中国化时代

---

① 《习近平在中国人民大学考察时强调　坚持党的领导传承红色基因扎根中国大地　走出一条建设中国特色世界一流大学新路》，《人民日报》2022年4月26日。

② 《中国共产党第十九次全国代表大会文件汇编》，人民出版社2017年版，第56页。

③ 《中国共产党第十九次全国代表大会文件汇编》，人民出版社2017年版，第15页。

④ 《中国共产党第十九次全国代表大会文件汇编》，人民出版社2017年版，第15页。

化在中国特色社会主义新时代的新飞跃。用习近平新时代中国特色社会主义思想铸魂育人，有利于教育引导新时代大学生坚定中国特色社会主义"道路自信、理论自信、制度自信、文化自信"，坚定沿着中国特色社会主义壮阔道路接力奋进；有利于教育引导新时代大学生树立崇高志向和伟大目标，"历练敢于担当、不懈奋斗的精神，具有勇于奋斗的精神状态、乐观向上的人生态度，做到刚健有为、自强不息"[1]；有利于教育引导新时代大学生培养综合素质和实践能力，塑朔优良品质，淬炼顽强意志，造就德智体美劳全面发展的时代新人。

第三，有利于教育引导新时代大学生不断增强"四个意识"，涵养政治品格，夯实思想基础，提高马克思主义理论水平。习近平总书记指出："思想政治工作从根本上说是做人的工作，必须围绕学生、关照学生、服务学生，不断提高学生思想水平、政治觉悟、道德品质、文化素养，让学生成为德才兼备、全面发展的人才。"[2]习近平新时代中国特色社会主义思想，蕴含着深厚的马克思主义唯物论、唯物史观、辩证法和认识论思想精华，坚守共产主义远大抱负和人民至上的根本立场，汇聚了时代文明成果，体现鲜明的中国特色、民族气派、时代风格，是当代中国的马克思主义，是引领时代、凝心聚力、开创未来的科学理论体系。用习近平新时代中国特色社会主义思想铸魂育人，有利于教育引导新时代大学生学习和掌握马克思主义中国化时代化最新理论成果，坚持以马克思主义科学理论为指导，"为学生一生成长奠定科学的思想基础"[3]；有利于教育引导新时代大学生坚持辩证唯物主义和历史唯物主义基本原理，善于用马克思主义立场、观点、方法思考、研判和分析问题，培养和提高"战略思维、创新思

---

① 《习近平在全国教育大会上强调　坚持中国特色社会主义教育发展道路　培养德智体美劳全面发展的社会主义建设者和接班人》，《人民日报》2018 年 9 月 11 日。

② 《习近平谈治国理政》第二卷，外文出版社 2017 年版，第 377 页。

③ 《习近平谈治国理政》第二卷，外文出版社 2017 年版，第 377 页。

维、辩证思维、法治思维、底线思维"①能力，提高政治站位，增强政治定力，历练政治敏锐性和鉴别力，以理论上的清醒与坚定保持政治上的清醒与坚定；有利于教育引导新时代大学生在思想活动多样化、价值取向多元化、社会思潮自由化、利益诉求差异化趋势日益凸显的新情况下，学会冷静观察、辩证思考、综合分析、理性甄别，区分什么是真善美，什么是假恶丑，明辨是非，矫正纠偏，做理论上的清醒人、政治上的明白人、行为上的自觉人。只有是非明，方向清，路子正，人们付出的辛劳才能结出果实。②习近平总书记指出，政治上的坚定源于理论上的清醒。要自觉加强理论学习，掌握马克思主义立场、观点、方法，同时要用各种科学知识把自己更好武装起来，增强政治敏锐性和政治鉴别力。③

三、重要遵循

用习近平新时代中国特色社会主义思想铸魂育人，要坚持以学生为本，一切从学生实际出发，密切联系学生身心特点、认知水平和思想状况，遵循成长成才规律、教育教学规律、思想政治教育规律和思想品德形成规律，突出目的性、体现时代性、富于创造性，实现思想政治教育合目的性与合规律性的有机统一。

一是要认真读原著、学原文、悟原理，讲深、讲透、讲活基本内涵和精髓要义。思想政治教育工作者、思政课教师作为教育者和铸魂人，必须首先要认认真真学原著，原原本本读原文，反反复复悟原理，全面掌握习近平新时代中国特色社会主义思想的丰富内涵、精髓要义、时代背景和

---

① 《习近平谈治国理政》第三卷，外文出版社 2020 年版，第 53 页。

② 习近平：《青年要自觉践行社会主义核心价值观——在北京大学师生座谈会上的讲话》，《人民日报》2014 年 5 月 5 日。

③ 《中共中央政治局召开专题民主生活会　对照检查践行"三严三实"情况　讨论研究加强党风廉政建设措施——中共中央总书记习近平主持会议并发表重要讲话》，《光明日报》2015 年 12 月 30 日。

逻辑关系，全面理解和准确把握"新时代""新矛盾""新征程""新布局""两个一百年""两个十五年""四个全面""五位一体""十个明确""十四个坚持""新发展理念""人类命运共同体"等一系列新理念新思想新战略的科学内涵和具体要求。只有深学践悟、学懂弄通、厘清理透、融会贯通，做到学而思、学而信、学而用、学而行，才能真正讲准、讲深、讲透、讲活，使当代大学生对习近平新时代中国特色社会主义思想真正理解透、把握住，学到手，入耳入脑入心，让真理武装其头脑，让真理指引其理想，让真理坚定其信仰，"把学习成果转化为不可撼动的理想信念，转化为正确的世界观、人生观、价值观，用理想之光照亮奋斗之路，用信仰之力开创美好未来"①。

二是要充分发挥思政课这一关键课程的关键作用。习近平总书记指出，思想政治理论课是落实立德树人根本任务的关键课程。青少年阶段是人生的"拔节孕穗期"，最需要精心引导和栽培。② 高校思政课是铸魂育人的主渠道和关键课程。用习近平新时代中国特色社会主义思想铸魂育人，必须坚持育人为本，立德树人，关爱学生、服务学生、成就学生，既教好书又育好人，给学生心灵埋下真善美的种子，引导学生扣好人生第一粒扣子，培养全面发展的人。高校思政课必须坚持以主流意识形态思想和核心价值观传播为根本准则，把习近平新时代中国特色社会主义思想融入马克思主义、爱国主义、社会主义、集体主义、中国近现代史、中国革命史、中国共产党史、中华人民共和国史、改革开放史和社会主义核心价值观等教育之中，"把爱国情、强国志、报国行自觉融入坚持和发展中国特色社会主义事业、建设社会主义现代化强国、实现中华民族伟大复兴的奋

---

① 《习近平谈治国理政》第二卷，外文出版社 2017 年版，第 50 页。
② 《习近平主持召开学校思想政治理论课教师座谈会强调　用新时代中国特色社会主义思想铸魂育人　贯彻党的教育方针落实立德树人根本任务》，《人民日报》2019 年 3 月 19 日。

斗之中"①，教育引导青年大学生坚持用习近平新时代中国特色社会主义思想武装头脑、指引方向、确立目标、指导实践，"教育引导学生正确认识世界和中国发展大势，从我们党探索中国特色社会主义历史发展和伟大实践中，认识和把握人类社会发展的历史必然性，认识和把握中国特色社会主义的历史必然性，不断树立为共产主义远大理想和中国特色社会主义共同理想而奋斗的信念和信心；正确认识中国特色和国际比较，全面客观认识当代中国、看待外部世界；正确认识时代责任和历史使命，用中国梦激扬青春梦，为学生点亮理想的灯、照亮前行的路，激励学生自觉把个人的理想追求融入国家和民族的事业中，勇做走在时代前列的奋进者、开拓者"②。

三是要遵循思想政治教育规律，做到因事而化、因时而进、因势而新。习近平总书记指出，做好高校思想政治工作，要因事而化、因时而进、因势而新。要遵循思想政治工作规律、遵循教书育人规律，遵循学生成长规律。③ 用习近平新时代中国特色社会主义思想铸魂育人，必须遵循学生思想品德形成规律、思想政治教育"适应超越规律"、成长成才规律等基本规律，针对思政课教学过程中主体、客体、介体、环体的具体情况和差异，有效运用"双向互动规律""内化外化规律""协调控制规律""主体差异规律""反复递进规律"④ 等具体规律，既坚持"有教无类"，又注重"因材施教"，因人而异，因需施教，因课施教，因事而化。恩格斯曾经指出：人们"行动的一切动力，都一定要通过他的头脑，一定要转变为他的意志的动机，才能使他行动起来"，而支配人们行动的动机，又"总是在

---

① 《习近平主持召开学校思想政治理论课教师座谈会强调　用新时代中国特色社会主义思想铸魂育人　贯彻党的教育方针落实立德树人根本任务》，《人民日报》2019 年 3 月 19 日。

② 《习近平谈治国理政》第二卷，外文出版社 2017 年版，第 377—378 页。

③ 《习近平在全国高校思想政治工作会议上强调　把思想政治工作贯穿教育教学全过程　开创我国高等教育事业发展新局面》，《光明日报》2016 年 12 月 9 日。

④ 张耀灿、陈万柏：《思想政治教育学原理》，高等教育出版社 2001 年版，第 99 页。

客观上受到历史状况的限制，在主观上受到得出该思想映象的人的肉体状况和精神状况的限制"。① 因此，要面向全体学生施教，理论联系实际，既要注重学理性分析、逻辑性推演、规范性表述，又要联系具体实情，注重当下的"事""时""势"，通过引证一件件"感动中国"的"最美人物"和"最美故事"，以情传情、以心暖心，因"事""化"人，教育引导新时代大学生立足时事、把握大势、抓住时机、成就事业，创造无愧于时代和人民的新业绩、新辉煌；教育引导广大青年要做社会主义核心价值观的坚定信仰者、积极传播者、模范践行者，向英雄学习、向前辈学习、向榜样学习，争做堪当民族复兴重任的时代新人，在实现中华民族伟大复兴的时代洪流中踔厉奋发、勇毅前进②。

四、实践路径

用习近平新时代中国特色社会主义思想铸魂育人，必须站在新时代的制高点上，与时俱进，把握当今时代新特征和学生新特点，创新实践路径，坚持理论性和实践性相统一、主导性和主体性相统一、灌输性和启发性相统一，把真知小课堂与天地大课堂结合起来、校园小烤箱与社会大熔炉结合起来、传统小工艺与现代大配方结合起来，切实增强亲和力、吸引力、时代感、实效性。

一是要推动"三进"，"用好课堂教学这个主渠道"。课堂教学是国民教育的基本形式。思想政治理论课是铸魂育人的奠基工程，是立德树人的固本工程。列宁在《怎么办?》中曾引用了卡·考茨基的"一段十分正确而重要的话"来作引证和补充时谈道："社会主义意识是一种从外面灌输到无产阶级的阶级斗争中去的东西，而不是一种从这个斗争中自发地产生

---

① 《马克思恩格斯文集》第 9 卷，人民出版社 2009 年版，第 40 页。

② 《习近平在中国人民大学考察时强调　坚持党的领导传承红色基因扎根中国大地　走出一条建设中国特色世界一流大学新路》，《人民日报》2022 年 4 月 26 日。

出来的东西。"① 因此，要坚持以马克思主义理论研究和建设工程重点教材为蓝本，大力推动习近平新时代中国特色社会主义思想"进教材进课堂进头脑"工作，把已形成的重大理论成果编入教材，把新近提出的新理念新观点新战略增添到授课教案中，及时在课堂教学中进行宣传与讲解，使思政课始终保持它的时代性、前沿性、鲜活性。在普遍开设《习近平新时代中国特色社会主义思想概论》课的基础上，高校中的《毛泽东思想和中国特色社会主义理论体系概论》《中国近现代史纲要》《马克思主义基本原理概论》《思想道德与法治》《形势与政策》等思政课程，都应科学设计教学规划、编写教学大纲，组织教材研讨，开展集体备课，安排足量学时，研究课堂教学，找准切入口和契合点，有效导入，精准阐释，浅入深出，动静结合，教学相长，使习近平新时代中国特色社会主义思想真正能够入学生之耳之脑之心。习近平总书记指出，国内外形势、党和国家工作任务发展变化较快，思政课教学内容要跟上时代，只有不断备课、常讲常新才能取得较好教学效果。②

二是要突出"三融"，打好齐抓共管"组合拳"。用习近平新时代中国特色社会主义思想铸魂育人，要在抓好课堂教学的基础上，还应把它融入社团活动、社区服务、社会实践之中，以增强学生对先进理论的理解力、接受力。高校社团是学生自己的组织，通过开展喜闻乐见的校园社团活动，把抽象的理论具体化、把深奥的道理形象化、把学术性语言通俗化，寓教于乐，让大学生在轻松快乐的活动中增强理论的吸引力、感染力。社区服务是大学生进行实践锻炼的有效载体。倡导和推进大学生利用双休日、节假日和课余时间，出校门，进社区、入街道，开展形式多样的服务活动，有利于他们接触现实社会，感受生产生活，了解社情民意，用鲜活

---

① 《列宁选集》第1卷，人民出版社2012年版，第326页。

② 习近平：《思政课是落实立德树人根本任务的关键课程》，《求是》2020年第17期。

的素材诠释先进理论,增强大学生的理解力和接受度。社会实践是淬炼大学生成长成才的大熔炉。课堂小天地,天地大课堂。把理论知识搬到希望的田野上,把心得体会写在祖国的大地上,旨在教育引导当代大学生领悟理论真谛、感知理论魅力,产生情感共鸣,形成价值认同。习近平总书记指出,要高度重视思政课的实践性,把思政小课堂同社会大课堂结合起来,在理论和实践的结合中,教育引导学生把人生抱负落实到脚踏实地的实际行动中来,把学习奋斗的具体目标同民族复兴的伟大目标结合起来,立鸿鹄志,做奋斗者。①

三是要抓好"三创",探索铸魂育人新模式。习近平总书记指出,思政课教学是一项非常有创造性的工作,要创新课堂教学,给学生深刻的学习体验。② 做好新时代的铸魂育人工作,必须坚持因时而新、固本开新、守正创新。用习近平新时代中国特色社会主义思想铸魂育人,必须深化教学改革,创新教学内容形式、创新教学方法手段、创新教学评价方式,不断增强亲和力、感召力。要打破传统思维和习惯做法,改革课程体系,整合课程资源,优化课程结构,设计教学模块,创置若干专题,以科学新颖、形象具体、层次分明、简明易懂的内容形式呈现,容思想性、知识性和趣味性于一体。要突破传统的"满堂灌"式教学方法,倡导和运用启发式、探究式、发现式、问题式等现代教学方法,通过问题式教学、专题化研讨、案例分析、翻转课堂、"在线慕课(MOOC)"等教学手段,激活学生大脑,激发学生兴趣,增强感染力、亲和力,切实提高教学效果。还要创新教学评价方式,精心设计教学评价指标体系,优化教学考核方式,积极倡导和采用多元性、发展性、综合性评价方法,坚持课内与课外、考试与考查、过程与终端评价相结合,确保教学效果评价的客观性、真实性、

---

① 习近平:《思政课是落实立德树人根本任务的关键课程》,《求是》2020 年第 17 期。
② 习近平:《思政课是落实立德树人根本任务的关键课程》,《求是》2020 年第 17 期。

公正性。习近平总书记指出,很多学校在思政课上积极采用案例式教学、探究式教学、体验式教学、互动式教学、专题式教学、分众式教学等,运用现代信息技术等手段建设智慧课堂等,取得了积极成效。这些都值得肯定和鼓励。①

四是要注重"三化",增强铸魂育人实效性。用习近平新时代中国特色社会主义思想铸魂育人,要紧密结合当代大学生的认知能力、"趋悦"机制和心理需求倾向,推进教育教学的人性化、生活化、网络化改革,提高铸魂育人的针对性、实效性。其一,要注重教育教学的人性化。坚持以人为本,以学生为本,注重主体需求和"趋悦"倾向,把习近平新时代中国特色社会主义思想与新时代大学生的个人前途、现实利益、青春梦想和未来期许串起来讲授,对接大学生的心理渴求,激发潜能智慧,张扬鲜明个性,引发他们的情感共鸣,从而把科学理论内化为理想信念,外显为实践指导。其二,要注重教育教学的生活化。"教育要以生活为中心","生活即教育"。要坚持把习近平新时代中国特色社会主义思想的宣传教育融入学生的"生活世界",使理论教育回归学生生活,把先进性要求与广泛性要求结合起来,把理论教育与帮助学生解决实际问题结合起来,既讲道理又办实事,在为学生办实事中贯穿思想理论教育,增强理论的说服力、感染力和感召力。陶行知先生曾经说过:"教育的根本意义是生活之变化。生活无时不变,即生活无时不含有教育的意义。"② 其三,要注重教育教学的网络化。人类社会进入了互联网时代,随着网络信息技术的发展和普及,这就为加强和改进高校思政课教育教学带来了新的契机。把习近平新时代中国特色社会主义思想载入网络媒体交互平台,以图像、动画、文字、声音、仿真画面等表现手法呈现,这样有利于增强理论的吸引力、感

---

① 习近平:《思政课是落实立德树人根本任务的关键课程》,《求是》2020 年第 17 期。

② 董宝良:《陶行知教育论著选》,人民教育出版社 1991 年版,第 390 页。

染力和实效性。习近平总书记指出，"要创新改进网上宣传，运用网络传播规律，弘扬主旋律，激发正能量"①。

第二节　用党的创新理论指导实践

习近平总书记一向高度重视党的思想政治教育工作，始终围绕"培养什么人、怎样培养人、为谁培养人"这个根本问题，坚持把马克思主义思想政治教育理论同中华优秀传统德治思想相结合，与时俱进，继承和发展了几代中国共产党人经过长期探索积累而形成起来的思想政治教育理论和历史经验，依据世界发展大势，立足党和国家发展需要，结合我国思想政治教育工作和思想政治理论课建设所面临的新情况、新形势、新任务和新要求，因势而新，创造性地提出了一系列加强和改进思想政治教育的新理念新思想新论断，系统阐述了新时代扎实办好思政课、认真讲好思政课、积极学好思政课的重大意义、正确方向、重要原则、根本任务、核心内容、基本方法和根本保证，深刻回答了新时代"培养什么样的人、如何培养人以及为谁培养人这个根本问题"，型构了一个思维严谨、逻辑严密、内容严实、要求严格的完整理论体系。习近平总书记关于思想政治教育的重要论述，是包含在习近平新时代中国特色社会主义思想之中的一项重要内容，是新时代推动我国思想政治教育改革创新的全面统领和实践纲领，是新时代我国高校"办好讲好学好"思想政治理论课的理论统领和根本遵循。

一、思想政治教育对做好意识形态工作重要性的创新理论

"意识形态工作是党的一项极端重要的工作"②。习近平总书记指出：

---

① 《习近平谈治国理政》第一卷，外文出版社 2018 年版，第 198 页。
② 《习近平谈治国理政》第一卷，外文出版社 2018 年版，第 153 页。

"历史和现实反复证明，能否做好意识形态工作，事关党的前途命运，事关国家长治久安，事关民族凝聚力和向心力。"① 做好新形势下的意识形态工作，巩固主流意识形态的指导地位，必须大力加强宣传和思想政治教育工作，因为"宣传思想工作就是要巩固马克思主义在意识形态领域的指导地位，巩固全党全国人民团结奋斗的共同思想基础"②。2013 年 8 月，习近平总书记在全国宣传思想工作会议上发表重要讲话，要求高校要成为马克思主义学习、研究和宣传的重要阵地，抓好理论学习，"通过坚持不懈学习，学会运用马克思主义立场、观点、方法观察和解决问题，坚定理想信念"③。习近平总书记指出："宣传思想工作一定要把围绕中心、服务大局作为基本职责，胸怀大局、把握大势、着眼大事，找准工作切入点和着力点，做到因势而谋、应势而动、顺势而为"，必须做到"守土有责、守土负责、守土尽责"。④2017 年 10 月，在党的十九大报告中，习近平总书记高度概括和充分肯定了党的十八大以来五年间我们党在思想文化建设方面取得的重大进展，高度评价了"加强党对意识形态工作的领导""党的理论创新全面推进""马克思主义在意识形态领域的指导地位更加鲜明""中国特色社会主义和中国梦深入人心""社会主义核心价值观和中华优秀传统文化广泛弘扬"⑤ 等方面的重大成就，同时进一步强调：新时代党要"牢牢掌握意识形态工作领导权""建设具有强大凝聚力和引领力的社会主义意识形态，使全体人民在理想信念、价值理念、道德观念上紧紧团结在一起"⑥。在这里，习近平总书记既充分肯定了思想政治工作的重大成绩，又赋予了新时代思想政治教育的新任务，深刻昭示了思想政治教育

① 《习近平关于全面建成小康社会论述摘编》，中央文献出版社 2016 年版，第 103 页。
② 《习近平谈治国理政》第一卷，外文出版社 2018 年版，第 153 页。
③ 《习近平谈治国理政》第一卷，外文出版社 2018 年版，第 154 页。
④ 《习近平谈治国理政》第一卷，外文出版社 2018 年版，第 153、156 页。
⑤ 《中国共产党第十九次全国代表大会文件汇编》，人民出版社 2017 年版，第 4 页。
⑥ 《十九大以来重要文献选编》（上），中央文献出版社 2019 年版，第 29 页。

的战略地位和不可替代的战略作用。2018年8月，在全国宣传思想工作会议上，习近平总书记再次强调宣传思想战线必须担负起"建设具有强大凝聚力和引领力的社会主义意识形态"这个战略任务，并明确提出了具体目标和要求。习近平总书记指出："建设具有强大凝聚力和引领力的社会主义意识形态，是全党特别是宣传思想战线必须担负起的一个战略任务。要做好做强马克思主义宣传教育工作，特别是要在学懂弄通做实新时代中国特色社会主义思想上下功夫。要把坚定'四个自信'作为建设社会主义意识形态的关键，坚持马克思主义在我国哲学社会科学领域的指导地位，建设具有中国特色、中国风格、中国气派的哲学社会科学。"[①]2022年10月，在党的二十大报告中，习近平总书记总结了党的十八大以来十年间党在意识形态工作方面取得的最新进展，在充分肯定意识形态领域形势发生全局性、根本性转变[②]的基础上，进一步强调要建设具有强大凝聚力和引领力的社会主义意识形态，牢牢掌握党对意识形态工作领导权，全面落实意识形态工作责任制，巩固壮大奋进新时代的主流思想舆论[③]等新要求。这就又赋予了思想政治教育的新的历史使命。习近平总书记的这些创新论断，进一步提升了思想政治教育的战略地位和作用价值，对于新时代办好思想政治理论课、巩固高校主流意识形态指导地位具有重要的现实指导意义。

二、思想政治教育必须坚持正确方位的创新理论

围绕"培养什么人、怎样培养人、为谁培养人"这个根本问题，习近平总书记在全国高校思想政治工作会议、学校思想政治理论课教师座谈会、全国宣传思想工作会议等诸多会议和场合上，都重点强调了新时代

---

① 《习近平谈治国理政》第三卷，外文出版社2020年版，第312页。
② 《中国共产党第二十次全国代表大会文件汇编》，人民出版社2022年版，第9页。
③ 《中国共产党第二十次全国代表大会文件汇编》，人民出版社2022年版，第36页。

思想政治教育必须遵循的正确方位和政治方向，创新论述了高校思想政治教育必须"守正"的党性原则。习近平总书记指出：办好中国特色社会主义教育，办好思想政治理论课，最根本的是要全面贯彻党的教育方针，解决好培养什么人、怎样培养人、为谁培养人这个根本问题。新时代贯彻党的教育方针，要坚持马克思主义指导地位，贯彻新时代中国特色社会主义思想，坚持社会主义办学方向，落实立德树人的根本任务，坚持教育为人民服务、为中国共产党治国理政服务、为巩固和发展中国特色社会主义制度服务、为改革开放和社会主义现代化建设服务。① 习近平总书记指出，培养什么人，是教育的首要问题。我国是中国共产党领导的社会主义国家，这就决定了我们的教育必须把培养社会主义建设者和接班人作为根本任务，培养一代又一代拥护中国共产党领导和我国社会主义制度、立志为中国特色社会主义奋斗终生的有用人才。这是教育工作的根本任务，也是教育现代化的方向目标。②2018 年 5 月，习近平总书记在北京大学师生座谈会上，充分肯定了大学对青年成长成才所发挥的重要作用，强调高校要"坚持办学正确政治方向"，"高校只有抓住培养社会主义建设者和接班人这个根本才能办好"。③2016 年 12 月，习近平总书记在全国高校思想政治工作会议上，重点论述了扎实办好中国特色社会主义高校"必须坚持正确政治方向"的重要性，明确提出了坚持正确政治方向的具体路径和基本要求。习近平总书记指出："办好我们的高校，必须坚持以马克思主义为指导，全面贯彻党的教育方针。要坚持不懈传播马克思主义科学理论，抓好马克思主义理论教育，为学生一生成长奠定科学的思想基础。要坚持不懈

---

① 《习近平主持召开学校思想政治理论课教师座谈会强调 用新时代中国特色社会主义思想铸魂育人 贯彻党的教育方针落实立德树人根本任务》，《人民日报》2019 年 3 月 19 日。

② 《习近平在全国教育大会上强调 坚持中国特色社会主义教育发展道路 培养德智体美劳全面发展的社会主义建设者和接班人》，《人民日报》2018 年 9 月 11 日。

③ 习近平：《在北京大学师生座谈会上的讲话》，《人民日报》2018 年 5 月 3 日。

培育和弘扬社会主义核心价值观,引导广大师生做社会主义核心价值观的坚定信仰者、积极传播者、模范践行者"①。在 2019 年 3 月召开的全国学校思想政治理论课教师座谈会上,习近平总书记对"培养什么人"的问题,再次明确必须以拥护中国共产党领导和我国社会主义制度,立志为中国特色社会主义事业奋斗终生②为正确政治方向和根本政治原则,而且强调要在这个根本问题上,必须旗帜鲜明、毫不含糊。③2022 年 4 月,习近平总书记在中国人民大学考察时强调指出,立足新时代新征程,中国青年的奋斗目标和前行方向归结到一点,就是坚定不移听党话、跟党走,努力成长为堪当民族复兴重任的时代新人。④ 习近平总书记的这些创新论断,为新时代高校加强和改进思想政治教育工作、"办好讲好学好"思想政治理论课指明了正确的政治路向,提供了根本政治遵循。

三、思想政治教育要以立德树人为根本任务的创新理论

党的十八大以来,习近平总书记围绕"培养什么人"这一教育的首要问题,进行了深入思考和积极探讨,在北京大学师生座谈会、全国高校思想政治工作会议、学校思想政治理论课教师座谈会等多种场合,都明确提出要把"立德树人"作为思想政治教育的"根本任务"和"中心环节"。早在习近平同志主持起草的党的十八大报告中,就把"立德树人"作为贯彻党的教育方针、办好人民满意教育必须予以落实的"根本任务",写入了其中,提上了议事日程。2014 年 5 月,习近平总书记在北京

---

① 《习近平谈治国理政》第二卷,外文出版社 2017 年版,第 377 页。

② 《习近平主持召开学校思想政治理论课教师座谈会强调 用新时代中国特色社会主义思想铸魂育人 贯彻党的教育方针落实立德树人根本任务》,《人民日报》2019 年 3 月 19 日。

③ 《习近平主持召开学校思想政治理论课教师座谈会强调 用新时代中国特色社会主义思想铸魂育人 贯彻党的教育方针落实立德树人根本任务》,《人民日报》2019 年 3 月 19 日。

④ 《习近平在中国人民大学考察时强调 坚持党的领导传承红色基因扎根中国大地 走出一条建设中国特色世界一流大学新路》,《人民日报》2022 年 4 月 26 日。

大学师生座谈会上，要求全国高等院校都要"紧紧围绕立德树人的根本任务"，走在教育改革前列，当好教育改革排头兵。"高校立身之本在于立德树人。"①2016年12月，在全国高校思想政治工作会议上，习近平总书记又提出了高校要把立德树人作为"中心环节"的新理念新要求。习近平总书记指出："我国高等教育肩负着培养德智体美全面发展的社会主义事业建设者和接班人的重大任务，必须坚持正确政治方向"②，必须"坚持把立德树人作为中心环节，把思想政治工作贯穿教育教学全过程，实现全程育人、全方位育人"③。习近平总书记强调指出："思想政治工作从根本上说是做人的工作，必须围绕学生、关照学生、服务学生，不断提高学生思想水平、政治觉悟、道德品质、文化素养，让学生成为德才兼备、全面发展的人才。"④ 在这里，习近平总书记既强调了高校思想政治教育必须做好"立德树人"工作的重要性，又对"立"什么样的"德"和"树"什么样的"人"提出了具体路向和要求。2019年3月，习近平总书记在学校思想政治理论课教师座谈会上，从办好思政课的角度，重点论述了学校思想政治理论课对落实立德树人根本任务的重要作用，强调思想政治理论课是落实立德树人根本任务的关键课程。⑤ 而对怎样办好思政课，解决好培养什么人、怎样培养人、为谁培养人这个根本问题，习近平总书记作了进一步阐述，明确提出了具体实施路线，这就是：要坚持马克思主义指导地位，贯彻新时代中国特色社会主义思想，坚持社会主义办学方向，落实立德树人的根本任务，坚持教育为人

---

① 《习近平谈治国理政》第二卷，外文出版社 2017 年版，第 377 页。
② 《习近平谈治国理政》第二卷，外文出版社 2017 年版，第 377 页。
③ 《习近平谈治国理政》第二卷，外文出版社 2017 年版，第 376 页。
④ 《习近平谈治国理政》第二卷，外文出版社 2017 年版，第 377 页。
⑤ 《习近平主持召开学校思想政治理论课教师座谈会强调　用新时代中国特色社会主义思想铸魂育人　贯彻党的教育方针落实立德树人根本任务》，《人民日报》2019 年 3 月 19 日。

民服务、为中国共产党治国理政服务、为巩固和发展中国特色社会主义制度服务、为改革开放和社会主义现代化建设服务，努力培养担当民族复兴大任的时代新人，培养德智体美劳全面发展的社会主义建设者和接班人①。习近平总书记在这里不仅指明了新时代思想政治理论课落实立德树人根本任务的正确方向和实施途径，而且也彰显了新时代思想政治教育的价值意蕴和目标诉求。这些创新论断，深化了对思政课价值旨向、主要目标和根本任务的认识，提升了思政课的地位和作用，为新时代我国高校做好思想政治教育工作、"办好讲好学好"思政课提供了重要理论指导和实践遵照。

四、思想政治教育核心内容的创新理论

习近平总书记围绕"怎样培养人"这个时代之问，以落实立德树人根本任务为价值诉求，从"人才越来越成为推动经济社会发展的战略性资源"和"人才资源是我国在激烈的国际竞争中的重要潜在力量和后发优势"②的高度，从理论和实践结合上回答了这一根本问题，创新论述了思想政治教育的核心内容，拓展了思想政治教育的理论蕴涵，成为新时代高校开展思想政治教育的主要内容。

一是加强马克思主义理论教育，巩固马克思主义在意识形态领域的指导地位。中国共产党是用马克思主义理论武装起来的无产阶级先进政党。加强马克思主义理论教育，学懂弄通马克思主义科学内涵和核心要旨，坚持用马克思主义基本原理和方法指导实践、解决实际问题，巩固马

---

① 《习近平主持召开学校思想政治理论课教师座谈会强调　用新时代中国特色社会主义思想铸魂育人　贯彻党的教育方针落实立德树人根本任务》，《人民日报》2019 年 3 月 19 日。

② 习近平：《做党和人民满意的好老师——同北京师范大学师生代表座谈时的讲话》，《人民日报》2014 年 9 月 10 日。

克思主义指导地位，是党的创新理论的鲜明立场和重要内容。习近平总书记指出，宣传思想工作的根本任务之一就是要巩固马克思主义在意识形态领域的指导地位，高校、党校、干部学院、党员干部等都要把马克思主义作为必修课，把系统掌握马克思主义基本理论作为看家本领，老老实实、原原本本学习马克思列宁主义①，学会运用马克思主义基本原理思考、观察、分析和解决问题。习近平总书记在全国宣传思想工作会议、全国高校思想政治工作会议、全国教育大会、学校思想政治理论课教师座谈会等一系列会议上，都多次强调要"坚持马克思主义指导地位"，必须加强马克思主义理论教育，不断巩固马克思主义在意识形态领域的指导地位。习近平总书记指出："要坚持不懈传播马克思主义科学理论，抓好马克思主义理论教育，为学生一生成长奠定科学的思想基础。"②马克思主义是我们立党立国的根本指导思想，也是我国大学最鲜亮的底色③。习近平总书记在北京大学师生座谈会上再次强调，要抓好马克思主义理论教育，深化学生对马克思主义历史必然性和科学真理性、理论意义和现实意义的认识，教育他们学会运用马克思主义立场观点方法观察世界、分析世界，真正搞懂面临的时代课题，深刻把握世界发展走向，认清中国和世界发展大势，让学生深刻感悟马克思主义真理力量，为学生成长成才打下科学思想基础。④这些创新论断，既强调了新时代高校思想政治教育必须坚守的原则立场，也指明了新时代高校思想政治教育的着力点和核心内容。

二是加强理想信念教育，教育引导青年学生坚定理想信念，增强"四个自信"。革命理想高于天。习近平总书记高度重视对党员干部和青少年

---

① 《习近平谈治国理政》第一卷，外文出版社 2018 年版，第 154 页。
② 《习近平谈治国理政》第二卷，外文出版社 2017 年版，第 377 页。
③ 习近平：《在北京大学师生座谈会上的讲话》，《人民日报》2018 年 5 月 3 日。
④ 习近平：《在北京大学师生座谈会上的讲话》，《人民日报》2018 年 5 月 3 日。

学生进行理想信念教育，强调"对马克思主义的信仰，对社会主义和共产主义的信念，是共产党人的政治灵魂""坚定理想信念，坚守共产党人精神追求，始终是共产党人安身立命的根本"。① 他还指出："形象地说，理想信念就是共产党人精神上的'钙'，没有理想信念，理想信念不坚定，精神上就会'缺钙'，就会得'软骨病'。"②"理想指引人生方向，信念决定事业成败。"③"青年的理想信念关乎国家未来""青年理想远大，信念坚定，是一个国家、一个民族无坚不摧的前进动力"④。因此，习近平总书记要求广大青年一定要坚定理想信念，坚定对马克思主义的信仰，坚定对共产主义和中国特色社会主义的信念，"把理想信念建立在对科学理论的理性认同上，建立在对历史规律的正确认识上，建立在对基本国情的准确把握上，不断增强道路自信、理论自信、制度自信，增强对坚持党的领导的信念，永远紧跟党高高举起中国特色社会主义伟大旗帜"⑤。在全国高校思想政治工作会议上，习近平总书记强调："要教育引导学生正确认识世界和中国发展大势，从我们党探索中国特色社会主义历史发展和伟大实践中，认识和把握人类社会发展的历史必然性，认识和把握中国特色社会主义的历史必然性，不断树立为共产主义远大理想和中国特色社会主义共同理想而奋斗的信念和信心"⑥"用中国梦激扬青春梦，为学生点亮理想的灯、照亮前行的路"⑦。在全国教育大会上，习近平总书记再次强调，要在坚定理想信念上下功夫，教育引导学生树立共产主义远大理想和中国特色社会主义共同理想，增强学生的中国特色社会主义道路自信、理论自信、

---

① 《习近平谈治国理政》第一卷，外文出版社 2018 年版，第 15 页。
② 《习近平谈治国理政》第一卷，外文出版社 2018 年版，第 15 页。
③ 《习近平谈治国理政》第一卷，外文出版社 2018 年版，第 50 页。
④ 《习近平谈治国理政》第三卷，外文出版社 2020 年版，第 334 页。
⑤ 《习近平谈治国理政》第一卷，外文出版社 2018 年版，第 5—51 页。
⑥ 《习近平谈治国理政》第二卷，外文出版社 2017 年版，第 377—378 页。
⑦ 《习近平谈治国理政》第二卷，外文出版社 2017 年版，第 378 页。

制度自信、文化自信，立志肩负起民族复兴的时代重任。① 在党的二十大报告中，习近平总书记特别提出要"推动理想信念教育常态化制度化"②建设。这些创新论断，深刻阐述了加强理想信念教育、引导学生树立共产主义远大理想、坚定"四个自信"的极端重要性，必定是新时代高校思政课必须抓紧抓好的一项重要教育内容。

三是加强社会主义核心价值观教育，引导学生扣好人生第一粒扣子。习近平总书记指出："核心价值观是一个国家的重要稳定器，能否构建具有强大感召力的核心价值观，关系社会和谐稳定，关系国家长治久安。"③习近平总书记特别重视对青少年进行社会主义核心价值观的培育和宣传教育，认为"价值观念在一定社会的文化中是起中轴作用的，文化的影响力首先是价值观念的影响力"④。2014 年 2 月，中共中央政治局专门对"培育和弘扬社会主义核心价值观、弘扬中华传统美德"等课题进行了第十三次集体学习，习近平总书记在主持学习时阐述了培育和弘扬社会主义核心价值观的系列问题。2014 年 5 月，习近平总书记先后在北京大学和上海市考察时，对大学生和党员领导干部讲了这个问题。2014 年的"六一"国际儿童节前夕，习近平总书记又在北京市海淀区民族小学对少年儿童强调了这个问题。在党的十九大会议上，习近平总书记提出要强化对社会主义核心价值观的教育引导、实践养成和制度保障，发挥其对国民教育的引领作用，强调要"把社会主义核心价值观融入社会发展各方面，转化为人们的情感认同和行为习惯"，号召要"坚持全民行动、干部带头，从家庭做起，从娃娃抓起"⑤。在全国高校思想政治工作会议、北京市八一学

①　《习近平在全国教育大会上强调　坚持中国特色社会主义教育发展道路　培养德智体美劳全面发展的社会主义建设者和接班人》，《人民日报》2018 年 9 月 11 日。
②　《中国共产党第二十次全国代表大会文件汇编》，人民出版社 2022 年版，第 37 页。
③　《习近平关于社会主义文化建设论述摘编》，中央文献出版社 2017 年版，第 106 页。
④　《习近平关于社会主义文化建设论述摘编》，中央文献出版社 2017 年版，第 105 页。
⑤　《十九大以来重要文献选编》（上），中央文献出版社 2019 年版，第 30 页。

校考察、全国宣传思想工作会议、北京大学师生座谈会、全国教育大会、学校思想政治理论课教师座谈会、纪念五四运动 100 周年大会等多种场合，都特别强调要广泛开展社会主义核心价值观的宣传、教育、培育和践行。习近平总书记指出，培育和践行社会主义核心价值观，"要从娃娃抓起、从学校抓起，做到进教材、进课堂、进头脑"①"通过教育引导、舆论宣传、文化熏陶、实践养成、制度保障等，使社会主义核心价值观内化为人们的精神追求，外化为人们的自觉行动"②。习近平总书记还把青年价值观的形成和确立，比喻为扣扣子。"如果第一粒扣子扣错了，剩余的扣子都会扣错。"③ 所以，"人生的扣子从一开始就要扣好"④。在全国高校思想政治工作会议上，习近平总书记强调"要把社会主义核心价值观贯穿于高校办学育人全过程""坚持用社会主义核心价值观引领知识教育、引领师德建设""把社会主义核心价值观同师生教学和学习紧密联系起来"⑤。习近平总书记指出："用社会主义核心价值观教育学生，引导他们扣好人生的第一粒扣子，是高校思想政治工作的使命所在。"⑥ 习近平总书记在北京市八一小学同教师学生代表座谈时指出，基础教育是立德树人的事业，要旗帜鲜明加强思想政治教育、品德教育，加强社会主义核心价值观教育，引导学生自尊自信自立自强。⑦ 习近平总书记还对少年儿童如何培育和践行社会主义核心价值观提出了具体指导意见，强调"要适应少年儿童

---

① 《习近平谈治国理政》第一卷，外文出版社 2018 年版，第 164—165 页。

② 《习近平谈治国理政》第一卷，外文出版社 2018 年版，第 164 页。

③ 《习近平谈治国理政》第一卷，外文出版社 2018 年版，第 172 页。

④ 《习近平谈治国理政》第一卷，外文出版社 2018 年版，第 172 页。

⑤ 《习近平关于社会主义文化建设论述摘编》，中央文献出版社 2017 年版，第 132、133 页。

⑥ 《习近平关于社会主义文化建设论述摘编》，中央文献出版社 2017 年版，第 131—132 页。

⑦ 《习近平在北京市八一学校考察时强调　全面贯彻落实党的教育方针　努力把我国基础教育越办越好》，《人民日报》2016 年 9 月 10 日。

的年龄和特点"①，要求他们"要做到记住要求、心有榜样、从小做起、接受帮助"②。在党的二十大报告中，习近平总书记再次强调要"广泛践行社会主义核心价值观""深入开展社会主义核心价值观宣传教育""把社会主义核心价值观融入法治建设、融入社会发展、融入日常生活"③。这些创新论断昭示我们，新时代必须把加强社会主义核心价值观教育贯穿思想政治教育各方面和全过程，教育引导广大青年要做社会主义核心价值观的坚定信仰者、积极传播者、模范践行者④。

四是加强"四史"教育，引导学生"在学思践悟中坚定理想信念，在奋发有为中践行初心使命"。历史是最好的教科书。习近平总书记在给复旦大学青年师生党员的回信中，希望广大党员特别是青年党员要认真学习马克思主义理论，结合学习党史、新中国史、改革开放史、社会主义发展史，在学思践悟中坚定理想信念，在奋发有为中践行初心使命，⑤知史爱党，知史爱国。习近平总书记指出，历史是最好的教科书。学习党史、国史是坚持和发展中国特色社会主义、把党和国家各项事业继续推向前进的必修课。这门功课不仅必修，而且必须修好。⑥2020年1月，在"不忘初心、牢记使命"主题教育总结大会上，习近平总书记提出要加强"四史"教育，要求全党同志"要把学习贯彻党的创新理论作为思想武装的重中之重，同学习马克思主义基本原理贯通起来，同学习党史、新

---

① 《习近平谈治国理政》第一卷，外文出版社 2018 年版，第 182 页。
② 《习近平谈治国理政》第一卷，外文出版社 2018 年版，第 182 页。
③ 《中国共产党第二十次全国代表大会文件汇编》，人民出版社 2022 年版，第 36、37 页。
④ 《习近平在中国人民大学考察时强调　坚持党的领导传承红色基因扎根中国大地　走出一条建设中国特色世界一流大学新路》，《人民日报》2022 年 4 月 26 日。
⑤ 《习近平给复旦大学青年师生党员回信勉励广大党员　在学思践悟中坚定理想信念　在奋发有为中践行初心使命》，《人民日报》2020 年 7 月 1 日。
⑥ 《习近平在中共中央政治局第七次集体学习时强调　在对历史的深入思考中更好走向未来　交出发展中国特色社会主义合格答卷》，《光明日报》2013 年 6 月 27 日。

中国史、改革开放史、社会主义发展史结合起来""在学懂弄通做实上下功夫，在解放思想中统一思想，在深化认识中提高认识"。①2021 年 2 月，习近平总书记在党史学习教育动员大会上强调，要在全社会广泛开展党史、新中国史、改革开放史、社会主义发展史宣传教育，普及党史知识，推动党史学习教育深入群众、深入基层、深入人心，抓好青少年学习教育，让红色基因、革命薪火代代传承。②2022 年 10 月，在党的二十大报告中，习近平总书记特别强调要持续抓好党史、新中国史、改革开放史、社会主义发展史宣传教育，引导人民知史爱党、知史爱国，不断坚定中国特色社会主义共同理想③。习近平总书记的这些创新论断，既是对思想政治教育内容的拓新，又是新时代高校思想政治教育必须抓好的一项重要工作。

除此之外，习近平总书记还经常强调要开展爱国主义教育、思想道德教育、劳动教育、科学精神教育、艰苦奋斗精神教育，以及使命担当精神教育，等等。这些重要论述都是新时代高校思政课教学不可或缺的重要内容。

五、思想政治教育原则与方法的创新理论

围绕"怎样培养人"这个根本问题，习近平总书记依据时代变化发展对思想政治教育工作提出的新要求，因时而进，守正创新，提出了适应新时代思想政治教育改革发展需要和符合青少年成长成才规律的新原则、新方式、新方法，成为做好新时代高校思想政治教育工作、提高思想政治理论课亲和力、感染力、接受力和实效性的重要指导和根本遵循。习近平总

---

① 《习近平谈治国理政》第三卷，外文出版社 2020 年版，第 540、540—541 页。
② 《习近平在党史学习教育动员大会上强调　学党史悟思想办实事开新局　以优异成绩迎接建党一百周年》，《人民日报》2021 年 2 月 21 日。
③ 《中国共产党第二十次全国代表大会文件汇编》，人民出版社 2022 年版，第 37 页。

书记指出,"思想政治理论课要坚持在改进中加强,提升思想政治教育亲和力和针对性"①。

其一,坚持"三势""三因""三律""三全"相统一的原则与方法。习近平总书记指出,做好宣传和思想政治工作,要有全球视野,把握国际国内大势,顺应教育发展形势,谋篇布局,精准发力,有效作为。2013年8月,习近平提出宣传思想工作一定要坚持"围绕中心、服务大局"来开展,做到因势而谋、应势而动、顺势而为。②2016年12月,习近平总书记对做好新时代的高校思想政治工作,明确提出了"因事而化、因时而进、因势而新"的新理念新原则新方法,要求高校广大思想政治教育工作者,"要遵循思想政治工作规律,遵循教书育人规律,遵循学生成长规律"③,从"大局势""大时事""大方向""大目标"着眼着手,准确把握"事""时""势",推进理念创新、手段创新、方法创新,"努力以思想认识新飞跃打开工作新局面,积极探索有利于破解工作难题的新举措新办法"④。习近平总书记还提出要"挖掘其他课程和教学方式中蕴含的思想政治教育资源,实现全员全程全方位育人"。⑤做好新时代的高校思想政治教育工作,必须坚持"三势""三因""三律""三全"的育人原则和方法,发挥好"守好渠、种好田"的协同效应作用,沿用好原则好办法、改进老原则老办法、探索新原则新办法,切实提升思想政治教育质量和水平。

其二,"坚持党性和人民性相统一"的原则与方法。思想政治教育具有鲜明的意识形态属性特征。这就决定了它必须坚持党和国家确定的正确政治方向、政治立场、政治思想、政治制度、政治原则,围绕中心、服

---

① 《习近平谈治国理政》第二卷,外文出版社 2017 年版,第 378 页。
② 《习近平谈治国理政》第一卷,外文出版社 2018 年版,第 153 页。
③ 《习近平谈治国理政》第二卷,外文出版社 2017 年版,第 378 页。
④ 《习近平谈治国理政》第一卷,外文出版社 2018 年版,第 155 页。
⑤ 习近平:《思政课是落实立德树人根本任务的关键课程》,《求是》2020 年第 17 期。

务大局，宣传贯彻党的"基本理论、基本路线、基本方略"，坚定中国特色社会主义"道路自信、理论自信、制度自信、文化自信"，坚决维护以习近平同志为核心的党中央权威和集中统一领导，始终与党中央保持高度一致。"党性和人民性从来都是一致的、统一的。"做好宣传和思想政治教育工作，就要把坚持党性原则具体落实和体现在坚持党的人民性原则之中，具体贯穿和体现在践行为人民服务的初心使命之中，坚持以人民为中心的工作导向、发展导向、问题导向和服务导向，坚持以最广大人民根本利益为最高准则和要求，为了人民，依靠人民，把做好宣传思想政治教育与解决好人民群众现实利益问题结合起来，既讲理论、讲政策、讲道理，又办实事、办好事、办难事，在做好事、办实事、解难事中体现人民性，提高人民群众对党的基本路线、基本方针、基本政策的认可度、理解力和接受力，使党的路线方针政策变成人民群众的自觉行动。习近平总书记指出，"坚持人民性，就是要把实现好、维护好、发展好最广大人民根本利益作为出发点和落脚点，坚持以民为本、以人为本""树立以人民为中心的工作导向，把服务群众同教育引导群众结合起来，把满足需要同提高素养结合起来"，不断"丰富人民精神世界，增强人民精神力量，满足人民精神需求"。①"要坚持党性和人民性相统一，把党的理论和路线方针政策变成人民群众的自觉行动，及时把人民群众创造的经验和面临的实际情况反映出来，丰富人民精神世界，增强人民精神力量"②。做好新时代的高校思想政治教育工作，扎实办好思政课，必须坚持党性原则，坚定政治立场，坚持正确方向，自觉增强政治意识、大局意识、核心意识、看齐意识，把坚持党性原则贯彻落实到具体的教书育人实践中，既传播先进理论，又解决实际问题，在解决学生现实利益问题中，增强他们对党的基本

① 《习近平谈治国理政》第一卷，外文出版社 2018 年版，第 154 页。
② 《习近平谈治国理政》第二卷，外文出版社 2017 年版，第 332 页。

理论、基本路线、基本方略的理解和认同,把学生培养成为理论上的清醒人、政治上的明白人、纪律上的规矩人。

其三,"坚持团结稳定鼓劲"和"正面宣传为主"相统一的原则与方法。世界正经历百年未有之大变局,正是在这个大发展大变革大调整时期,我国进入了新时代,经济社会迈入了大有作为的发展机遇期,"我们正在进行具有许多新的历史特点的伟大斗争,面临的挑战和困难前所未有"①,这就需要统一思想、提高认识,弘扬主旋律,传播正能量,坚持正面宣传教育、团结稳定鼓劲,用先进的理论武装人,用真理的力量感召人,用正确的舆论引导人,用鲜活的故事打动人,用真心换真情,用真情暖人心,凝心聚力,形成合力,"激发全社会团结奋进的强大力量"。习近平总书记强调指出,"正面宣传为主""关键是要提高质量和水平,把握好时、度、效,增强吸引力和感染力,让群众爱听爱看、产生共鸣,充分发挥正面宣传鼓舞人、激励人的作用。在事关大是大非和政治原则问题上,必须增强主动性、掌握主动权、打好主动仗,帮助干部群众划清是非界限、澄清模糊认识"。② 做好新时代的高校思想政治教育工作,办好讲好思想政治理论课,就要理直气壮开展正面灌输、正面宣传、正面教育,传播科学理论,用习近平新时代中国特色社会主义思想铸魂育人,给处于"拔节孕穗期"的大学生,埋下真善美的种子,扣好人生第一粒扣子。

其四,坚持"榜样引领"和"舆论引导"相统一的原则与方法。"伟大时代呼唤伟大精神,崇高事业需要榜样引领。"③ 党中央通过各种形式的表彰大会和新闻媒体,宣传各条战线的劳动模范、道德标兵、典型代表、优秀青年、最美人物,广泛宣传劳模先进事迹,有效发挥"榜样的力量是无穷的"示范效应。要强化新闻舆论媒体传播的引领和导向作用,牢牢

---

① 《习近平谈治国理政》第一卷,外文出版社 2018 年版,第 155 页。
② 《习近平谈治国理政》第一卷,外文出版社 2018 年版,第 155 页。
③ 《习近平谈治国理政》第一卷,外文出版社 2018 年版,第 159 页。

坚持正确舆论导向，弘扬主旋律，传播正能量，"多宣传报道人民群众的伟大奋斗和火热生活，多宣传报道人民群众中涌现出来的先进典型和感人事迹""充分发挥正面宣传鼓舞人、激励人的作用"①。习近平总书记指出："要把握正确舆论导向，提高新闻舆论传播力、引导力、影响力、公信力，巩固壮大主流思想舆论。要加强传播手段和话语方式创新，让党的创新理论'飞入寻常百姓家'。"② 做好新时代的高校思想政治教育工作，必须坚持榜样引领和舆论引导相统一的原则与方法，挖掘和培育先进典型，宣传优秀人物，讲好最美故事，用品德塑造品德，用情感陶冶情感，用灵魂触动灵魂，启智润心，成风化人，培养和造就能够担当民族复兴大任的建设者和接班人。

第三节　全面落实立德树人根本任务

习近平总书记指出，要全面贯彻党的教育方针，落实立德树人根本任务，发展素质教育，推进教育公平，培养德智体美全面发展的社会主义建设者和接班人。③ 习近平总书记一直高度重视立德树人工作，在多次会议和多种场合上都特别强调教育改革发展要坚持落实立德树人根本任务，努力培养担当民族复兴大任的时代新人，造就德智体美劳全面发展的社会主义建设者和接班人。

一、深刻理解立德树人的科学内涵

立德树人，作为教育的根本任务，既根植于我国的优秀传统文化思想，又赋予了当今时代的崭新意涵，深刻理解"立德树人"的基本内涵，

---

① 《习近平谈治国理政》第一卷，外文出版社 2018 年版，第 154、155 页。
② 《习近平谈治国理政》第三卷，外文出版社 2020 年版，第 312—313 页。
③ 《中国共产党第十九次全国代表大会文件汇编》，人民出版社 2017 年版，第 37 页。

准确把握"立德"与"树人"之间的逻辑关系，有利于更好地把立德树人根本任务落细落小，落地生根，开花结果。立德树人内含着"立德"和"树人"两个层面。育人之本，莫如立德；终身之计，莫如树人。人无德不立，国无德不兴。古人云："德者本也。"① 我国自古以来就有崇善尚德的优良传统，早在《周易》中就有所谓的"地势坤。君子以厚德载物"② 之语，强调君子只有增厚美德，做品德高尚的人，才能像大地那样容载万物，担当大任。老子主张的"道生之，德畜之"③，孔子倡导的"志于道，据于德，依于仁，游于艺"④，以及《大学》中的"在明明德"等等，所表达的都是强调"德性"的重要性。而"立德"这个概念最早见于春秋时期的《左传》，在《左传·襄公二十四年》中有言："太上有立德，其次有立功，其次有立言，虽久不废，此之谓三不朽。"⑤ 其意是说，立德、立功、立言，立德是摆在第一位的，只有首先确立了高尚的道德品行，然后才有可能担当起国之大任，建功立业，著书立言，泽被后世。"树人"一词，早在我国古籍《管子·权修》中就有记载，有所谓的"一年之计，莫如树谷；十年之计，莫如树木；终身之计，莫如树人"⑥ 之言，其意是说，培养人才是一项终身大业，长期而复杂，不可一蹴而就，需要锲而不舍，坚持精心培育和浇灌，才可塑造出有用之大才。"才者，德之资也；德者，才之帅也。"⑦"立德"与"树人"，二者是辩证统一的关系，相辅相成，相互促进。"立德"是"树人"的前提、根本和基础，"树人"必先"立德"，"立德"方可"树人"；"树人"是"立德"的价值指向、落脚点和必然归宿，"立德"的目的在于"树

---

① （西汉）戴圣：《礼记精华》，傅春晓译注，辽宁人民出版社 2018 年版，第 350 页。
② 南怀瑾、徐芹庭 译注：《白话易经》，岳麓书社 1988 年版，第 32 页。
③ （清）黄元吉：《道德经讲义》，九州出版社 2014 年版，第 139 页。
④ 杨伯峻：《论语译注》，中华书局 1980 年版，第 67 页。
⑤ 杨伯峻：《春秋左传注》（全四册）第 3 册，中华书局 1981 年版，第 1088 页。
⑥ 黎翔凤：《管子校注》（全三册）（上），中华书局 2004 年版，第 55 页。
⑦ 姜鹏：《德政之要：〈资治通鉴〉的智慧》，上海人民出版社 2016 年版，第 142 页。

人";有德之人必定是所树之人,所树之人必定是有德之人;"离开'立德'谈'树人',就会偏离正确方向,'树'不好'人';而离开'树人'谈'立德',就会流于空洞形式,'立'不好'德'"①。"人才培养一定是育人和育才相统一的过程,而育人是本。人无德不立,育人的根本在于立德。这是人才培养的辩证法。"②

中国共产党历来高度重视德育工作,始终坚持把"育德"摆在人才培养的首位,强调德才兼备,德智体全面发展。毛泽东、邓小平、江泽民、胡锦涛、习近平等党和国家领导人,在不同历史时期都曾强调要把德育摆在各育之首,坚持育人为本,育德为先,全面发展。习近平总书记明确指出,要把立德树人的成效作为检验学校一切工作的根本标准,真正做到以文化人、以德育人,不断提高学生思想水平、政治觉悟、道德品质、文化素养,做到明大德、守公德、严私德。③ 深刻理解立德树人的科学内涵,深刻领会习近平总书记关于立德树人重要论述的精髓要义,对于全面落实立德树人根本任务,培养和造就德才兼备的时代新人具有重要的现实指导意义。

二、准确把握立德树人的时代价值

立德树人,功在当代,利在千秋。立德树人关乎着中华民族伟大复兴的壮阔大业,承载着国家富强、民族振兴、人民幸福的时代使命和责任担当,当今世界正在经历百年未有之大变局,提高全民族的道德品质、政治觉悟、思想水平和文明素养,增强国家软实力,提高我国综合国力、国际竞争力和影响力都具有重要现实意义。

---

① 陈勇、陈蕾、陈旻:《立德树人:当代大学生思想政治教育的根本任务》《思想理论教育导刊》2013 年第 4 期。

② 习近平:《在北京大学师生座谈会上的讲话》,《人民日报》2018 年 5 月 3 日。

③ 习近平:《在北京大学师生座谈会上的讲话》,《人民日报》2018 年 5 月 3 日。

　　第一，立德树人有利于不断满足人民日益增长的美好精神生活需要。随着"中国特色社会主义进入新时代，我国社会主要矛盾已经转化为人民日益增长的美好生活需要和不平衡不充分的发展之间的矛盾"①，过去人们对"物质文化需要"的满足，在中国共产党的坚强领导下，经过全国各族人民的共同努力，已经基本实现了，全面小康社会建成了，人民过上了幸福安定的小康生活。人的需求层次理论告诉我们，人人都有需求，低层次的需求相对满足了，高层次的需求又会随之而来。在物质文化需要获得相对满足之后，人们又开始了对美好精神生活的追求和向往，期盼社会更加公平、诚信、正义、民主、文明、法治、和谐、美丽，而这正是我国社会主义核心价值观所倡导、培育和践行的根本旨归所在。习近平总书记指出："社会主义核心价值观是当代中国精神的集中体现，凝结着全体人民共同的价值追求。"②不断满足人们对美好精神生活的需求，教育事业必当作为，立德树人必当落实。教育改革发展必须以立德树人为根本任务，补齐教育短板，坚持育人为本，以德为先，平衡、充分、协调发展德育、智育、体育、美育和劳育，促进人的全面发展，提高人的文明涵养和综合素质，才能更好地满足人们对美好精神生活的需要。

　　第二，立德树人有利于提高国家文化软实力，建设社会主义文化强国，增强国际竞争力和影响力。党的十九大报告指出，经过长期努力，"久经磨难的中华民族迎来了从站起来、富起来到强起来的伟大飞跃"③。中华民族要真正实现"强起来"的伟大飞跃，这不仅仅只是体现在政治、经济、科技、军事等硬实力的增强上，而且还要体现在国家创造力、文化吸引力、价值观影响力、国际话语表达力、思想传播力和民族凝聚力等软实力的提升上。随着经济全球化、社会信息化、文化多样化的深入发展，

---

①　《中国共产党第十九次全国代表大会文件汇编》，人民出版社 2017 年版，第 9 页。
②　《中国共产党第十九次全国代表大会文件汇编》，人民出版社 2017 年版，第 34 页。
③　《中国共产党第十九次全国代表大会文件汇编》，人民出版社 2017 年版，第 8 页。

物流、信息流、资本流带来的意识流、文化流、思潮流日益相互交融、相互激荡，国与国之间的政治、经济、科技、军事等硬实力的竞争，日益扩展深化为文化观念、价值理念、民族精神、国民素质、国家形象、国际话语权等软实力的竞争。"软实力"的提出者约瑟夫·奈把"实力"分为"硬实力"和"软实力"。在他看来，"人人熟知硬实力。众所周知，军事和经济因素往往能使他人转变立场。硬实力可以依托引诱（"胡萝卜"）或者威胁（"大棒"）等手段来实施运用。"① 而软实力"依靠的是一种塑造人们喜好的能力"②，"依靠一种不同寻常的手段（既非武力，也非金钱）促成合作，它依靠的是共同价值观所产生的吸引力，以及实现这些价值观所需要的正义感和责任感"③。奈氏认为，这种塑造他人喜好的能力"往往来自有吸引力的个性、文化、价值和道德权威这种无形资产。如果我能吸引别人自愿去做什么事，就用不着采取强迫手段了"④。当前，由于受西方文化思潮的影响，我国的一些年轻人特别是部分在校大学生，在价值观念、行为习惯和生活方式上已显露出"西方化"的倾向，高校大学生中的自由主义、普世主义、消费主义等现象有所抬头，甚至有少数大学生盲目崇拜西方的"普世价值"和所谓的"自由、民主、平等、人权"，国家意识淡薄，民族观念淡化，对中华传统文化缺乏了解和认同，理想信念摇摆，个人主义滋生，享乐主义膨胀，如此等等。这就告诉我们，学校做好青年学生的立德树人工作比以往任何时候都显得更为重要、更为紧迫、更为艰巨。习近平总书记指出："文化兴国运兴，文化强民族强。没有高度的文化自信，没有文化的繁荣兴盛，就没有中华民族伟大复兴。"⑤ 新时代新征程，提高国

① ［美］约瑟夫·奈:《软实力》，马娟娟译，中信出版社 2013 年版，第 8 页。
② ［美］约瑟夫·奈:《软实力》，马娟娟译，中信出版社 2013 年版，第 9 页。
③ ［美］约瑟夫·奈:《软实力》，马娟娟译，中信出版社 2013 年版，第 10—11 页。
④ ［美］约瑟夫·奈:《巧实力》，李达飞译，中信出版社 2013 年版，第 39 页。
⑤ 《中国共产党第十九次全国代表大会文件汇编》，人民出版社 2017 年版，第 33 页。

家文化软实力，建设社会主义文化强国，增强我国文化的国际竞争力和影响力，做好立德树人工作，已成为中国特色社会主义教育事业中的一项重大而紧迫的战略任务。

第三，立德树人有利于为全面建设富强民主文明和谐美丽的社会主义现代化强国提供德才兼备的优秀人才支撑。实现中华民族伟大复兴是近代以来中国人民孜孜以求的美好梦想。党的十九大对党和国家未来三十年的发展大计，作出了战略安排，具体划分为两个发展阶段，通过实现这两个阶段的奋斗目标，最终实现中华民族伟大复兴的中国梦。"第一个阶段，从二〇二〇年到二〇三五年，在全面建成小康社会的基础上，再奋斗十五年，基本实现社会主义现代化。""第二个阶段，从二〇三五年到本世纪中叶，在基本实现现代化的基础上，再奋斗十五年，把我国建成富强民主文明和谐美丽的社会主义现代化强国。"① 全面建设社会主义现代化国家，进而全面建成社会主义现代化强国，如果没有一支庞大而德才兼备的优秀人才队伍作支撑，要落实这个重大战略安排和完成这个重要战略任务，那是不可想像的。因此，这就决定了我们的教育必须要把立德树人作为根本任务，培养出来的人才，必须是有大德大才大情怀的人；培养出来的人才，必须衷心拥护党的领导，立志为全面建成富强民主文明和谐美丽的社会主义现代化强国而奋斗终生的有用人才。只有全面落实立德树人根本任务，不断培养和造就一批又一批社会主义优秀建设者和可靠接班人，才能为实现中华民族伟大复兴提供人才支撑和保障。青少年是祖国的未来、民族的希望。我们党立志于中华民族千秋伟业，必须培养一代又一代拥护中国共产党领导和我国社会主义制度、立志为中国特色社会主义事业奋斗终生的有用人才。在这个根本问题上，必须旗帜鲜明、毫不含糊。②

---

① 《中国共产党第十九次全国代表大会文件汇编》，人民出版社 2017 年版，第 23 页。
② 《习近平主持召开学校思想政治理论课教师座谈会强调　用新时代中国特色社会主义思想铸魂育人　贯彻党的教育方针落实立德树人根本任务》，《人民日报》2019 年 3 月 19 日。

三、落实立德树人根本任务的实践路径

高校立身之本在于立德树人。新时代全面落实立德树人根本任务，必须坚持把立德树人作为中心环节，深化教育体制改革，健全立德树人落实机制，把立德树人内化到大学建设和管理各领域、各方面、各环节，做到以树人为核心，以立德为根本①，努力实现全程育人、全方位育人、全员育人，不断开创立德树人工作新局面。

第一，坚持教育引导，始终抓住思想政治理论课这个课堂教学主渠道。大学是立德树人的重要阵地，课堂教学是立德树人的主渠道，"思想政治理论课是落实立德树人根本任务的关键课程"②。新时代落实立德树人根本任务，就要抓住思政课这个关键课程，按照教学计划和要求，开齐开足开好思想政治理论课，有效发挥这一关键课程的关键作用。立德树人，铸魂育人，以党的创新理论为指导，全面深化思政课教学改革，创新教学方法手段，进一步增强思政课的学理性、针对性、时代性，进一步提高思政课的指引力、感染力、亲和力，教育引导学生涵育优良道德、修身养性，坚定理想信念，志存高远，立志听党话、跟党走，崇善修德，掌握扎实知识本领，培养综合实践能力，成为全面发展的人，争做堪当民族复兴重任的时代新人，在实现中华民族伟大复兴的时代洪流中踔厉奋发、勇毅前进③。

第二，强化同向同行，切实抓好课程思政建设，有效发挥其他各门课程的协同育人效应。要依托不同专业、不同学科、不同课程本身所拥有的

---

① 习近平：《在北京大学师生座谈会上的讲话》，《人民日报》2018 年 5 月 3 日。

② 《习近平主持召开学校思想政治理论课教师座谈会强调　用新时代中国特色社会主义思想铸魂育人　贯彻党的教育方针落实立德树人根本任务》，《人民日报》2019 年 3 月19 日。

③ 《习近平在中国人民大学考察时强调　坚持党的领导传承红色基因扎根中国大地　走出一条建设中国特色世界一流大学新路》，《人民日报》2022 年 4 月 26 日。

优势和特色，深入挖掘和梳理隐藏在其中的德育元素和育人资源，确立以立德树人为价值导向的课程育人目标，重构新的课程体系，以价值引领和品德塑造为根本，以知识传授和能力培养为核心，设计安排有利于实现课程思政育人目标的教学内容、结构和模式，把理想信念、政治觉悟、制度认同、家国情怀、品德修养等思政元素与课程本身所固有的知识传授、技能培养有机融合起来，实现传道授业解惑与立德树人、铸魂育人的有效对接和辩证统一，促进人的全面发展，充分发挥教书育人的合力作用，"发挥融入式、嵌入式、渗入式的立德树人协同效应"[1]，以便取得同频共振的实际成效。

第三，注重实践淬炼，抓好实践教学这个重要环节。新时代落实立德树人根本任务，离不开社会实践活动的淬炼与养成。实践是人的存在和活动方式，是认识和改造世界的社会性活动。实践是道德认知转化为道德行为的中介和桥梁。良好的道德品质和道德行为的养成，来源于正确的道德认知，以及由道德认知而激发的道德情感，但仅有良好的道德认知、浓厚的道德情感也不足以形成优秀的道德品质和道德行为。只有通过实践这个中介和桥梁，才能把认知、情感和行为有机统一起来，并在实践中得到检验和深化，坚持正确的道德认知，增强道德情感，内化道德准则，养成良好的道德品质和道德行为习惯。因此，要把立德树人工作融入社会实践教育活动之中，把思政小课堂与社会大课堂结合起来，在课堂教学中增加实践环节，加大实践教学力度，使学生在丰富的社会实践教学中提高认知能力和水平，认识和理解中国共产党为什么能、马克思主义为什么行，中国特色社会主义为什么好，不断增强家国情怀和民族情感，丰富社会知识和经验阅历，淬炼和养成优秀道德品质，实现知、情、意、行的辩证统一。

第四，加强制度保障，健全落实立德树人的有效机制。要深化教育体

---

① 习近平：《思政课是落实立德树人根本任务的关键课程》，《求是》2020 年第 17 期。

制改革，健全立德树人落实机制，扭转不科学的教育评价导向，坚决克服唯分数、唯升学、唯文凭、唯论文、唯帽子的顽瘴痼疾，从根本上解决教育评价指挥棒问题。① 一是要建立党委统一领导、各部门分工负责和齐抓共管的立德树人工作体制。加强党对立德树人工作的领导是落实立德树人根本任务的重要保障。党委要统筹谋划立德树人工作总体布局，建立健全组织机构，落实具体人员负责，确定实施方案，明确指导思想、目标任务、主要内容、原则方法和条件保障，坚持党委把方向、管大局、作决策、保落实，行政抓具体、抓落实、抓执行，工青妇院系等各部门各负其责，教学、科研、管理、服务各环节齐抓共育，构建统一、全面、具体、有效的立德树人工作体系。二是要建立家庭、学校、政府、社会都有责任② 的协同育人制度机制。家庭和家长有责任和义务参与育人工作，帮助孩子扣好人生第一粒扣子；要积极吸纳社会各种力量共同参与育人工作，有效发挥社会各种优质育人资源的重要作用；各级党委政府要为立德树人工作提供人力、物力、财力保障，解决后顾之忧。三是要构建科学有效的人才考核评价机制。要建立以思想品德为首要的考核评价指标体系，树立科学的评价导向，把立德树人的任务分解融入到思想品德、政治素质、家国情怀、知识能力、文明素养等各项考评指标中，克服唯分数、唯升学的片面评价方式，让立德树人的考核评价标准成为检验学校一切工作的"指挥棒"。

---

① 《习近平在全国教育大会上强调　坚持中国特色社会主义教育发展道路　培养德智体美劳全面发展的社会主义建设者和接班人》，《人民日报》2018 年 9 月 11 日。
② 《习近平在全国教育大会上强调　坚持中国特色社会主义教育发展道路　培养德智体美劳全面发展的社会主义建设者和接班人》，《人民日报》2018 年 9 月 11 日。

第三章 高校"办好讲好学好"思政课的战略定力

习近平总书记指出:"方向决定前途,道路决定命运。我们要把命运掌握在自己手中,就要有志不改、道不变的坚定。"① 旗帜决定方向,方向指引道路。纵观我们党百年思想政治教育的辉煌历史,中国共产党在领导中国人民进行革命、建设和改革开放的不同历史时期,一直都特别重视思想政治教育,秉持"思想政治工作是经济工作和其他一切工作的生命线"理念,围绕中心,服务大局,面向世界、面向现代化、面向未来,既没有走改旗易帜的邪路、错路,也没有走封闭僵化的老路、歪路,守正创新,固本开新,始终沿着正确的发展方向和道路不断乘胜前进。高校"办好讲好学好"思想政治理论课,必须坚持以习近平新时代中国特色社会主义思想为指导,"在党的坚强领导下,全面贯彻党的教育方针,坚持马克思主义指导地位,坚持中国特色社会主义教育发展道路,坚持社会主义办学方向"②,加强党对思想政治教育工作的全面领导,充分调动广大师生的积极

---

① 习近平:《在庆祝改革开放 40 周年大会上的讲话》,《人民日报》2018 年 12 月 19 日。
② 《习近平在全国教育大会上强调 坚持中国特色社会主义教育发展道路 培养德智体美劳全面发展的社会主义建设者和接班人》,《人民日报》2018 年 9 月 11 日。

性、主动性、创造性，以立德树人、铸魂育人、教书育人为己任，努力培养德智体美劳全面发展的时代新人。

第一节　高校"办好讲好学好"思政课的正确方向

我国高校"办好讲好学好"思想政治理论课，"最根本的是要全面贯彻党的教育方针，解决好培养什么人、怎样培养人、为谁培养人这个根本问题""坚持马克思主义指导地位，贯彻新时代中国特色社会主义思想，坚持社会主义办学方向，落实立德树人的根本任务""努力培养担当民族复兴大任的时代新人，培养德智体美劳全面发展的社会主义建设者和接班人"。①

一、坚持和巩固马克思主义指导地位

马克思主义是人类历史上迄今为止最先进的科学理论，是中国共产党人的根本指导思想。马克思主义是创立于19世纪40年代的科学理论，是关于全世界无产阶级和全人类解放事业的学说思想，主要包括马克思主义哲学、马克思主义政治经济学和科学社会主义三大组成部分，经由马克思恩格斯创立，并为他们的后继者不断丰富、发展和完善的理论体系。众所周知，随着欧洲工业革命的兴起和取得决定性胜利，资本主义生产方式在英国、法国、德国等欧洲国家先后确立起来了，人类社会陆续从封建社会转向资本主义社会，人类社会历史也开始突破地域性的狭隘眼界，进入了世界性历史。随着资本主义生产方式的确立，这不仅带来了生产力的解放和发展，而且还使社会日益分裂为资产阶级和无产阶级两大对立阶级。作

① 《习近平主持召开学校思想政治理论课教师座谈会强调　用新时代中国特色社会主义思想铸魂育人　贯彻党的教育方针落实立德树人根本任务》，《人民日报》2019年3月19日。

为被资本和资本家锻造出来的无产阶级，成为一支独立的政治力量登上了世界历史舞台，他们为了自身的阶级利益，同资产阶级展开了英勇斗争，成为"对准资产阶级自己"的武器和埋葬资本主义的掘墓人。马克思恩格斯勇立于无产阶级革命潮头，拿起"批判的武器"，运用新唯物主义原理和方法，揭示了人类社会演进的客观规律和发展趋势，阐述了"资产阶级的灭亡和无产阶级的胜利是同样不可避免的"① 历史逻辑，创立了马克思主义科学理论，成为指导无产阶级和人类解放事业的锐利思想武器。

马克思主义极大地推进了人类文明进程，指导着被压迫民族和人民的解放斗争、殖民地半殖民地国家民族的解放运动，打破了资本主义一统天下的世界格局，社会主义从一门科学的理论变为了现实的具体的社会形态。在科学社会主义理论指导下，列宁领导俄国人民夺取了十月社会主义革命的胜利，建立了人类历史上第一个社会主义国家——苏维埃俄国。"十月革命一声炮响，给中国送来了马克思列宁主义"②，一个用马克思主义理论武装起来的中国共产党应运而生了。中国共产党正是因为在马克思主义科学理论指导下，夺取了中国革命和建设的一个又一个伟大胜利，在改革开放的伟大实践中，把中国特色社会主义推向了 21 世纪的新时代，"使中国这个古老的东方大国创造了人类历史上前所未有的发展奇迹"，实现了中华民族从"东亚病夫"到站起来、从站起来到富起来的伟大飞跃，迎来了从富起来到强起来的伟大飞跃。实践不断证明，"历史和人民选择马克思主义是完全正确的，中国共产党把马克思主义写在自己的旗帜上是完全正确的"③。

习近平总书记指出，马克思主义始终是我们党和国家的指导思想，

---

① 《马克思恩格斯选集》第 1 卷，人民出版社 2012 年版，第 413 页。

② 习近平：《在庆祝中国共产党成立 100 周年大会上的讲话》，《人民日报》2021 年 7 月 2 日。

③ 习近平：《在纪念马克思诞辰 200 周年大会上的讲话》，《人民日报》2018 年 5 月 4 日。

是我们认识世界、把握规律、追求真理、改造世界的强大思想武器。①
加强宣传思想政治教育工作，办好高校思想政治理论课，必须坚持以马
克思主义为指导，"掌握高校思想政治工作主导权，巩固马克思主义在高
校意识形态的主导地位"②。新时代高校坚持和巩固马克思主义指导地位，
办好讲好学好思想政治理论课，一是要坚持读经典、悟要义，做到真学
真懂真信。马克思主义经典文献卷帙浩繁、博大精深，涉及自然界、人
类社会、人类思维等各领域和经济、政治、历史、文化、科技、法律、
生态等各学科，它对人类所创造的一切，"都有批判地重新加以探讨，
任何一点也没有忽略过去"③。因此，坚持和巩固马克思主义指导地位，
就要下大气力、下苦功夫认真研读马克思主义经典文本，原原本本读、
老老实实学、专心致志思、反反复复悟，才能真正理解马克思主义的精
髓要义，才能系统掌握马克思主义这个看家本领，真学了才能真懂，真
懂了才会真信，真信了，才能牢固坚持和巩固马克思主义指导地位。如
果不读原文、不悟原理，就会心无所依、神无所归、行无所获，思想政
治教育就会成为"无源之水""无本之木"，苍白无力，从而失去根基，
偏离正确方向和发展轨道。二是要在学懂弄通的基础上，走深走实，做
到学思用贯通、知信行统一，抓好马克思主义理论教育。"凡贵通者，
贵其能用之也。"马克思主义不是教义而是指导实践的立场、观点、原
则和方法。要坚持把马克思主义思想政治教育原理与新时代思想政治教
育工作具体实际结合起来，观察、思考、研究和分析改革发展过程中面
对的新形势新情况，认识和把握思想政治理论课建设中面临的新机遇新
挑战，处理和解决好思政课教学中遇到的新困难新问题，教育引导学生

---

① 习近平：《在纪念马克思诞辰 200 周年大会上的讲话》，《人民日报》2018 年 5 月 4 日。

② 《习近平关于社会主义文化建设论述摘编》，中央文献出版社 2017 年版，第 55—56 页。

③ 《列宁选集》第 4 卷，人民出版社 2012 年版，第 284 页。

运用科学理论和先进思想，审视世界发展大势，认清中国发展形势，把握国际国内发展趋势，做到胸怀大局，立足当下，前瞻未来，使广大学生在实践中深深感悟马克思主义的真理的力量。三是要坚持以马克思主义为指导，加强学科体系、学术体系、教材体系、话语体系建设。要坚持马克思主义在学科体系、学术体系、教材体系、话语体系中的指导地位，自觉把中国特色社会主义理论体系贯穿理论研究、学术探讨、教材编写、教学话语全过程，做到理论研究中有"议题"、学科建设中有"行踪"、学术论坛中有"声音"、教材体系中有"身影"、话语表达中有"回响"。继续大力实施马克思主义理论研究和建设工程重点教材建设，为人才培养提供好的教科书，为坚持和巩固马克思主义在意识形态领域的指导地位夯基固本、立柱加梁。四是要坚持在马克思主义理论指导下，用中国化时代化马克思主义最新理论成果武装师生头脑、指导工作、指导实践活动。坚持和巩固马克思主义指导地位，"不能简单套用马克思主义经典作家设想的模板"[1]，不能拘泥于马克思主义经典作家在特定历史条件和具体情况下所作出的个别结论，不能简单"裁剪"或"嫁接"马克思主义经典作家所运用的个别词句或话语，否则，就不是正确对待"马克思主义的应有态度"。"我们坚持以马克思主义为指导，是要运用其科学的世界观和方法论解决中国的问题，而不是要背诵和重复其具体结论和词句，更不能把马克思主义当成一成不变的教条。"[2]"马克思主义是随着时代、实践、科学发展而不断发展的开放的理论体系，它并没有结束真理，而是开辟了通向真理的道路。"[3] 马克思主义不是教义而是方法。因此，"我们必须坚持解放思想、实事求是、与时俱进、求真务实，一切从实际出发""把马克思主义基本原理同中国具体实际相结合、同

---

① 习近平：《在哲学社会科学工作座谈会上的讲话》，《人民日报》2016 年 5 月 19 日。
② 《中国共产党第二十次全国代表大会文件汇编》，人民出版社 2022 年版，第 15 页。
③ 习近平：《在哲学社会科学工作座谈会上的讲话》，《人民日报》2016 年 5 月 19 日。

中华优秀传统文化相结合"①，"坚持用马克思主义观察时代、解读时代、引领时代，用鲜活丰富的当代中国实践来推动马克思主义发展，用宽广视野吸收人类创造的一切优秀文明成果，坚持在改革中守正出新"②，"不断开辟当代中国马克思主义、21 世纪马克思主义新境界"③，用习近平新时代中国特色社会主义思想这个"当代中国马克思主义、二十一世纪马克思主义"④ 统领和占据新时代高校真理和道义的制高点。

二、坚持中国共产党的领导

"中国共产党领导是中国特色社会主义最本质的特征，是中国特色社会主义制度的最大优势，是党和国家的根本所在、命脉所在"⑤。习近平总书记指出："党政军民学，东西南北中，党是领导一切的。"⑥"我国是中国共产党领导的社会主义国家"⑦"我们的高校是党领导下的高校""办好我国高等教育，必须坚持党的领导，牢牢掌握党对高校工作的领导权，使高校成为坚持党的领导的坚强阵地。"⑧ 党的十八大以来，习近平总书记高度重视高校党的建设工作，多次强调要加强党对高校的全面领导，要求各级党委要把高校思想政治工作摆在重要位置，把思想政治理论课建设摆上重要议程，"加强领导和指导，形成党委统一领导、各部门各方面齐抓

①　《中国共产党第二十次全国代表大会文件汇编》，人民出版社 2022 年版，第 15、14 页。

②　习近平：《在纪念马克思诞辰 200 周年大会上的讲话》，《人民日报》2018 年 5 月 4 日。

③　习近平：《在纪念马克思诞辰 200 周年大会上的讲话》，《人民日报》2018 年 5 月 4 日。

④　《中国共产党第十九届中央委员会第六次全体会议文件汇编》，人民出版社 2021 年版，第 48 页。

⑤　习近平：《在庆祝中国共产党成立 100 周年大会上的讲话》，《人民日报》2021 年 7 月 2 日。

⑥　《中国共产党第十九次全国代表大会文件汇编》，人民出版社 2017 年版，第 16 页。

⑦　《习近平在全国教育大会上强调　坚持中国特色社会主义教育发展道路　培养德智体美劳全面发展的社会主义建设者和接班人》，《人民日报》2018 年 9 月 11 日。

⑧　《习近平谈治国理政》第二卷，外文出版社 2017 年版，第 377、379 页。

共管的工作格局"①。

　　领导我们事业的核心力量是中国共产党。我们党历来重视对思想政治工作的领导,一直强调各级党委都要抓好思想政治教育工作,加强党对学校思想政治工作的领导和管理。1957年3月,毛泽东在全国宣传工作会议上强调指出:"各地党委的第一书记应该亲自出马来抓思想问题,只有重视了和研究了这个问题,才能正确地解决这个问题。"②1980年12月,邓小平在中共中央工作会议上指出,为了完成经济调整这个"很艰巨、很复杂的任务""为了保证全党思想上行动上的一致,必须有效地加强和改善我们党的思想政治工作"。③同年5月,邓小平在中共中央政治局扩大会议上,针对社会主义现代化建设中需要解决的很多思想问题,明确强调:"我们一定要把思想政治工作放在非常重要的地位,切实认真做好,不能放松。""为了做好思想政治工作,也要求改善党的领导、改善党的领导制度。"④

　　1999年6月,在第三次全国教育工作会议上,江泽民要求各级党委和整个教育战线上的同志,都要突出抓好思想政治教育,要求"思想政治教育,在各级各类学校都要摆在重要地位,任何时候都不能放松和削弱"⑤。希望各级党委和政府的领导同志,都要高度重视教育和青少年学生的思想工作,强调"抓好教育和青少年学生的思想工作,直接关系到我们实施科教兴国战略能否取得成功,关系到我国社会主义现代化建设能否取得成功"⑥。2004年8月,《中共中央国务院关于进一步加强和改进大学生思想政治教育的意见》颁布实施,强调"各级党委和政府要从战略和全

---

①　《习近平谈治国理政》第二卷,外文出版社2017年版,第379页。
②　《毛泽东文集》第七卷,人民出版社1999年版,第282页。
③　《邓小平文选》第二卷,人民出版社1994年版,第364页。
④　《邓小平文选》第二卷,人民出版社1994年版,第342页。
⑤　《江泽民文选》第二卷,人民出版社2006年版,第332页。
⑥　《江泽民文选》第二卷,人民出版社2006年版,第590—591页。

局的高度，充分认识加强和改进大学生思想政治教育的重大意义"①，提出
"高等学校党委要统一领导大学生思想政治教育工作""校长要对大学生德
智体美全面发展负责""建立健全党委统一领导、党政群齐抓共管、有关
部门各负其责、全社会大力支持的领导体制和工作机制"。②2005 年 1 月，
在全国加强和改进大学生思想政治教育工作会议上的讲话中，胡锦涛强调
要"加强党对大学生思想政治教育工作的领导"，各级党委和政府"要切
实把大学生思想政治教育工作摆在更加突出的位置""列入重要议事日程，
切实担负起政治责任，进一步加强和改进领导"③，形成强大合力，"建立
健全党委统一领导、党政群齐抓共管、全体教职员工全员育人、全方位育
人、全过程育人的工作机制"④。

　　新时代新征程，综观国际国内形势和发展大势，习近平总书记站在历
史与时代相交汇的制高点上，高瞻远瞩，因时而进，顺势而为，特别强
调"各级党委要把高校思想政治工作摆在重要位置""掌握高校思想政治
工作主导权，保证高校始终成为培养社会主义事业建设者和接班人的坚强
阵地"⑤，紧紧"抓住制约思政课建设的突出问题，在工作格局、队伍建设、
支持保障等方面采取有效措施""推动形成全党全社会努力办好思政课、
教师认真讲好思政课、学生积极学好思政课的良好氛围"。⑥ 其一，各级
党委要牢牢掌握对高校思想政治教育工作的领导权和主导权，确保高校师
生员工增强"四个意识"、坚定"四个自信"、做到"两个维护"。各级党委、

---

① 《十六大以来重要文献选编》（中），中央文献出版社 2006 年版，第 190 页。
② 《十六大以来重要文献选编》（中），中央文献出版社 2006 年版，第 190、191、190 页。
③ 《十六大以来重要文献选编》（中），中央文献出版社 2006 年版，第 644 页。
④ 《十六大以来重要文献选编》（中），中央文献出版社 2006 年版，第 645 页。
⑤ 《习近平谈治国理政》第二卷，外文出版社 2017 年版，第 379 页。
⑥ 《习近平主持召开学校思想政治理论课教师座谈会强调　用新时代中国特色社
会主义思想铸魂育人　贯彻党的教育方针落实立德树人根本任务》，《人民日报》2019 年 3
月 19 日。

各级教育主管部门和学校党组织都要把思想政治教育和意识形态工作牢牢掌握在手上,确保高校正确办学方向,教育引导党员干部和师生员工自觉"增强政治意识、大局意识、核心意识、看齐意识,坚定道路自信、理论自信、制度自信、文化自信,坚决维护习近平总书记党中央的核心、全党的核心地位,坚决维护党中央权威和集中统一领导"①"在政治方向、政治立场、政治言论、政治行为方面守好规矩,自觉坚持党的领导,自觉同党中央保持高度一致"②,做到党中央提倡的坚决做到,党中央决定的坚决照办,党中央禁止的坚决不做。各地党委书记和有关部门党组书记要多关心和支持高校发展,多到高校宣传党的路线方针政策,多为高校出谋划策、把脉问诊、排忧解难,多回答师生关注的理论问题和现实问题,确保高校始终成为培养社会主义建设者和接班人的坚强阵地。其二,高校党委、党组要对思想政治教育工作"实行全面领导,承担管党治党、办学治校主体责任,把方向、管大局、作决策、保落实"③,把思想政治理论课建设摆上重要议程,为学校办好思政课、教师讲好思政课、学生学好思政课提供重要保障。高校党委书记、校长和校各职能部门各院系的党员干部,都要了解和熟悉思想政治教育工作,研究和掌握思想政治理论课建设规律,带头推动思政课建设,带头联系思政课教师,带头走进课堂、走进社团、走进班级、走进宿舍、走进食堂,为学生答疑解惑,把思想政治教育工作做在日常、做到个人。其三,要加强高校党的基层组织建设,充分发挥基层党组织做好思想政治教育工作的战斗堡垒作用。要贯彻落实《中国共产党普通高等学校基层组织工作条例》《加快构建高校思想政治工作体系的意见》等文件精神,加强高校院(系)、教师党支部、学生党支部、研究生党支

---

①　《习近平新时代中国特色社会主义思想学习纲要》,学习出版社、人民出版社 2019 年版,第 68—69 页。

②　《习近平谈治国理政》第二卷,外文出版社 2017 年版,第 143 页。

③　《习近平谈治国理政》第二卷,外文出版社 2017 年版,第 379 页。

部等基层组织建设，强化班子建设，健全决策机制，严格制度管理，提高议事处事能力和水平，全面增强高校基层党组织的生机活力，有效发挥好党支部的战斗堡垒作用和师生党员的先锋模范作用。其四，要加强高校思想政治教育工作队伍建设，确保这支队伍后继有人、源源不断。要拓展选人用人视野，广开人才培养渠道，强化实践锻炼、政治历练、思想淬炼、专业训练，增强综合素质，提高铸魂育人、立德树人、教书育人能力和水平。

三、坚持社会主义办学方向

办好思想政治理论课，解决好"培养什么人、怎样培养人、为谁培养人"这个根本问题，就要"在党的坚强领导下，全面贯彻党的教育方针，坚持马克思主义指导地位，坚持中国特色社会主义教育发展道路，坚持社会主义办学方向"①。

我国是在马克思主义理论指导下建立起来的社会主义国家，我国宪法第一条就明文规定了我国的根本制度是社会主义制度。这一根本制度决定了我国办的教育是社会主义教育，我国办的高校是社会主义高校，教育制度必须以社会主义制度为前提和基础。扎根中国大地办教育、办大学，推动教育事业科学发展，必须坚持和沿着社会主义正确方向前进。高校只有"坚持办学正确政治方向""抓住培养社会主义建设者和接班人这个根本才能办好，才能办出中国特色世界一流大学"。②

坚持社会主义办学方向是由我国的社会主义性质决定的。教育是培养人的一种社会实践活动。教育要解决好"培养什么人、怎样培养人、为谁培养人"这个根本问题，其关键取决于社会关系。因为从教育与社会的关

---

① 《习近平在全国教育大会上强调 坚持中国特色社会主义教育发展道路 培养德智体美劳全面发展的社会主义建设者和接班人》，《人民日报》2018 年 9 月 11 日。

② 习近平：《在北京大学师生座谈会上的讲话》，《人民日报》2018 年 5 月 3 日。

系来看，社会决定教育，教育受制于社会。马克思主义认为，教育是由社会关系决定的，有什么样的社会关系、社会性质、社会制度，就会有什么样的教育关系、教育性质和教育制度。在《共产党宣言》中，马克思恩格斯通过揭露资产阶级教育"对绝大多数人来说是把人训练成机器"的反动本质，揭示了教育的阶级性、历史性和永恒性。马克思恩格斯认为，资产阶级关于教育的观念本身都"是资产阶级的生产关系和所有制关系的产物"，这种教育的内容都是由资产阶级的物质生活条件来决定的。针对资产阶级污蔑共产党人"用社会教育代替家庭教育，就是要消灭人们最亲密的关系"时，马克思恩格斯进行了严厉驳斥，指出资产阶级的教育"不也是由社会决定的吗？不也是由你们进行教育时所处的那种社会关系决定的吗？不也是由社会通过学校等等进行的直接的或间接的干涉决定的吗？"[①]。因此，马克思恩格斯提出无产阶级的历史使命，就是要彻底消灭资本主义制度，废除资产阶级教育制度，消弭资产阶级教育的不平等性、虚伪性，改变教育的性质和作用。马克思恩格斯指出："共产党人并没有发明社会对教育的作用；他们仅仅是要改变这种作用的性质，要使教育摆脱统治阶级的影响。"[②] 这一原理告诉我们，社会决定教育，社会关系决定教育关系，社会性质决定教育性质，社会制度决定教育制度。我国是社会主义国家，我国的教育必须坚持社会主义方向，这是不可移易的客观必然。马克思恩格斯在《德意志意识形态》中指出："一个阶级是社会上占统治地位的物质力量，同时也是社会上占统治地位的精神力量。支配着物质生产资料的阶级，同时也支配着精神生产资料"，而"占统治地位的思想不过是占统治地位的物质关系在观念上的表现，不过是以思想的形式表现出来的占统治地位的物质关系"。[③]

---

① 《马克思恩格斯选集》第 1 卷，人民出版社 2012 年版，第 418 页。
② 《马克思恩格斯选集》第 1 卷，人民出版社 2012 年版，第 418 页。
③ 《马克思恩格斯选集》第 1 卷，人民出版社 2012 年版，第 178 页。

　　坚持社会主义办学方向是对我国教育革命、建设和改革实践探索成功经验的总结、传承和发展。中国共产党的百年教育历史表明，中国共产党自成立之日起，就不仅肩负起了为国家求独立、为民族求解放、为人民求幸福的历史使命，而且还在马克思主义教育思想指导下，开始了无产阶级教育革命，开展教育革命斗争活动，将教育作为革命斗争的武器，批判了帝国主义、封建主义、官僚买办的旧教育，开展了工农大众的教育，揭开了教育历史变革的新纪元。以陈独秀、李大钊、邓中夏、毛泽东为代表的进步知识分子，站在"庶民"的立场上，为"劳工阶级"争取教育权，强调只有解决好经济和政治制度问题，改造了社会，才可以有好教育，才能使"引车卖浆""瓮牖绳枢"等普通民众之子都能接受教育。党的一大提出要成立"劳工补习学校""劳动组织讲习所"，党的二大明确提出要"改良教育制度，实行教育普及""女子享有教育平等权利"。在中央苏区时期，苏维埃红色政权提出和确立了教育为工农大众服务、为革命战争和建立、巩固红色政权服务的宗旨。在"二苏大"大会上的报告中，毛泽东提出了苏区教育的总方针和中心任务，指出："苏维埃文化教育的总方针在什么地方呢？在于以共产主义的精神来教育广大的劳苦民众，在于使文化教育为革命战争与阶级斗争服务，在于使教育与劳动联系起来，在于使广大中国民众都成为享受文明幸福的人。""苏维埃文化建设的中心任务是什么？是厉行全部的义务教育，是发展广泛的社会教育，是努力扫除文盲，是创造大批领导斗争的高级干部。"[①] 在《新民主主义论》中，毛泽东明确提出了"民族的科学的大众的"文化教育方针。

　　新中国成立前夕，中国人民政治协商会议通过的《共同纲领》中明确规定："人民政府的文化教育工作，应以提高人民文化水平、培养国家建设人才、肃清封建的、买办的、法西斯主义的思想、发展为人民服务的思

---

　　① 陈元晖等：《老解放区教育资料》（一），教育科学出版社1981年版，第20页。

想为主要任务。"①1957 年 2 月，在《关于正确处理人民内部矛盾的问题》中，毛泽东首次明确提出了党的教育方针，确定了社会主义教育的培养目标，就是要"使受教育者在德育、智育、体育几方面都得到发展，成为有社会主义觉悟的有文化的劳动者"②。1995 年 3 月颁布的《教育法》，以法律形式规定"教育必须为社会主义现代化建设服务"的方向目标。党的十六大报告，在阐述我国的教育方针中，增加了"教育为人民服务"的新内容，确定了"二为服务"的教育目标。2016 年 12 月，在全国高校思想政治工作会议上，习近平总书记在教育"二为服务"的方向目标基础上，针对我国的高等教育，又提出了"四为服务"的具体目标。习近平总书记指出："我国高等教育发展方向要同我国发展的现实目标和未来方向紧密联系在一起，为人民服务，为中国共产党治国理政服务，为巩固和发展中国特色社会主义制度服务，为改革开放和社会主义现代化建设服务。"③

坚持社会主义办学方向也是全面建设社会主义现代化强国、实现中华民族伟大复兴战略目标和应对世界百年未有之大变局的必然选择。习近平总书记在清华大学考察时指出，我国高等教育要立足中华民族伟大复兴战略全局和世界百年未有之大变局，心怀"国之大者"，把握大势，敢于担当，善于作为，为服务国家富强、民族复兴、人民幸福贡献力量。④ 党的十八大以来，中国特色社会主义进入了新时代，以习近平同志为核心的党中央团结带领全国各族人民同心勠力、共同奋斗，在中国共产党成立百年之际，全面建成了小康社会，顺利实现了第一个百年奋斗目标，开启

① 《建国以来重要文献选编》第 1 册，中央文献出版社 1992 年版，第 11 页。
② 《毛泽东文集》第七卷，人民出版社 1999 年版，第 226 页。
③ 《习近平谈治国理政》第二卷，外文出版社 2017 年版，第 376—377 页。
④ 《习近平在清华大学考察时强调　坚持中国特色世界一流大学建设目标方向　为服务国家富强民族复兴人民幸福贡献力量》，《人民日报》2021 年 4 月 20 日。

了全面建设社会主义现代化国家新征程。立足新发展阶段，贯彻新发展理念，构建新发展格局，实现第二个百年奋斗目标，实现中华民族伟大复兴的中国梦，建设富强民主文明和谐美丽的社会主义现代化强国，如果没有源源不断的人才资源支撑，没有一批批立志为实现中华民族伟大复兴而奋斗终生的先锋人才作支撑、作保障，再美好的梦想也会落空，再美好的理想也是空想。所以，我国的高校比以往任何时候都更有责任更有义务肩负起时代赋予的人才培养使命。高校的立身之本在于立德树人。立什么样的德，树什么样的人，培养出来的人才，是一个怎样的人才，为谁服务的人才，是建设者还是旁观者，是接班人还是反对派，这是高校人才培养的党性原则问题，是必须明确回答的根本问题。我国办的高校是社会主义性质的高校，为党育人，为国育才，培养和造就担当民族复兴大任的建设者、生力军、接班人，必须坚持社会主义办学方向，对于这一原则立场必须理直气壮、毫不含糊。同时，综观国际发展大势，世界多极化、经济全球化、社会信息化、文化多样化、威胁多元化深入发展，西方一些发达国家亡我之心未灭，企图通过西方文化渗透、价值观输出、生活方式兜售等所谓的"软实力"影响，从思想深处、历史深处、生活深处，改变我国青少年一代的价值观、道德观、文化观、生活观，使他们放弃对中国共产党的信任、对马克思主义的信仰、对社会主义的信心，不战而胜，从而达到推翻中国共产党领导、颠覆我国社会主义制度之目的。面对这种严峻形势，应对各种风险和挑战，我们务必高度警醒，保持战略定力，坚持社会主义办学方向不动摇，巩固马克思主义在高校的指导地位不放松，准确识变，科学应变，主动求变，敢于亮剑，善于发声，巧于回击，教育引导学生提高政治觉悟，增强识别能力，保持清醒头脑，自觉抵制各种错误思潮的影响，立志做为中国特色社会主义现代化建设事业奋斗终生的有用人才，努力在青春的赛道上奋力奔跑，"让青春在全面建设社会主义现代化国家的火热实践中绽放绚丽之花"①,"让青春在为祖国、为民族、为人民、为人类的不懈奋斗中绽放绚丽之花"②。

第二节 高校"办好讲好学好"思政课的价值旨向

高校"办好讲好学好"思想政治理论课,要坚持围绕"培养什么人、怎样培养人、为谁培养人"这一根本主题,以习近平新时代中国特色社会主义思想为统领,以培养德智体美劳全面发展的社会主义建设者和接班人为价值旨归,以培养担当"四个服务"重大使命的时代新人为价值诉求,以具备"四有"好教师标准肩负起"四个引路人"的时代重任,"不忘初心,牢记使命,为党育人,为国育才,为实现第二个百年奋斗目标、实现中华民族伟大复兴的中国梦、推动人类文明进步作出新的更大的贡献"③。

一、以培养德智体美劳全面发展的建设者和接班人为价值旨归

习近平总书记在党的二十大报告中强调指出,教育是国之大计、党之大计,办好人民满意的教育,必须"全面贯彻党的教育方针,落实立德树人根本任务,培养德智体美劳全面发展的社会主义建设者和接班人"④。"国势之强由于人,人材之成出于学。"高校"办好讲好学好"思想政治理论课,必须坚持用习近平新时代中国特色社会主义思想武装师生头脑、指导立德树人、教书育人工作,以培养德智体美劳全面发展的社会主义建设

---

① 《中国共产党第二十次全国代表大会文件汇编》,人民出版社2022年版,第59页。
② 《习近平在清华大学考察时强调 坚持中国特色世界一流大学建设目标方向 为服务国家富强民族复兴人民幸福贡献力量》,《人民日报》2021年4月20日。
③ 《习近平在清华大学考察时强调 坚持中国特色世界一流大学建设目标方向 为服务国家富强民族复兴人民幸福贡献力量》,《人民日报》2021年4月20日。
④ 《中国共产党第二十次全国代表大会文件汇编》,人民出版社2022年版,第28页。

者和接班人为价值旨归和崇高使命，积极谋划，主动作为，踔厉奋发，勇毅前行，切实肩负起党和国家赋予的神圣使命，努力培养和造就担当民族复兴大任、立志为中华民族千秋伟业奋斗终生的合格建设者和可靠接班人。

（一）培养社会主义建设者和接班人的逻辑应然

把培养德智体美劳全面发展的社会主义建设者和接班人作为教育的方向目标和根本任务，是因为这一根本任务继承和发展了马克思主义人的全面发展理论，契合了坚持和发展中国特色社会主义现代化建设事业发展需要，反映了中国共产党的根本宗旨，体现了实现中华民族伟大复兴和促进人的全面发展的逻辑应然和价值意蕴。

第一，培养德智体美劳全面发展的社会主义建设者和接班人，是对马克思主义人的全面发展观的守正创新。马克思列宁主义是中国共产党的指导思想。在马克思主义理论指导下，中国共产党人团结带领全国各族人民，推翻了三座大山，建立了崭新的社会主义制度，彻底废除了使人"变得如此愚蠢而片面"的剥削制度。马克思恩格斯认为，由于旧时的分工造成了人的体力和智力的分离与对立，导致了人的片面发展。而在共产主义社会，劳动成为人们生活的第一需要，任何人没有特殊的活动范围，可以凭自己的兴趣，今天做这事，明天干那事，并不老是固定在做某项工作上。只有在共产主义社会里，每个人才能获得全面发展其才能的条件和手段，也只有在共产主义社会，则"更加需要才能得到全面发展"。恩格斯指出："这样一来，根据共产主义原则组织起来的社会，将使自己的成员能够全面发挥他们的得到全面发展的才能。"① 正是由于我国社会主义公有制度的建立、发展和完善，为人的全面发展创造了有利条件和促进基础。

---

① 《马克思恩格斯选集》第 1 卷，人民出版社 2012 年版，第 308 页。

第二，培养德智体美劳全面发展的社会主义建设者和接班人，契合了我国的社会主义国家性质和根本制度。我国是世界上坚持走社会主义道路、实行社会主义制度的国家。我国宪法明确规定，我国的国家性质是"工人阶级领导的、以工农联盟为基础的人民民主专政的社会主义国家""社会主义制度是中华人民共和国的根本制度"。① 社会主义制度是人类历史上最先进的社会制度，代表着社会发展的正确方向。我国确立社会主义制度是历史的选择和人民的愿望。近代以来的历史证明，中国走社会主义道路是适应历史潮流、符合中国实际、得到人民拥护的正确选择，是实现国家独立、民族解放和人民幸福的唯一正确道路。"只有社会主义才能救中国，只有中国特色社会主义才能发展中国"②，这是我国长期实践得出的历史结论。正如邓小平所说："只有社会主义才能救中国，这是中国人民从五四运动到现在六十年来的切身体验中得出的不可动摇的历史结论。中国离开社会主义就必然退回到半封建半殖民地。"③ 社会主义制度这一根本制度，决定了我国的教育必然要以培养社会主义建设者和接班人为根本旨趣，培养出来的人才，必须是社会主义制度的坚定信仰者、坚决维护者和继承发展者，必须是坚决拥护中国共产党领导的忠诚接班者，必须是立志为中国特色社会主义奋斗终生的坚定不移者。

第三，培养德智体美劳全面发展的社会主义建设者和接班人，是实现中华民族伟大复兴中国梦的根本保证。"实现中华民族伟大复兴，就是中华民族近代以来最伟大的梦想。"④ 党的十九大明确提出要在全面建成小康社会的基础上，经过两个十五年的努力奋斗，全面建设社会主义现代化国

① 《中华人民共和国宪法》，人民出版社1999年版，第9页。
② 《习近平关于实现中华民族伟大复兴的中国梦论述摘编》，中央文献出版社2013年版，第21页。
③ 《邓小平文选》第二卷，人民出版社1994年版，第166页。
④ 《习近平谈治国理政》第一卷，外文出版社2018年版，第36页。

家，进而全面建成富强民主文明和谐美丽的社会主义现代化强国，最终实现中华民族伟大复兴的中国梦。党的二十大提出新时代新征程中国共产党的中心任务就是要"团结带领全国各族人民全面建成社会主义现代化强国、实现第二个百年奋斗目标，以中国式现代化全面推进中华民族伟大复兴"①。实现中国梦、实现中华民族伟大复兴，就需要源源不断地培养一代代又红又专的追梦、筑梦、圆梦的实干人才，而人才的培养与辈出，根本要依靠教育。只有教育并通过教育培养，为党和国家造就能够担当民族复兴大任的有用人才，第二个百年奋斗目标才有可能实现，中华民族伟大复兴的美好愿景才有可能变为现实。只有教育并通过教育培养，必将能塑造一批批德才兼备的时代新人，"中华民族伟大复兴的中国梦终将在一代代青年的接力奋斗中变为现实"②。

（二）培养社会主义建设者和接班人的主要着力点

对于怎样培养德智体美劳全面发展的社会主义建设者和接班人，习近平总书记在全国教育大会上明确提出要从六个方面"下功夫"，这就是"要在坚定理想信念上下功夫""要在厚植爱国主义情怀上下功夫""要在加强品德修养上下功夫""要在增长知识见识上下功夫""要在培养奋斗精神上下功夫""要在增强综合素质上下功夫"，"努力构建德智体美劳全面培养的教育体系，形成更高水平的人才培养体系"。③

一是要着力"在坚定理想信念上下功夫"，教育引导学生树立为祖国为人民永久奋斗、赤诚奉献的坚定理想。理想是灯，信念是帆。革命理想高于天。习近平总书记指出："形象地说，理想信念就是共产党人精神上

---

①　《中国共产党第二十次全国代表大会文件汇编》，人民出版社 2022 年版，第 18 页。

②　习近平：《在北京大学师生座谈会上的讲话》，《人民日报》2018 年 5 月 3 日。

③　《习近平在全国教育大会上强调　坚持中国特色社会主义教育发展道路　培养德智体美劳全面发展的社会主义建设者和接班人》，《人民日报》2018 年 9 月 11 日。

的'钙',没有理想信念,理想信念不坚定,精神上就会'缺钙',就会得'软骨病'。"①青年是祖国的未来、民族的希望、发展的先锋队、前进的生力军。因此,要教育引导大学生树立远大理想、坚定崇高信念,确立正确的世界观、人生观和价值观,用理想之光照亮奋斗之路、用信念之力开创美好未来。要教育引导学生认真学习马克思主义基本理论,坚持用马克思主义立场、观点和方法,认识和分析当今世界和中国发展大势,认识和把握人类社会发展规律。要加强中国历史尤其是中国近现代史、中国革命史、中国共产党史、中华人民共和国史、中国改革开放史的学习教育,引导帮助学生从"四史"学习中获得启示、汲取力量,激发信心,增强信念,坚定信仰,认识和把握社会主义建设规律、中国共产党执政规律,树立正确的历史观、国家观、民族观、文化观,坚定共产主义远大理想和中国特色社会主义共同理想。以历史为借鉴、以时代为依托、以现实为观照、以理论为武装,让真理指引理想,让真理坚定信仰,自觉增强"对马克思主义的信仰,对中国特色社会主义的信念,对实现中华民族伟大复兴中国梦的信心"②,坚定"四个自信",增强"四个意识",做到"两个维护",牢记"国之大者",敬守"两个确立",立志为实现中华民族伟大复兴奋斗终生。习近平总书记指出:"青年理想远大、信念坚定,是一个国家、一个民族无坚不摧的前进动力。青年志存高远,就能激发奋进潜力,青春岁月就不会像无舵之舟漂泊不定。"③

二是要着力"在厚植爱国主义情怀上下功夫",教育引导学生把爱国主义精神牢牢扎根在心灵深处,不断增强做中国人的志气、骨气、底气。爱国主义是指人们对自己祖国的一种最深厚、最持久的情感表达,是热爱

① 《习近平关于全面从严治党论述摘编》,中央文献出版社2016年版,第57页。
② 《习近平关于"不忘初心、牢记使命"论述摘编》,党建读物出版社、中央文献出版社2019年版,第89页。
③ 《习近平谈治国理政》第三卷,外文出版社2020年版,第334页。

祖国和忠于人民的思想、情感和行为的有机统一，是对待自己祖国的一种政治自觉和道德坚守。习近平总书记指出："爱国主义是我们民族精神的核心，是中华民族团结奋斗、自强不息的精神纽带。"① 热爱祖国是立身之本、成才之基。新时代培养社会主义建设者和接班人，就要大力加强爱国主义教育，弘扬以爱国主义核心的民族精神，深挖和阐发蕴藏在中华民族悠久历史长河中的爱国主义精神资源和文化传统，弘扬和讴歌中国革命、建设和改革实践中不断涌现出来的爱国英雄、时代楷模、先进事迹和最美故事，精准诠释新时代爱国主义的深刻内涵和基本要求，教育引导学生懂得和明白爱国主义是具体的、历史的，不是抽象的、空洞的，"当代中国，爱国主义的本质就是坚持爱国和爱党、爱社会主义高度统一"②，爱国主义的鲜明主题就是实现中华民族伟大复兴。只有把个人的前途、命运同祖国的前途、命运紧密联系在一起，把个人的理想、奋斗熔铸到国家富强、民族振兴和人民幸福的千秋伟业之中，才是爱国主义在当今时代的最重要体现和最生动写照，才是真正的爱国主义者。因此，这就要求我们要进一步"教育引导学生热爱和拥护中国共产党，立志听党话、跟党走，立志扎根人民、奉献国家"③，"以一生的真情投入、一辈子的顽强奋斗来体现爱国主义情怀，让爱国主义的伟大旗帜始终在心中高高飘扬"④。

三是要着力"在加强品德修养上下功夫"，教育引导学生成为有大德大爱大情怀的人。品德是为人之本、成才之基。蔡元培先生曾说："德育实为完全人格之本。若无德，则虽体魄智力发达，适足助其为恶，无益也。"⑤ 新时代培养社会主义建设者和接班人，就要大力加强思想道德建

---

① 习近平：《在纪念五四运动 100 周年大会上的讲话》，《光明日报》2019 年 5 月 1 日。

② 《习近平谈治国理政》第三卷，外文出版社 2020 年版，第 334 页。

③ 《习近平在全国教育大会上强调　坚持中国特色社会主义教育发展道路　培养德智体美劳全面发展的社会主义建设者和接班人》，《人民日报》2018 年 9 月 11 日。

④ 《习近平谈治国理政》第三卷，外文出版社 2020 年版，第 334 页。

⑤ 《蔡元培全集》第 3 卷，浙江教育出版社 1997 年版，第 13 页。

设，理直气壮继承和弘扬中华民族几千年积淀起来的传统美德和道德精华，挖掘和阐释中华优秀传统文化中倡导和坚持"讲仁爱、重民本、守诚信、崇正义、尚和合、求大同"的道德理念和时代价值，实现创造性转化、创新性发展，教育引导大学生培育和践行社会主义核心价值观，"自觉用中华优秀传统文化、革命文化、社会主义先进文化培根铸魂、启智润心"①，树立马克思主义道德观、社会主义和共产主义道德观，养成良好的道德意愿，激发见贤思齐的道德情感，培育正确的道德判断力和道德责任感，增强道德践行力，提高崇尚真善美、抵制假恶丑的实践能力，明辨是非曲直，增强自我定力，矢志成为热爱祖国、热爱人民、热爱社会主义、热爱中国共产党的先锋人才，矢志追求更有高度、更有境界、更有品位的人生。

四是要着力"在增长知识见识上下功夫"，教育引导学生"求真问学"，沿着"求真理、悟道理、明事理"②的方向前进，在攀登知识高峰中追求卓越。知识是光，无知识是暗。习近平总书记指出，知识是每个人成才的基石，在学习阶段一定要把基石打深、打牢。③ 新时代培养社会主义建设者和接班人，就要着力加强科学文化知识学习教育，引导帮助学生正确认识学习知识、苦练本领的重要性和紧迫性，珍惜大学的青春时光，把握青年增长才干的黄金时期，博览群书，求知问学，实学实干，如饥似渴，掌握科学知识，锤炼过硬本领，内强综合素质，外塑儒雅形象，以知识的广度、厚度、深度，提升见识增长的温度、高度、力度，既有中国情怀，又具世界眼光，深学践悟，活学活用，用扎实本领担当大任，以真才实学服务人民，凭创新创造奉献国家，"在攀登知识高峰中追求卓越，在肩负时

① 《习近平在清华大学考察时强调　坚持中国特色世界一流大学建设目标方向　为服务国家富强民族复兴人民幸福贡献力量》，《人民日报》2021年4月20日。
② 习近平：《在北京大学师生座谈会上的讲话》，《人民日报》2018年5月3日。
③ 习近平：《在北京大学师生座谈会上的讲话》，《人民日报》2018年5月3日。

代重任时行胜于言，在真刀真枪的实干中成就一番事业"①，"立志做有理想、敢担当、能吃苦、肯奋斗的新时代好青年"②，立志把青春年华无私奉献给中华民族伟大复兴的壮丽事业。

五是要着力"在培养奋斗精神上下功夫"，教育引导学生成为吃苦耐劳、敢于担当、刚健有为、自强不息的奋斗者。"奋斗是青春最亮丽的底色"。民族复兴的使命要靠奋斗来实现，人生理想的风帆要靠奋斗来扬起。没有广大人民特别是一代代青年前赴后继、艰苦卓绝的接续奋斗，就没有中国特色社会主义新时代的今天、更不会有实现中华民族伟大复兴的明天。③ 天行健，君子以自强不息。伟大的奋斗精神，是中华民族长期以来形成的传统美德，是民族精神的重要内核，是中国共产党人的优秀品质，更是新时代社会主义建设者和接班人必须具备的内在品格。教育工作者要通过课堂教学、社团活动、社会实践等方法途径，教育引导学生养成自强不息、刚健有为的进取精神，埋头苦干、努力拼搏的实干精神，以俭养德、以俭修身、以俭兴业的勤俭精神，引导学生"树立高远志向，历练敢于担当、不懈奋斗的精神，具有勇于奋斗的精神状态、乐观向上的人生态度"④，"勇做走在时代前列的奋进者、开拓者、奉献者，毫不畏惧面对一切艰难险阻，在劈波斩浪中开拓前进，在披荆斩棘中开辟天地，在攻坚克难中创造业绩，用青春和汗水创造出让世界刮目相看的新奇迹"⑤。

六是要着力"在增强综合素质上下功夫"，教育引导学生培养综合能力，成为全面发展的人。培养担当民族复兴大任的时代新人，必须坚持以

---

① 《习近平在清华大学考察时强调　坚持中国特色世界一流大学建设目标方向　为服务国家富强民族复兴人民幸福贡献力量》，《人民日报》2021 年 4 月 20 日。

② 《中国共产党第二十次全国代表大会文件汇编》，人民出版社 2022 年版，第 59 页。

③ 习近平：《在纪念五四运动 100 周年大会上的讲话》，《光明日报》2019 年 5 月 1 日。

④ 《习近平在全国教育大会上强调　坚持中国特色社会主义教育发展道路　培养德智体美劳全面发展的社会主义建设者和接班人》，《人民日报》2018 年 9 月 11 日。

⑤ 《习近平谈治国理政》第三卷，外文出版社 2020 年版，第 336 页。

德智体美劳全面发展为重要目标和根本任务，教育引导学生踏踏实实修好品德，以德润心，心无旁骛求知问学、增长见识，树立健康意识，增强体质，健全人格；教育引导学生树立美育理念，以美育人、以文化人，增强审美韵味、文化品位，提高审美情趣和人文素养，培养发现美、感受美、鉴赏美、表现美、创造美的能力和习惯。"做好美育工作，要坚持立德树人，扎根时代生活，遵循美育特点，弘扬中华美育精神，让祖国青年一代身心都健康成长。"① 要教育引导学生增强劳动观念，崇尚劳动、尊重劳动，以劳养德、以劳增智、以劳强体、以劳育美，"懂得劳动最光荣、劳动最崇高、劳动最伟大、劳动最美丽的道理，长大后能够辛勤劳动、诚实劳动、创造性劳动"②。

二、以培养担当"四个服务"重大使命的时代新人为价值诉求

培养什么人，是教育的首要问题。我国高等教育的发展方向和价值取向，要同国家富强、民族振兴、人民幸福、社会进步结合起来，同我国发展的现实目标和未来方向联系在一起，坚持教育"为人民服务，为中国共产党治国理政服务，为巩固和发展中国特色社会主义制度服务，为改革开放和社会主义现代化建设服务"③。这"四个服务"，是一个相互联系、相互衔接、相互促进的有机统一整体，明确了新时代我国高等教育的根本宗旨、人民立场、政治属性、价值取向、职责担当和服务目标，体现了高等教育"围绕中心、服务大局"的本质要求，揭示了高校办学的根本立场、

---

① 《习近平给中央美术学院老教授回信强调 做好美育工作弘扬中华美育精神 让祖国青年一代身心都健康成长》，《光明日报》2018年8月31日。
② 《习近平在全国教育大会上强调 坚持中国特色社会主义教育发展道路 培养德智体美劳全面发展的社会主义建设者和接班人》，《人民日报》2018年9月11日。
③ 《习近平谈治国理政》第二卷，外文出版社2017年版，第377页。

正确方向和价值旨向，彰显了高等教育的人民性、政治性和党性原则，是新时代高校"办好讲好学好"思想政治理论课的价值诉求和根本遵循。

（一）坚持教育为人民服务

"江山就是人民、人民就是江山。"① 习近平总书记指出："我们党来自人民、植根人民、服务人民，党的根基在人民、血脉在人民、力量在人民。"② 人民至上是马克思主义唯物史观的根本立场和主要观点。马克思主义认为，历史是人民创造的，人民既是历史的"剧作者"，又是"剧中人物"，是人民导演了自己的历史，推动了人类社会历史的发展。马克思恩格斯指出："整个所谓世界历史不外是人通过人的劳动而诞生的过程。"③ 列宁也指出："生气勃勃的创造性的社会主义是由人民群众自己创立的"④"群众生气勃勃的创造力正是新的社会生活的基本因素"⑤"千百万创造者的智慧却会创造出一种比最伟大的天才预见还要高明得多的东西"⑥。毛泽东曾经指出："人民，只有人民，才是创造世界历史的动力。"⑦ 中国共产党是马克思主义先进政党，这就决定了中国共产党的根本政治立场就是人民至上的立场，人民性是马克思主义政党区别于其他政党的显著标志，是中国共产党永远立于不败之地的成功密码。在中国共产党人看来，"为什么人的问题，是一个根本的问题，原则的问题"⑧。作为具有百年光辉历史的马克思主义政党，自成立之日起，中国共产党就高高举起了人民

---

① 习近平：《在庆祝中国共产党成立 100 周年大会上的讲话》，《人民日报》2021 年 7 月 2 日。
② 《习近平谈治国理政》第一卷，外文出版社 2018 年版，第 367 页。
③ 《马克思恩格斯文集》第 1 卷，人民出版社 2009 年版，第 196 页。
④ 《列宁全集》第 33 卷，人民出版社 1985 年版，第 53 页。
⑤ 《列宁全集》第 33 卷，人民出版社 1985 年版，第 52 页。
⑥ 《列宁全集》第 33 卷，人民出版社 1985 年版，第 281 页。
⑦ 《毛泽东选集》第三卷，人民出版社 1991 年版，第 1031 页。
⑧ 《毛泽东选集》第三卷，人民出版社 1991 年版，第 857 页。

至上大旗，把人民利益摆在头等重要地位，确立了全心全意为人民服务的初心使命，实现了从站起来到富起来的伟大飞跃，迎来了从富起来到强起来的伟大飞跃。"治国有常，而利民为本"。党的十八大以来，以习近平同志为核心的党中央，高举人民大旗，坚持以人民为中心导向，把人民对美好生活的向往作为奋斗目标，丰富和发展了马克思主义人民观，巩固和增强了中国共产党的宗旨意识，秉承和彰显了人民至上的价值理念，回答了为了谁、依靠谁、我是谁的根本问题。习近平总书记在庆祝中国共产党成立 95 周年大会上指出，"全党同志要把人民放在心中最高位置，坚持全心全意为人民服务的根本宗旨，实现好、维护好、发展好最广大人民根本利益"①。

　　高等教育是党的重要事业。坚持教育为人民服务，高校就要以培养"为人民服务"的时代新人为价值目标和现实诉求，不忘初心，牢记使命，努力践行全心全意为人民服务的根本宗旨，为实现好、维护好、发展好最广大人民根本利益提供人才支撑。一是要坚持以人民为中心发展教育的思想，正确认识和把握我国社会主要矛盾给高等教育带来的不平衡不充分问题，破解制约西部地区、边远山区、贫困地区教育发展的瓶颈，补齐教育短板，增强教育弱项，高校的优质教育资源要更多向这些地区和困难群体倾斜，扶贫与扶教、扶资、扶智相结合，最大限度地促进教育公平，使适龄青少年都能有好学上、上好学，让教育发展成果更多更公平惠及全体人民。二是要树立以学生为中心、一切为了学生、一切服务学生的教育理念和价值取向，坚持以人为本，以学生为本，立德树人，有教无类，做到教育学生、尊重学生、关爱学生、服务学生，特别是要对弱势学生群体更多施以人文关怀、心理疏导、学习关心、生活关照，不让一个学生掉队，相信学生都有才，帮助每个学生都能成才。三是要坚持正确的教育导向，推

---

① 《习近平谈治国理政》第二卷，外文出版社 2017 年版，第 40 页。

进素质教育，坚持以德智体美劳全面发展为目标任务，提高学生综合素养，培养学生创新思维和动手能力，树立弹性评价理念，构建和完善综合性、发展性评价机制，勿以分数论英雄，勿以排名论优劣，改变单线、单面、单一的片面评价模式，全面提高教育质量。四是要加强师德师风建设，提高教师育人水平。学高为师，身正为范。教师是人类灵魂工程师，教师的言行举止对学生的影响直接而深远。教师要坚守为人民服务的价值理念，坚定人民教师、无上光荣的崇高信念，自觉遵守教师职业道德和行为准则，捧着一颗心来，不带半根草去，宁静致远，淡泊名利，为人师表。习近平总书记指出，教师要成为大先生，做学生为学、为事、为人的示范，促进学生成长为全面发展的人。①

（二）坚持教育为中国共产党治国理政服务

我国的教育是在中国共产党领导下创办的教育，我国的高校是党领导下创办的高校。坚持教育为中国共产党治国理政服务，是巩固党的执政地位、增强国家治理能力、提高党的执政水平、确保党长期执政、国家长治久安、党和国家永葆生机活力的本质要求，必然是高等教育的崇高使命和政治担当。众所周知，没有共产党就没有新中国，自从有了中国共产党，中国的面貌就焕然一新。正是在中国共产党的正确领导下，我国建立了社会主义制度，开始了教育革命和建设，建立了社会主义教育制度，教育事业迈上欣欣向荣的发展轨道，迎来了从教育大国迈向教育强国的伟大飞跃。"教育是国之大计、党之大计。"② 正是由于中国共产党高度重视教育和大力发展教育，从跟随到追赶，从并跑到超越，我国已建成了世界上规模最大的高等教育体系，实现了高等教育大众化，并从大众化阶段迈向普

---

① 《习近平在清华大学考察时强调　坚持中国特色世界一流大学建设目标方向　为服务国家富强民族复兴人民幸福贡献力量》，《人民日报》2021 年 4 月 20 日。

② 《中国共产党第二十次全国代表大会文件汇编》，人民出版社 2022 年版，第 28 页。

及化阶段，为党和国家培养了源源不断的社会主义建设者和接班人，成为中国共产党治国理政的中坚力量和骨干人才。

坚持教育为中国共产党治国理政服务，高校就要以培养"为中国共产党治国理政服务"的时代新人为价值理想和追求目标，为国育人，为党育才，为中国共产党治国理政、实现国家治理体系和治理能力现代化提供智力支持。一是要坚持用习近平新时代中国特色社会主义思想武装头脑、指导工作，举旗帜、聚民心、育新人、兴文化、展形象，不断巩固党的执政基础和地位。要高举中国特色社会主义伟大旗帜，大力加强马克思主义理论教育，用共产主义远大理想和中国特色社会主义共同理想凝心聚力，用习近平新时代中国特色社会主义思想铸魂育人、启智润心，用中华优秀传统文化、革命文化和社会主义先进文化培根固魂、以文化人，推进国际传播能力建设，讲好中国故事，传播好中国声音，展示好中国形象和大国风采。二是要大力弘扬爱国主义和民族团结精神，巩固和增强民族团结，使全国各族人民像石榴籽一样紧紧抱在一起。大力加强爱国主义教育、民族精神教育和"四史"教育，不断增强全国各族人民对伟大祖国、中华民族、中华文化的认同和热爱，进一步增强对中国共产党的信任和对中国特色社会主义的信心，爱护和珍视民族团结，形成最大公约数，画出最大同心圆，为中国共产党治国理政心往一处想、智往一处谋、劲往一处使，提供强大合力和动力。三是要练好内功，深化教育体制改革，优化存量，扩大增量，提升人才培养质量，为治国理政提供智力支持。要"抓住历史机遇，紧扣时代脉搏，立足新发展阶段、贯彻新发展理念、服务构建新发展格局，把发展科技第一生产力、培养人才第一资源、增强创新第一动力更好结合起来"①，深化改革，

---

① 《习近平在清华大学考察时强调　坚持中国特色世界一流大学建设目标方向　为服务国家富强民族复兴人民幸福贡献力量》，《人民日报》2021年4月20日。

苦练内功,"建设世界一流大学"、"办好中国的世界一流大学"①,构建中国的世界"一流大学体系",培养中国的世界"一流人才"②,为中国共产党治国理政服务,为我们党进行伟大斗争、建设伟大工程、推进伟大事业、实现伟大梦想献计献策。习近平总书记在中国人民大学考察时指出,建设中国特色、世界一流大学不能跟在别人后面依样画葫芦,简单以国外大学作为标准和模式,而是要扎根中国大地,走出一条建设中国特色、世界一流大学的新路。③ 四是要坚持立德树人,教育引导学生增强"四个意识"、做到"两个维护"、牢记"国之大者",立志听党话、跟党走,为治国理政伟业奋斗终生。要加强政治理论教育与学习,提高受教育者政治觉悟、思想水平,不断增强政治意识、核心意识、大局意识、看齐意识,"自觉维护以习近平同志为核心的党中央权威和集中统一领导,自觉在思想上、政治上、行动上同党中央保持高度一致"④。"要坚持不懈培育和弘扬社会主义核心价值观,引导广大师生做社会主义核心价值观的坚定信仰者、积极传播者、模范践行者"⑤,为治国理政学好扎实本领、增强实干能力,作出最大贡献。

(三) 坚持教育为巩固和发展中国特色社会主义制度服务

习近平总书记指出,"中国特色社会主义是社会主义而不是其他什么主义"⑥"中国特色社会主义,是科学社会主义理论逻辑和中国社会发展历

---

① 《习近平谈治国理政》第一卷,外文出版社 2018 年版,第 174 页。
② 《习近平在清华大学考察时强调　坚持中国特色世界一流大学建设目标方向　为服务国家富强民族复兴人民幸福贡献力量》,《人民日报》2021 年 4 月 20 日。
③ 《习近平在中国人民大学考察时强调　坚持党的领导传承红色基因扎根中国大地　走出一条建设中国特色世界一流大学新路》,《人民日报》2022 年 4 月 26 日。
④ 《深入学习习近平关于教育的重要论述》,人民出版社 2019 年版,第 152 页。
⑤ 《习近平谈治国理政》第二卷,外文出版社 2017 年版,第 377 页。
⑥ 《习近平谈治国理政》第一卷,外文出版社 2018 年版,第 22 页。

史逻辑的辩证统一，是根植于中国大地、反映中国人民意愿、适应中国和时代发展进步要求的科学社会主义，是全面建成小康社会、加快推进社会主义现代化、实现中华民族伟大复兴的必由之路"。① 我国是实行社会主义制度的国家，坚持走社会主义道路是历史的必然和人民的选择。虽然我国至今在生产力、经济实力和综合国力等方面与西方发达资本主义国家仍有一定差距，社会主义初级阶段的基本国情虽然仍未全面改变，但这并非是因为社会主义制度本身的原因所致，而是由"解放以前的历史造成的，是帝国主义和封建主义造成的"②。正是由于我国选择了走社会主义道路，建立了社会主义制度，以及由于这个制度的优越性，才使我国"取得了旧中国几百年、几千年所没有取得过的进步""大大缩短了同发达资本主义国家在经济发展方面的差距"③。在社会主义建设实践探索过程中，我们党善于总结和反思，实事求是，解放思想，根据我国国情，坚持走自己的路，实现了科学社会主义理论逻辑和中国特色社会发展实践逻辑的辩证统一，开辟了中国特色社会主义道路，建立了社会主义市场经济体制，实行了改革开放政策，解放和发展生产力，取得了重要的历史性成就，如期建成了全面小康社会，顺利实现了第一个百年奋斗目标，开启了全面建设社会主义现代化国家新征程。

坚持教育为巩固和发展中国特色社会主义制度服务，高校就要以培养"为巩固和发展中国特色社会主义制度服务"的时代新人为价值取向和政治担当，教育引导受教育者增强制度自信，自觉成为中国特色社会主义制度的坚定信仰者、坚决拥护者、坚强捍卫者。一是要牢固树立中国特色社会主义共同理想，增强中国特色社会主义制度自信。教育工作者要给教育对象讲清理透中国特色社会主义道路、理论、制度、文化等基本蕴涵、核

---

① 《习近平谈治国理政》第一卷，外文出版社 2018 年版，第 21 页。

② 《邓小平文选》第二卷，人民出版社 1994 年版，第 166—167 页。

③ 《邓小平文选》第二卷，人民出版社 1994 年版，第 167 页。

心要旨、理论基础、演义逻辑、重大意义和发展趋势，阐释论析其价值理念、鲜明特色、时代风格和中国气派，教育引导受教育者提高对这一制度优势的认同度和接受力，从而坚定中国特色社会主义制度自信。二是要大力培养社会主义建设者和接班人，使坚持和发展中国特色社会主义制度后继有人。高校要培养拥护中国共产党领导和社会主义制度的有用人才，教育引导受教育者立志为中国特色社会主义现代化建设事业奋斗终生。任何国家和政党都很重视教育对维护政党制度和国家体制的重要作用，都特别强调要培养维护国家政权制度的坚定支持者。我国是在社会主义制度前提下建立的教育制度体系，这就决定了我国的高等教育必须以培养"为巩固和发展中国特色社会主义制度服务"的时代新人为根本旨归和时代使命。这是必须理直气壮、毫不含糊的大是大非问题。三是要加强制度创新研究，促进中国特色社会主义制度更加发展成熟和完善定型。高校既是人才培养的主阵地，也是理论创新的前沿阵地。促进中国特色社会主义制度不断发展完善，形成更加成熟、更加定型的制度体系，更好地彰显中国特色社会主义制度优势，就需要加强社会主义和共产主义理论研究，总结分析我国社会主义制度实践经验和教训，推动理论创新和制度创新，为"构建体系完备、科学规范、运行有效的制度体系，使各方面制度更加成熟更加定型"[1] 提供智力支持、发挥智库作用。习近平总书记指出：要"坚决破除一切不合时宜的思想观念和体制机制弊端，突破利益固化的藩篱，吸收人类文明有益成果，构建系统完备、科学规范、运行有效的制度体系，充分发挥我国社会主义制度优越性。"[2] 四是要全面深化高校教育管理体制改革，不断推动中国特色社会主义教育制度更加发展完善，为巩固和发展中国特色社会主义制度夯实基础、增强自信和动力。要依据我国经济社会发

---

[1] 《习近平谈治国理政》第三卷，外文出版社 2020 年版，第 110 页。
[2] 《中国共产党第十九次全国代表大会文件汇编》，人民出版社 2017 年版，第 17 页。

展对高校人才培养提出的新期盼新要求，进一步深化办学体制改革，不断健全和完善教育管理体制、人才培养模式、经费投入机制、考试招生和就业制度，创新高校育人方式、教育教学方式、考试评价体制机制，不断增强高校治理能力，全面提高高等教育质量，以先进的高等教育制度进一步巩固和发展中国特色社会主义制度，进一步彰显中国特色社会主义制度的优越性。

（四）坚持教育为改革开放和社会主义现代化建设服务

"只有社会主义才能救中国，只有改革开放才能发展中国、发展社会主义、发展马克思主义。"①"改革开放是党在新的历史条件下领导人民进行的新的伟大革命，是决定当代中国命运的关键抉择"②，是社会主义制度的自我完善和发展，是中国特色社会主义现代化建设的活力之源和鲜明特色，是实现中华民族伟大复兴的关键一招。党的十一届三中全会以来的改革开放成功实践证明，正是因为在中国共产党的坚强领导下，实行了改革开放政策，坚持"改革不停顿、开放不止步"③，才使我国经济社会发展取得了重大历史性成就，实现了从站起来到富起来、从富起来到强起来的伟大飞跃，建成了全面小康社会，开启了全面建设社会主义现代化国家新征程。"改革开放是当代中国发展进步的活力之源，是党和人民事业大踏步赶上时代的重要法宝"④。

坚持教育为改革开放和社会主义现代化建设服务，高校就要以培养"为改革开放和社会主义现代化建设服务"的时代新人为价值遵循和根本要求，对标对焦，努力为全面深化改革开放和全面建设社会主义现代化

---

① 《中国共产党第十九次全国代表大会文件汇编》，人民出版社 2017 年版，第 17 页。
② 《习近平关于全面深化改革论述摘编》，中央文献出版社 2014 年版，第 1 页。
③ 《习近平谈治国理政》第一卷，外文出版社 2018 年版，第 423 页。
④ 《"四个全面"学习读本》，人民出版社 2015 年版，第 131、133 页。

强国提供人才保障。"青年兴则国家兴，青年强则国家强。青年一代有理想、有本领、有担当，国家就有前途，民族就有希望。"① 一是要强化主体意识、担当意识、责任意识，教育引导青年大学生立志为改革开放和社会主义现代化建设事业奋斗终生。改革开放和现代化建设事业的成败得失，既取决于当代人的拼搏努力，也取决于下代人的接续奋斗。要教育引导广大学生深刻认识到自己未来肩负的历史重任，认识到改革开放和现代化建设事业与自己的前途命运息息相关，自觉增强主体意识和责任意识，积极投身于改革开放的时代大潮，把个人的理想蓝图和奋斗目标定位在社会主义现代化建设事业的时代坐标上，实现个人价值与社会价值的有机统一，在实现社会价值中体现自我价值，实现个人梦想。二是要强化改革开放意识、开拓创新意识，教育引导大学生做拥护改革、支持开放、投身改革开放事业的促进派。惟改革者进，惟创新者强，惟改革创新者胜。要教育引导大学生树立改革创新意识，面对各种困难和问题，坚持实事求是，勇于解放思想，敢于打破常规，冲破陈旧观念窠臼，突破利益固化藩篱，攻坚克难，开拓创新，养成良好的改革创新思维和习惯，争当改革开放和社会主义现代化建设事业的先锋者和促进派。三是要强化实践锻炼意识、政治历练意识、思想淬炼意识，教育引导青年大学生在艰苦环境中磨炼品质、锻炼意志、历练能力、淬炼思想，做改革开放和现代化建设事业的坚定支持者、努力奋斗者、实践创新者。艰难困苦，玉汝于成。要积极搭建各种有效锻炼平台、历练载体和淬炼渠道，锤炼勇于担当、积极进取、不懈奋斗的意志品质和自觉精神，培养乐观向上、豁达开朗、聪慧睿智的家国情怀，在亲身感受和实践锻炼中自觉增强全面深化改革开放和全面建设社会主义现代化强国的必胜信心。

---

① 《中国共产党第十九次全国代表大会文件汇编》，人民出版社 2017 年版，第 56 页。

三、以争做党和人民满意的"四有"好老师为价值引领

教师是立教之本、兴教之源，承担着让每个孩子健康成长、办好人民满意教育的重任。① 培养德智体美劳全面发展的社会主义建设者和接班人，造就担当"四个服务"重大使命的时代新人，关键在教师，关键靠教师，关键在充分调动教师的积极性、主动性和创造性。邓小平曾经指出："一个学校能不能为社会主义建设培养合格的人才，培养德智体全面发展、有社会主义觉悟的有文化的劳动者，关键在教师。"② 教师是人类灵魂的工程师。党和国家历来高度重视教师工作，把教师队伍建设摆在了事关国家富强、民族振兴、人民幸福的战略高度，推动教师资源优先发展和优化配置，取得了重要的历史性成就，形成了尊师重教的良好氛围。党的十八大以来，习近平总书记多次强调要把加强教师队伍建设作为基础性工作来抓，明确提出和论述了做一名好老师应具备的"四有"共同特质和基本要求，成为新时代做党和人民满意的好老师的根本遵循。

（一）必须有坚定的理想信念

心中有信仰，脚下有力量，未来有方向。习近平总书记指出，正确理想信念是教书育人、播种未来的指路明灯。不能想象一个没有正确理想信念的人能够成为好老师。③ 教师作为人类灵魂的塑造者，首先自己就要有灵魂、有血性，只有用灵魂去唤醒灵魂、用理想去召唤理想、用血性去浇灌血性，才能塑造出有灵魂、有理想、有血性的生命，做好塑造人的工作。教师作为传道、授业、解惑者，传道是第一要务，也是立身之本。因

---

① 《习近平向全国广大教师致慰问信》，《人民日报》2013 年 9 月 10 日。
② 《邓小平文选》第二卷，人民出版社 1994 年版，第 108 页。
③ 习近平：《做党和人民满意的好老师——同北京师范大学师生代表座谈时的讲话》，《光明日报》2014 年 9 月 10 日。

此，要把传道贯穿于授业和解惑的全过程，在授业和解惑的过程中明道信道传道，既要精于"授业""解惑"，更要善于"布道""传道"；既要做"经师"，更要做"人师"，而不能只"授业"、只"解惑"，不"布道"、不"传道"。否则，充其量只能是"经师""句读之师"，而非"人师"①。古人云："经师易求，人师难得。"一个优秀的老师，应该是"经师"和"人师"的统一，既要精于"授业""解惑"，更要以"传道"为责任和使命。② 习近平总书记在中国人民大学考察时指出，培养社会主义建设者和接班人，迫切需要我们的教师既精通专业知识、做好"经师"，又涵养德行，成为"人师"，努力做精于"传道授业解惑"的"经师"和"人师"的统一者。③

教师作为人类文明的传递者、学生成长成才的引路人，必须立大志、为人师，做"大先生"，明道信道传道，坚定理想信念，用远大的理想、坚定的信念、纯洁的心灵、高尚的节操教育引导学生立鸿鹄志、做奋斗者。其一，要坚定对马克思主义的信仰，不断提高马克思主义理论水平，深刻感悟马克思主义的真理力量，用真理武装学生头脑、指引理想、坚定信念。对马克思主义的信仰，不仅是中国共产党人的精神之钙，也是一名好老师的灵魂之钙，更是青年学生舒筋壮骨、成长成才的思想之钙。新时代做一名好老师，必须明道信道，明马克思主义世界观之道，信马克思主义方法论之道，传马克思主义真理之道，用马克思主义立场观点方法之道，为学生补充思想之钙，润脑启智，深刻领悟马克思主义真理和道义的力量，用马克思主义科学原理、科学精神和创新精神指导实践，开创人生美好未来。让有理想的人讲理想，才能播下梦想的种子；让有信仰的人讲

① 习近平：《做党和人民满意的好老师——同北京师范大学师生代表座谈时的讲话》，《光明日报》2014 年 9 月 10 日。

② 习近平：《做党和人民满意的好老师——同北京师范大学师生代表座谈时的讲话》，《光明日报》2014 年 9 月 10 日。

③ 《习近平在中国人民大学考察时强调　坚持党的领导传承红色基因扎根中国大地　走出一条建设中国特色世界一流大学新路》，《人民日报》2022 年 4 月 26 日。

信仰，才能让理想插上飞翔的翅膀。其二，要坚定对社会主义和共产主义的信念，牢固树立"共产主义远大理想和中国特色社会主义共同理想"①，用理想之光照亮青年大学生的奋斗之路，用信仰之力开创当代大学生美好未来。②"高校教师要坚持教育者先受教育，努力成为先进思想文化的传播者、党执政的坚定支持者，更好担起学生健康成长指导者和引路人的责任。"③要加强马克思主义理论学习与研究，深刻领悟其思想真谛，用中国化时代化的马克思主义最新理论成果武装头脑，深刻认识和把握中国特色社会主义发展规律和趋势，加深对中国特色社会主义的思想认同、理论认同、情感认同，坚定中国特色社会主义"四个自信"，帮助和引导大学生坚定共产主义崇高理想信念，热爱祖国、热爱人民、热爱中国共产党，矢志为中国特色社会主义现代化建设事业奋斗终生。其三，要始终同党和人民站在一起，"做到心中有党、心中有民、心中有责、心中有戒，把为党和人民事业无私奉献作为人生的最高追求"④，自觉肩负起党和人民交付的重大使命和社会责任，为国家发展、民族复兴培养更多更好的有用之才。要坚持以人民为中心的教育导向，忠于党的教育事业，把党的教育方针贯彻落实到教学管理和教书育人全过程，树立终身学习理念，增强改革创新意识，锐意进取，不负重托，用好课堂讲坛，做强校园阵地，坚持做贯彻落实党的基本理论、基本路线、基本方略和中华民族伟大复兴中国梦的积极传播者、忠诚教育者、自觉践行者，"教育和引导学生心中要有国家和民族、意识到肩负的责任，牢固树立为祖国服务、为人民服务的意识，立志成为党和人民需要的人才"⑤。

---

① 《习近平谈治国理政》第二卷，外文出版社 2017 年版，第 4 页。
② 《习近平谈治国理政》第二卷，外文出版社 2017 年版，第 50 页。
③ 《习近平谈治国理政》第二卷，外文出版社 2017 年版，第 379 页。
④ 《习近平谈治国理政》第二卷，外文出版社 2017 年版，第 45 页。
⑤ 《习近平在北京市八一学校考察时强调　全面贯彻落实党的教育方针　努力把我国基础教育越办越好》，《人民日报》2016 年 9 月 10 日。

（二）必须有高尚的道德情操

学高为师，德高为范。习近平总书记强调，师者为师亦为范，教师的职业特性决定了教师必须是道德高尚的人群，合格的老师首先应该是道德上的合格者。教师作为教育人、改造人、完善人的人类灵魂工程师，首先就要不断进行自我教育、自我改造、自我完善，养成高尚的道德情操，型构完美的人格品质。只有道德情操高尚的老师，才能在学生心中埋下真善美的种子，只有人格品质完美的老师，才能培养出大德大爱大情怀的优秀人才。"师也者，教之以事而喻诸德者也。"① 教师作为传播真理、教授知识、答疑解惑的专业人员，必须坚持以德立身、以德立学、以德施教，做到德才兼备，传德为先，以德示范，既要教授学生的"谋事之才"，更要培育学生的"立世之德"；既要做传授知识的教书匠，更要做塑造学生品格、品行、品位的"大先生"。习近平总书记指出，老师应该有言为士则、行为世范的自觉，不断提高自身道德修养，以模范行为影响和带动学生，做学生为学、为事、为人的大先生，成为被社会尊重的楷模，成为世人效法的榜样。②

"师者，人之模范也。"教师作为言传身教者，其一言一行都会给学生留下深刻印象，容易引起学生模仿，起到潜移默化的示范效应。这就要求教师必须取法乎上、见贤思齐，不断提高道德修养，提升人格品质，并把正确的道德观传授给学生。其一，涵养师德，做一个品德高尚的人。涵养师德，就要加强政治学习，提高政治素质，增强政治敏锐性，把握正确政治方向，坚定理想信念，铸就师德之魂；就要立志献身教育事业，立足三尺讲台，教书育人，甘于奉献，甘当人梯，扎牢师德之根；就要严谨

① （元）陈澔注，金晓东校点：《礼记》，上海古籍出版社 2016 年版，第 238 页。
② 《习近平在中国人民大学考察时强调　坚持党的领导传承红色基因扎根中国大地　走出一条建设中国特色世界一流大学新路》，《人民日报》2022 年 4 月 26 日。

治学，求知问学，熟知真知，夯实师德之基；就要关爱学生，尊重学生，信任学生，引导学生，帮助学生，以情育人，做学生的良师益友，疏浚师德之源；就要身正为范，为人师表，知荣明耻，以身作则，举止文明，廉洁从教，清政育人，塑造师德之范。其二，纯化师风，做到"四个统一"，自觉肩负起塑造生命、塑造灵魂、塑造新人的时代重任。要对照落实习近平总书记在全国高校思想政治工作会议上对高校教师提出的"四个统一"的基本要求，坚持做到教书和育人相统一，把教书和育人贯穿教育教学全过程，实现知识教育与思想教育的有机统一，用扎实的专业知识教好书，以高尚的道德情操育好人；坚持做到言传和身教相统一，把言传和身教落实在言行举止中，用丰富的理论传授，以完美的品格熏陶，培养全面发展的人；坚持做到潜心问道和关注社会相统一，理论联系实际，真学真懂马克思主义，真信真用马克思主义，回应和解答社会热点和现实问题，感悟和体认马克思主义的真理力量；坚持做到学术自由和学术规范相统一，把研究自由、教学自由、活动自由和法律规范、政治纪律、道德准则结合起来，学术研究必须讲原则、讲政治、讲操守，课堂讲授必须有纪律、有党性、有立场，强化政治意识、看齐意识、责任意识，在重大问题上坚持同党中央保持高度一致。其三，要把高尚的道德情操体现在对教师职业的忠诚和热爱上来，在实践行动中锤炼铸就，做到知行合一。要自觉遵守教师职业道德，做一行爱一行、专一行精一行，本着"捧着一颗心来，不带半根草去"的奉献精神，坚守"衣带渐宽终不悔，为伊消得人憔悴"的执着精神，认认真真教书，兢兢业业育人，用个人的努力践行体现于国于公于民的价值观，恪守道德准则，远离功利诱惑，戒除浮躁之气，三尺讲台育桃李，一支粉笔写丹心，以培养社会主义时代新人为最高理想和最大乐事。

（三）必须有广博的扎实学识

我国自古以来就有所谓的"学高为师""学为人师"之说，指的就是能为人师的人必须具有高深的学问，只有具备了广博的扎实学识，才可堪称为世人的老师。如果没有广博的知识储备、扎实的学识功底、过硬的教学能力，教学中必然捉襟见肘，那就完成不了"传道授业解惑"的任务。因此，扎实的知识功底、过硬的教学能力、勤勉的教学态度、科学的教学方法是老师的基本素质，其中知识是根本基础。

在信息化时代，广博的扎实学识，不仅包括能够胜任教育教学的学科基础知识、专业核心知识、教学能力与技巧、教学方法与艺术，而且还要掌握广博的通用知识，懂得先进的信息技术，具有宽广的视野胸怀，"具备学习、处世、生活、育人的智慧"，成为智慧型老师，既授人以鱼，又授人以渔，能够在各个方面给学生以帮助和指导。其一，要树立终身学习理念，做学习型好老师。"扎实的学识"是一个发展性概念，这就要求教师要与时俱进、因势而新，始终处于学习进行时状态，坚持站在知识更新的前沿，刻苦钻研，严谨笃学，不断汲取新知识，掌握新技术，优化知识结构，提升学识涵养，实现可持续发展，教育引导学生"珍惜大好学习时光，求真学问，练真本领，更好为国争光、为民造福"[1]。其二，要培育教育智慧，做智慧型好老师。由于经济全球化带来的思想多元化、生活多样化，给教师授课带来的难度越来越大，教育教学中遇到的困难和问题越来越复杂，这就要求教师不仅要掌握丰富的知识，不断地学习新知识，而且还要善于将知识转化为教育智慧，掌握和运用教书育人的新方法、新技巧，授人以渔，能够在各方面给学生以帮助和指导，在教书育人实践中逐渐成长为智慧型好教师。其三，要增强改革创新意识，做创新型好老师。

---

① 习近平：《在北京大学师生座谈会上的讲话》，《人民日报》2018年5月3日。

改革创新是新时代的鲜明特征。有道是"惟改革创新者胜"。教师要勇于做改革创新的先锋者,增强改革创新的自主性、首创性、先进性,全面深化教学体制改革,创新教育理念,推进课程改革、教学方法和手段改革,创新育人模式,优化人才培养机制,持续提高教学质量,"引导学生在实践操作中提升批判探究能力,使其成为知识丰富、视野宽广、德才兼备、全面发展的国家栋梁之材"①。

(四) 必须有火热的仁爱之心

爱是教育永恒的主题。"有爱才有责任。广大教师要严爱相济、润己泽人,以人格魅力呵护学生心灵,以学术造诣开启学生智慧,把自己的温暖和情感倾注到每一个学生身上,让每一个学生都健康成长,让每一个孩子都有人生出彩的机会。"② 教育是爱的事业,教师是传递爱、播种爱、奉献爱的仁爱使者,好老师应该是仁爱之师,没有仁爱之心的人就不可能成为一名好老师。老师的仁爱之心不能简单等同于父母对子女之爱,这种爱是一种对祖国、对民族的爱在教师身上的体现,是一种无私的、不图回报的大爱。具有仁爱之心,热心关爱学生,是教师必须遵循的职业道德规范,是建立良好师生关系的重要准则,是做好立德树人、教书育人工作的前提和基础。只有把火热的爱贯穿教育教学全过程,发自内心地热爱学生、关心学生、尊重学生、教育学生、帮助学生,晓之以理、动之以情、导之以行、持之以恒,才能拉近同学生的距离,产生心灵感应和情感共鸣,赢得学生对老师的亲近和信赖,并使之乐意接受老师的教育与引导,收到"亲其师,信其道,效其行"的教育效果。

习近平总书记指出,好老师要用爱培育爱、激发爱、传播爱,通过真

---

① 《习近平总书记教育重要论述讲义》,高等教育出版社 2020 年版,第 214 页。

② 《习近平在中国人民大学考察时强调　坚持党的领导传承红色基因扎根中国大地　走出一条建设中国特色世界一流大学新路》,《人民日报》2022 年 4 月 26 日。

情、真心、真诚拉近同学生的距离，滋润学生的心田，使自己成为学生的好朋友和贴心人，让每一个学生都健康成长，让每一个学生都享受成功的喜悦。其一，要了解学生、关心学生、爱护学生，构建良好的师生关系。构建良好师生关系的关键在于教师、在于教师的主导性、主动性和亲和力。好老师要主动了解学生的基本情况、思想和学习状态，关心学生在学习、生活、交友等方面的需要，善于倾听，擅于沟通，用高尚的品格、过硬的素质、丰富的学识、火热的爱心去打动学生、感化学生、说服学生，用爱心增强学生的自信，用关心树立学生的自尊。其二，要尊重学生、信任学生、帮助学生，做学生的良师益友。好老师要懂得充分尊重学生，尊重学生的人格，尊重学生的发展规律，尊重学生的选择和需要，做到"学而不厌，诲人不倦"；要懂得充分信任学生，有教无类，一视同仁，相信每一个学生有成为人才的潜质，用尊重和关爱提振学生学习信心，用信任和真情沐浴学生健康成长，真心实意帮助每一个学生都成为有用之才。其三，要理解学生、宽容学生、欣赏学生，做学生的贴心人。老师面对的学生不可能千人一面，个性禀赋、兴趣爱好、家庭情况、学习状况不可能千篇一律。因此，好老师必须尊重差异、包容多样，因材施教，因人施策，精心加以引导和培育，决不放弃每一个学生，决不让一个学生掉队。特别是对一些所谓的"差生"或"问题学生"，好老师更应该多加理解、多加宽容、多加关心、多加帮助，理解学生的缺点，包容学生的不足，少批评、少处分、少惩罚，多肯定、多鼓励、多表扬，正面教育、正面引导，善于发现每一个学生的长处和闪光点，让所有学生都成长为有用之才。

第三节　高校"办好讲好学好"思政课的具体路向

新时代高校"办好讲好学好"思想政治理论课，最重要的就是要贯彻落实习近平关于思想政治教育重要论述精神，把新时代思想政治创新理论融入教育教学全过程，全面贯彻党的教育方针，以马克思主义理论为指导，培育和弘扬社会主义核心价值观，有效落实"八个相统一"基本要求，推动思政课改革创新，教育引导学生切实增强"四个正确认识"，"不断提高学生思想水平、政治觉悟、道德品质、文化素养，让学生成为德才兼备、全面发展的人才"①。

一、坚持不懈培育和弘扬社会主义核心价值观

"社会主义核心价值观是凝聚人心、汇聚民力的强大力量。"② 习近平总书记指出，要坚持不懈培育和弘扬社会主义核心价值观，引导广大师生做社会主义核心价值观的坚定信仰者、积极传播者、模范践行者。③ 党的十八大以来，习近平总书记高度重视核心价值观问题，强调核心价值观是一个国家的重要稳定器，关乎社会和谐稳定和国家长治久安，明确指出"要通过教育引导、舆论宣传、文化熏陶、实践养成、制度保障等，使社会主义核心价值观内化为人们的精神追求，外化为人们的自觉行动"④。

（一）以习近平关于社会主义核心价值观重要论述为统领

习近平总书记指出，"社会主义核心价值观是当代中国精神的集中体现，凝结着全体人民共同的价值追求"。⑤ 中国精神是指以"爱国主义为核心的民族精神和以改革创新为核心的时代精神"的有机统一。社会主义核心价值观就是当代中国人民凝魂聚气、强基固本、自强不息的"最大公约数"和强大原动力。人类社会发展的历史表明，每一个民族都有自己

---

① 《习近平谈治国理政》第二卷，外文出版社 2017 年版，第 377 页。
② 《中国共产党第二十次全国代表大会文件汇编》，人民出版社 2022 年版，第 36 页。
③ 习近平：《在北京大学师生座谈会上的讲话》，《人民日报》2018 年 5 月 3 日。
④ 《习近平谈治国理政》第一卷，外文出版社 2018 年版，第 164 页。
⑤ 《中国共产党第十九次全国代表大会文件汇编》，人民出版社 2017 年版，第 34 页。

的精神追求，每一个国家都有自己的非凡智慧，每一个民族和每一个国家"都有自己存在的价值"①。而决定这个民族、这个国家发展前进的最持久、最深层、最根本的力量就是全社会共同认可的核心价值观。"如果一个民族、一个国家没有共同的核心价值观，莫衷一是，行无依归，那这个民族、这个国家就无法前进。"② 中华民族之所以成为世界历史上最悠久的文明古国之一，正是因为它拥有了一套全民族共同认可的核心价值观。习近平总书记指出："每个时代都有每个时代的精神，每个时代都有每个时代的价值观念。"③ 党的十八大首次明确提出社会主义核心价值观，并把它的基本内容凝练概括为"富强、民主、文明、和谐；自由、平等、公正、法治；爱国、敬业、诚信、友善"。社会主义核心价值观的提出，丰富和发展了中国特色社会主义理论体系，谱写了科学社会主义运动史上的崭新篇章，标志着当代中国精神标识的正式创立。

党的十八大以来，习近平总书记不仅多次强调要广泛开展社会主义核心价值观宣传教育，而且还从理论的深度和时代的高度深入阐述了核心价值观的基本含义、重大意义、基本要求和实践理路，为我们理解、宣传、弘扬、培育和践行社会主义核心价值观提供了重要的方法论遵循。一是阐述了社会主义核心价值观的整体性、系统性和层次性。这 12 个词、24 个字构成的核心价值观既是一个有机整体，具有严密的逻辑性和系统性，又可分为三个层次，即国家、社会和公民等三个层面，"富强、民主、文明、和谐"为国家层面的价值要求，居于最高层次，具有统领性作用；"自由、平等、公正、法治"为社会层面的价值要求，居于中间层次，具有中介性作用；"爱国、敬业、诚信、友善"为公民层面的价值要求，属于个人行为层次，具有基础性作用。习近平总书记指出："这个概括，实际上回答

---

① 《习近平谈治国理政》第三卷，外文出版社 2020 年版，第 468 页。
② 《习近平谈治国理政》第一卷，外文出版社 2018 年版，第 168 页。
③ 《习近平谈治国理政》第一卷，外文出版社 2018 年版，第 168 页。

了我们要建设什么样的国家、建设什么样的社会、培育什么样的公民的重大问题。"① 二是阐述了社会主义核心价值观的来源。社会主义核心价值观"既体现了社会主义本质要求，继承了中华优秀传统文化，也吸收了世界文明有益成果，体现了时代精神"②。三是阐述了培育和践行社会主义核心价值观的重要性。强调社会主义核心价值观是"凝魂聚气、强基固本的基础工程"，"培育和弘扬核心价值观，有效整合社会意识，是社会系统得以正常运转、社会秩序得以有效维护的重要途径，也是国家治理体系和治理能力的重要方面"③。四是阐述了培育和践行社会主义核心价值观的实现路径和方法。这主要包括：教育引导、舆论宣传、文化熏陶、实践养成、制度保障；全民行动、干部带头、榜样示范；从家庭做起、从娃娃抓起、从学校抓起，做到进教材、进课堂、进头脑；作品鼓舞，人物感召；"融入法治建设、融入社会发展、融入日常生活"④；等等。习近平总书记指出，要以培养担当民族复兴大任的时代新人为着眼点，强化教育引导、实践养成、制度保障，发挥社会主义核心价值观对国民教育、精神文明创建、精神文化产品创作生产传播的引领作用，把社会主义核心价值观融入社会发展各方面，转化为人们的情感认同和行为习惯。⑤

（二）培育和践行社会主义核心价值观的有效路径

习近平总书记指出：要"把培育和弘扬社会主义核心价值观作为凝魂聚气、强基固本的基础工程，继承和发扬中华优秀传统文化和传统美德，广泛开展社会主义核心价值观宣传教育，积极引导人们讲道德、尊道德、

① 《习近平谈治国理政》第一卷，外文出版社 2018 年版，第 168 页。
② 《习近平谈治国理政》第一卷，外文出版社 2018 年版，第 169 页。
③ 《习近平谈治国理政》第一卷，外文出版社 2018 年版，第 163 页。
④ 《中国共产党第二十次全国代表大会文件汇编》，人民出版社 2022 年版，第 37 页。
⑤ 《中国共产党第十九次全国代表大会文件汇编》，人民出版社 2017 年版，第 34 页。

守道德，追求高尚的道德理想，不断夯实中国特色社会主义的思想道德基础"①。新时代高校广泛开展社会主义核心价值观宣传教育，要立足新时代新发展阶段，遵循教书育人规律，紧密联系社会生活，积极探索和创新弘扬、培育和践行社会主义核心价值观的有效路径，切实提高宣传教育、培育和践行的实效性。

第一，要把培育和践行社会主义核心价值观融入课堂教学全过程，做到进教材、进课堂、进头脑。课堂是学校教育的主阵地，是教书育人的主渠道，培育和践行社会主义核心价值观就要用好课堂教学这个主阵地、主渠道。一是要构建以社会主义核心价值观培育和践行为教学目标的思政课教学体系。做好核心价值观理论体系转化为思想政治教育学科体系、教材体系和教学体系的设计安排，组织编写体现社会主义核心价值观基本思想的教材、教学大纲、教学计划，教材编写要注重思想性、时代性、简明性、可读性，做到有史有论、逻辑严密、生动活泼，增强亲和力、接受力。二是要探索和创新教学方法，通过案例式教学、情境式教学、互动式教学、问题式教学等方法，创设生动具体的"价值现场"，将抽象的理论形态转化为可感知的日常生活样态，为受众提供一定的价值态度体验，在体验中体认和接受，从而实现从理论的生活世界向现实的日常生活世界的融通和转换，推动社会主义核心价值观教育内容的教材化体系向教学化体系转化。正如教育家杜威所说，学校教育的最佳方式，就是要"牢牢记住学校教材和现实生活两者相互联系的必要性，使学生养成一种态度，习惯于寻找这两方面的接触点和相互的关系"②。三是要构建社会主义核心价值观教育主体的协同效应机制。要解决好其他各门课程教师主体、其他教职员工管理和服务主体与思政课教师主体相辅相成的问题，把培育和践行社

---

① 《习近平谈治国理政》第一卷，外文出版社 2018 年版，第 163 页。
② [美] 杜威：《民主主义与教育》，王承绪译，人民教育出版社 1990 年版，第 173—174 页。

会主义核心价值观融入、嵌入、渗入到各专业课程教学和管理、服务等各项工作之中，形成齐抓共管的协同效应机制。

第二，要把培育和践行社会主义核心价值观融入实践教育活动诸环节，以行践学、以行促知，做到知行统一。习近平总书记指出："道不可坐论，德不能空谈。于实处用力，从知行合一上下功夫，核心价值观才能内化为人们的精神追求，外化为人们的自觉行动。"① 社会实践是学校教育的有效延伸和拓展，有利于调动学生的主动性、积极性，增强他们对理论知识的理解力和认同感，为学生践行和体验社会主义核心价值观提供实习平台和磨炼机遇。一是要积极开展校园实践活动，寓教于乐，让学生在各种有益活动中，将核心价值观内化为坚定信念，外显为自觉行动。通过开展以"爱国""敬业""法治""诚信""民主""文明""公正"等为主题的辩论大赛、歌舞晚会、评比活动、爱心工程、志愿服务、光盘行动、文明修身等各种形式的校园社团活动，在做中感知，在活动中领悟和养成。一种价值观要真正发挥作用，必须融入社会生活，让人们在实践中感知它、领悟它。② 二是要积极开展社区服务活动，鼓励学生出校园、进社区、献爱心、长见识。组织学生利用课余时间、双休日、节假日走社区、进街道、访民众，进行社会调查、爱心服务、志愿帮扶，学以致用，在社区服务活动中培育和践行社会主义核心价值观，"在为家庭谋幸福、为他人送温暖、为社会作贡献的过程中提高精神境界、培育文明风尚"③。三是要积极开展社会实践教学活动，提高社会主义核心价值观的接受度和践行力。课堂小天地，天地大课堂。要按照社会主义核心价值观的国家、社会和公民三个层面科学设计社会实践教学方案，安排专题实践教学的时间、地点、路线和要求，扎实有效开展实践教学活动。要鼓励学生利用寒暑假回

① 《习近平谈治国理政》第一卷，外文出版社 2018 年版，第 173 页。
② 《习近平谈治国理政》第一卷，外文出版社 2018 年版，第 165 页。
③ 《习近平谈治国理政》第一卷，外文出版社 2018 年版，第 165 页。

到自己的家乡，到农村、入社区、进企业，开展社会主义核心价值观宣讲教育，以行促知，以讲践行，提高领悟力、执行力，做社会主义核心价值观的坚定信仰者、积极传播者和模范践行者。

第三，要把培育和践行社会主义核心价值观融入校园传播媒介，推动宣传教育手段的媒介融合，构建移动优先的全媒体传播新格局。"信息化为我们带来了难得的机遇。我们要运用信息革命成果，加快构建融为一体、合而为一的全媒体传播格局。"① 任何宣传教育都需要借助于一定的传播载体和媒介。新时代开展社会主义核心价值观宣传教育无疑需要借助于先进的传播载体和媒介手段，既要夯实传统媒介这个"老根据地"，更要建好用好互联网这个"新兴阵地"，精心"打造新型传播平台，建成新型主流媒体，扩大主流价值影响力版图，让党的声音传得更开、传得更广、传得更深入"②。一方面，要把社会主义核心价值观宣传教育融入校园各种传播媒介，充分发挥校园传统传播载体的功能作用。要有效利用校刊校报、校电视台、校广播台、校建筑群、校墙壁面等传统传播媒介的优势，将核心价值观基本内容以各种文字、图形、图像、动画、声音等形式再现，给学生产生感观刺激，以便起到耳濡目染、潜移默化的功效。同时，要加大投入力度，更新设备装置，扶持、整合和创新传播载体，提升传播媒介品质，加强管理，提高传播辐射力、影响力、有效力。另一方面，要加快高校媒体融合发展，精心打造新兴传播媒介，坚持走移动优先的媒介发展路线，构建高校全媒体传播新格局。在我国 10 亿多的网民中，手机网民占比超过 99%，而高校师生手机网民近乎 100%。人在哪儿，工作的重点就要在哪儿，宣传舆论阵地就应该在哪儿。因此，高校要坚持移动优先策略，建设好自己的移动传播平台，创建官方微信公众号、微博、微信

① 《习近平谈治国理政》第三卷，外文出版社 2020 年版，第 318 页。
② 《习近平谈治国理政》第三卷，外文出版社 2020 年版，第 319 页。

群、QQ 群，拍摄微视频、微电影，利用视频社交软件，宣传社会主义核心价值观教育内容，切实提高宣传教育效果。"要坚持一体化发展方向，加快从相加阶段迈向相融阶段，通过流程优化、平台再造，实现各种媒介资源、生产要素有效整合，实现信息内容、技术应用、平台终端、管理手段共融互通，催化融合质变，放大一体效能，打造一批具有强大影响力、竞争力的新型主流媒体。"①

二、有效落实"八个相统一"基本要求

推动思想政治理论课改革创新，不断增强思政课的思想性、理论性和亲和力、针对性，就要做到"坚持政治性和学理性相统一""坚持价值性和知识性相统一""坚持建设性和批判性相统一""坚持理论性和实践性相统一""坚持统一性和多样性相统一""坚持主导性和主体性相统一""坚持灌输性和启发性相统一""坚持显性教育和隐性教育相统一"。习近平总书记提出的这"八个相统一"，是对我国思政课教学实践经验的概括和总结，深刻揭示了思政课建设科学发展的内在规律，为新时代推动高校思政课改革创新、办好讲好学好思政课提供了理论遵循和实践指导。正如刘建军教授所说：这"'八个统一'是我们在新时代推进思政课建设和教育教学的科学指针和基本原则。其中蕴含着强大的精神能量，具有直接而管用的指导价值"②。

（一）坚持政治性和学理性相统一

政治性是思政课的根本属性。思想政治理论课之所以是落实立德树人根本任务的灵魂课程、关键课程，就是由于它具有典型的政治性、意识形

---

① 《习近平谈治国理政》第三卷，外文出版社 2020 年版，第 317 页。
② 刘建军：《论高校思想政治理论课教育教学的"八个统一"》，《教学与研究》2019 年第 7 期。

态性、价值指向性。如果它失去了这一根本属性，思政课中的"政治"意蕴就不复存在，形式与内容就被割裂了。因此，思政课的最鲜明特征就是它的政治性。正如沈壮海教授所说："思想政治理论课是政治课而不是其他什么课，政治性、社会主义意识形态性是其安身立命的根本、不可丢失的灵魂。"① 当然，思政课并不是简单的政治口号、政治宣传或政治说教，它内蕴着深厚的学术之理，揭示了事物的本质和规律，含有深刻的学术内涵，具有严密的学理逻辑，是思想理论完整的科学体系。讲政治性也要讲学理性，讲政治也要讲道理，强调思政课的政治引导功能，并不是要把课讲成简单的政治宣传，而要以透彻的学理分析回应学生，以彻底的思想理论说服学生，用真理的强大力量引导学生。以政治性引领学理性，以学理性支撑政治性，实现二者的辩证统一，在坚持正确政治方向基础上，提高思政课的说服力，增强思想政治教育的实效性。这就要求思政课教师要旗帜鲜明讲政治，理直气壮注重政治引导，在大是大非问题面前，决不能闪烁其词、语焉不详，也不能避实就虚、答非所问、敷衍了事，而是要立场坚定，开宗明义，直面回应，用道理说服、用学理阐释、用真理感召，以"是"释"实"、明"实"，以"事"求"是"、证"是"，"以科学性来表现意识形态性，以学理性来实现思想政治性"②，教育引导新时代的大学生进一步增强"四个意识"、始终坚定"四个自信"，做到"两个维护"，捍卫"两个确立"，同党中央保持高度一致，坚定听党话、跟党走的人生追求，立志为强国建设、民族复兴大业而奋斗终生。

---

① 　沈壮海、董祥宾：《论新时代思想政治理论课的改革创新》，《思想理论教育》2019年第 5 期。

② 　艾四林：《科学总结思政课建设长期形成的成功经验》，《思想理论教育导刊》2019年第 5 期。

（二）坚持价值性和知识性相统一

价值性是思政课最具特色的功能属性。从思政课的教育功能来看，它是巩固马克思主义在意识形态领域指导地位的重要阵地，是坚持和体现社会主义办学方向、贯彻党的教育方针的核心课程，是树立世界观、人生观和价值观的灵魂课程。从思政课的培养目标来看，它是要培养德智体美劳全面发展、立志为中国特色社会主义事业奋斗终生的建设者和接班人。无论是教育功能还是培养目标，我们都能清楚地发现，思政课都含有十分明确的价值指向性、价值诉求性、价值预期性，这是它与其他课程相区别的最大特点。因此，思政课必须突出它的价值性意蕴，而不能弱化、无视或者否定它的鲜明的价值取向性。当然，思政课的价值性也不是抽象的、空洞的价值观说教，如果价值性脱离了知识性这个寓所和载体，它就成了无源之水、无本之木。"只有空洞的价值观说教，没有科学的知识作支撑，价值观教育的效果也会大打折扣。"① 毫无疑问，任何课程都具有知识性，都是人类社会实践经验的结晶，知识性是任何课程的固有属性，而且知识本身就具有价值性，具有能够满足主体某种需要的属性，不然人们就无必要去获取它。思政课固然含有大量的知识，传授这些知识是培养能力、提高素质的基础，但更重要的是，思政课在于通过知识点的讲授来引领学生飘摆的灵魂、点燃学生梦想的火花，塑造学生的价值观。"高校思想政治理论课教学是以思想意识教育和价值观教育为主体、以理论教育为载体的价值型教学，它不同于自然学科或人文学科中以传授知识、教会技能为主题的知识型教学，具有比知识型教学更高的实践经验性、价值抽象性和不可再现性。"② 这就要求思政课教师要立足教材内容和知识要点，浅

---

① 习近平：《思政课是落实立德树人根本任务的关键课程》，《求是》2020 年第 17 期。
② 宇文利：《努力掌握并用好思想政治理论课教学的科学规律》，《思想理论教育导刊》2017 年第 9 期。

入深出，在对马克思主义理论的正确理解中、在对历史学习的深刻反思中、在对社会主义道德规范和法治理念的正确认识中、在对马克思主义中国化理论成果的现实感悟中，深刻体会和把握其中所含蕴的价值性和真理性，教育启发学生思考国家、民族、社会和人生大问题，把个人成长与国家发展、民族复兴结合起来，引导帮助学生树立和形成正确的世界观、人生观、价值观，扣好人生第一粒扣子，把个人的自我价值实现体现在为他人服务、为社会奉献、为人类造福的实践行动之中，把为社会做贡献作为人生价值的最高理想和追求目标。总之，"知识是载体，价值是目的，要寓价值观引导于知识传授之中"①，充分发挥知识传授的价值性引导，给学生埋下真善美的种子，内化于心，外显于行，实现正确的价值观塑造。

（三）坚持建设性和批判性相统一

推动思政课改革创新，"要坚持建设性和批判性相统一，传导主流意识形态，直面各种错误观点和思潮。"② 新时代高校"办好讲好学好"思想政治理论课，必须坚持建设性和批判性相统一，坚持以马克思主义科学理论为指导，传导主流意识形态，用习近平新时代中国特色社会主义思想武装头脑、指导工作、铸魂育人，唱响主旋律，传播正能量，以正面宣传为主，以正面教育为要，大力培育和弘扬社会主义核心价值观，教育引导学生树立正确的国家观、民族观、历史观、文化观，学懂弄通"中国共产党为什么能""马克思主义为什么行""中国特色社会主义为什么好"③"中国化时代化的马克思主义行"等重大理论和思想问题，增强政治认同、理论

---

① 习近平：《思政课是落实立德树人根本任务的关键课程》，《求是》2020 年第 17 期。
② 《习近平主持召开学校思想政治理论课教师座谈会强调　用新时代中国特色社会主义思想铸魂育人　贯彻党的教育方针落实立德树人根本任务》，《人民日报》2019 年 3 月 19 日。
③ 《习近平谈治国理政》第三卷，外文出版社 2020 年版，见"出版说明"部分。

认同、制度认同、目标认同，从而更加坚定对马克思主义的信仰、对共产主义和社会主义的信念、对中国共产党领导的信赖，确立为中国特色社会主义奋斗终生的伟大抱负。这是思政课建设性要求的内在规定性重要体现。但是，建设性也离不开批判性，建设性需要批判性来提供反证支撑。正是从这个意义上讲，思政课就"要在传播马克思主义立场、观点、方法的基础上用好批判的武器，直面各种错误观点和思潮，旗帜鲜明进行剖析和批判"①。批判性是马克思主义的理论品格。马克思主义理论的全部价值，按其本质来说，就是批判的和革命的学术。马克思曾经指出，批判性"就是要对现存的一切进行无情的批判，所谓无情，就是说，这种批判既不怕自己所作的结论，也不怕同现有各种势力发生冲突"，"新思潮的优点又恰恰在于我们不想教条地预期未来，而只是想通过批判旧世界发现新世界"②。因此，思政课教师要敢于拿起批判的武器，勇于斗争，善于批判，坚持同否定马克思主义、否定党的领导、否定社会主义和改革开放的一切错误思想和错误言论作斗争，坚持同新自由主义、西方宪政主义、历史虚无主义、普世主义的一切错误政治思潮作斗争，用科学理论批判，用深刻道理说服，用客观事实反驳，用严密逻辑推翻，有力揭露其反动政治本质和错误要害。同时也要进行自我革命、勇于自我批判，自我反思，不回避现实社会中的各种矛盾和问题，"要把这些问题掰开了、揉碎了，深入研究解答，把事实和道理一条条讲清楚"，"要教育引导学生正确看待、辩证认识、理性分析现实问题，辨明大是大非、真假黑白，在对社会假恶丑现象的批判中弘扬真善美"③。只有这样，才能在立中破、在破中立、边立边破、边破边立，从而帮助学生提高明辨是非、曲直、对错的能力和水平，养成坚持真理、修正错误、学做真人、追求卓越的良好作风和习惯。

---

① 习近平：《思政课是落实立德树人根本任务的关键课程》，《求是》2020 年第 17 期。
② 《马克思恩格斯文集》第 10 卷，人民出版社 2009 年版，第 7 页。
③ 习近平：《思政课是落实立德树人根本任务的关键课程》，《求是》2020 年第 17 期。

（四）坚持理论性和实践性相统一

理论与实践相统一是马克思主义的基本原理和方法。它不仅是党的思想路线的形成基础，也是党开展一切工作的重要方法和优势。高校是党领导下的高校，高校思政课具有很强的理论属性，它肩负着"坚持不懈传播马克思主义科学理论，抓好马克思主义理论教育"的重大使命，"因此，思政课教育在一定意义上是一种理论教育"①。思政课以马克思主义理论及其中国化时代化理论创新成果为底色建构内容体系，体现出鲜明的知识性、理论性、学术性、逻辑性、阐释性。这就要求教师要吃透教材内容、悟深学理逻辑，把教材体系转化为教学体系，用生动语言阐释，用乐见方式讲解，使理论传授赋予学理性、逻辑性、深刻性、生动性，让学生感受到理论的穿透力、吸引力、感染力。马克思曾经有言："理论只要说服人，就能掌握群众；而理论只要彻底，就能说服人。"② 但是，强调理论性并不是说就可以忽视、弱化甚至否定实践性在思政课教学中的重要作用，其实思政课教学本身就包括实践性教学这一环节，所以，在强调理论性教学的同时，也要注重实践性教学，把"真知课堂"和"行走课堂"结合起来，促进思政小课堂与社会大课堂的同频共振，引导大学生把个人的"小我"融入社会的"大我"，立志在为报效祖国、服务人民、奉献社会的不懈奋斗中放飞青春梦想、实现人生最大价值。要"把思政小课堂同社会大课堂结合起来，在理论和实践的结合中，教育引导学生把人生抱负落实到脚踏实地的实际行动中来，把学习奋斗的具体目标同民族复兴的伟大目标结合起来"③。

---

① 刘建军：《论高校思想政治理论课教育教学的"八个统一"》，《教学与研究》2019 年第 7 期。

② 《马克思恩格斯文集》第 1 卷，人民出版社 2009 年版，第 11 页。

③ 习近平：《思政课是落实立德树人根本任务的关键课程》，《求是》2020 年第 17 期。

（五）坚持统一性和多样性相统一

"思政课的教学目标、课程设置、教材使用、教学管理等方面有统一要求，但具体落实要因地制宜、因时制宜、因材施教，结合实际把统一性要求落实好，鼓励探索不同方法和路径。"①"统一性和多样性相统一"是马克思主义唯物辩证法基本原理在思政课中的具体运用，反映了思政课意识形态性的本质要求，体现了教育有法而教无定法的逻辑遵循。思政课是党和国家统一设置的课程，必须有统一的规定和要求，必须体现出它的政治性和主导性，课程设置有规范，培养目标有规定，题材内容有原则，教材编写有纪律，教学管理有要求，这是思政课"教育有法"的统一法则，是体现政治性的一个铁律。因此，"思政课教师在教学中要把统编教材作为依据，确保教学的规范性、科学性、权威性"②。同时，思政课也要注重"教无定法"，不能简单照本宣科，而是要因势而新、守正创新。要紧跟时代发展的节拍，依据形势变化的特征，针对不同学生的特点，因时而进、因材施教，创新教育方式和教学方法，"在教学过程中进行多样化探索，通过多种方式实现教学目标""让不同类型的学生都爱听爱学、听懂学会"③，"满足不同学段、不同专业学生多方面的需求，促进学生个性化发展"④。

（六）坚持主导性和主体性相统一

教与学是一对双边关系，体现的是教师与学生之间的平等主体关系，反映的是教育者与受教育者之间的主客体关系。坚持主导性和主体性相统

---

① 习近平：《思政课是落实立德树人根本任务的关键课程》，《求是》2020 年第 17 期。
② 习近平：《思政课是落实立德树人根本任务的关键课程》，《求是》2020 年第 17 期。
③ 习近平：《思政课是落实立德树人根本任务的关键课程》，《求是》2020 年第 17 期。
④ 吴家华：《八个统一：新时代思想政治理论课改革创新的根本遵循》，《红旗文稿》2019 年第 7 期。

一，既要突出教师主体的主导性，又要调动学生主体的主动性，有效发挥双主体的互动作用。一方面，要突出教师在教学过程中的主导作用。思政课教师是传播先进理论的组织者、讲授者、引导者，其教学内容选取、讲授重点难点、教学进度与方法等都是由教师来主导的，在政治觉悟、思想品德、价值理念的培养和塑造方面，教师的教育引导都是非其他主体所能替代的。列宁曾经指出："在任何学校里，最重要的是课程的思想政治方向。这个方向由什么来决定呢？完全而且只能由教学人员来决定。"① 因此，思政课教师要讲政治，坚定正确政治方向，以"政治要强、情怀要深、思维要新、视野要广、自律要严、人格要正"严格要求自己，自觉做学生的标杆和表率，扮演好传道者、授业者、解惑者角色。另一方面，要尊重学生的主体性，调动学生的主动性，有效发挥学生的主体性作用。传统的教学往往只是把受教育者看作客体、作为被改造的对象，把学生当作无生命的"知识容器"和被填充的"道德之洞""美德之袋"，忽视了学生的主体性存在和主观能动性的作用。其实，教与学是"师"与"生"二者平等主体间性的相互作用关系，教师是主导性主体，学生是主学性主体，二者平等合作、教学相长、共同提高。所以，要加大对学生认知规律和接受特点的研究，立足学生身心特征、知识储备、认知水平、理解能力、成长需求，突出学生的主体地位和作用②，调动学生的主体能动性，强化师生的互动环节，争取教学效果的最大化。

（七）坚持灌输性和启发性相统一

推动思政课改革创新，要坚持灌输性和启发性相统一。"所谓灌输性，是指思政课教育教学要有正面而系统的理论传授，向学生传授马克思主义

---

① 《列宁全集》第 45 卷，人民出版社 1990 年版，第 249 页。
② 石书臣：《思想政治教育主客体关系的理论依据》，《中国高等教育》2017 年第 5 期。

基本理论和党的理论创新成果；而启发性，是指教师在教学过程中，要善于启发学生的思考，调动学生的学习积极性，使学生通过自己的思考得出正确的结论。"① 灌输是马克思主义理论教育的基本方法，是思政课必须注重的教学方法。这是因为，学生的头脑中不可能自发地生成科学理论，必须通过正面灌输和教育来得以实现。列宁曾引用卡·考茨基的话时指出："社会主义意识是一种从外面灌输到无产阶级的阶级斗争中去的东西，而不是一种从这个斗争中自发地产生出来的东西。"② 因此，首先要高度重视灌输教育的重要作用，坚守课堂传播先进理论的传统优势，不能借口各种形式的教学改革来弱化、偏离甚至否定灌输的重要价值，不能仅仅为了迎合或取悦学生，以"讲段子""脱口秀"等方式来偏离或异化正统的理论灌输，更不能把学术严谨的正面灌输教育泛娱乐化、随意化，甚至低谷化、庸俗化。正如肖贵清教授所说，"高校思想政治理论课创新，如果在内容和形式的关系上本末倒置或者喧宾夺主，必然会走向歧途""'思政网红'不能成为高校思想政治理论课教师追求的目标"。③ 当然，在强调理论灌输的同时，还要注重启发式教育，引导学生发现问题、分析问题、思考问题，在不断启发中让学生水到渠成得出结论④。我国古代教育家孔子就很重视启发式教学，"不愤不启，不悱不发"，强调的就是启发性教育。新时代要针对大学生的特点、需求和期待，注重运用启发性教学原则与方法，改变传统教学中的"满堂灌""注入式"漫灌硬灌，通过主题研讨、课堂辩论、情景模拟、现场体悟等方式，创设问题情境，进行研究性学习、探究性研讨、互动式启发，举一反三，融会贯通，使学生顺理成章找

---

　①　刘建军：《论高校思想政治理论课教育教学的"八个统一"》，《教学与研究》2019 年第 7 期。

　②　《列宁选集》第 1 卷，人民出版社 2012 年版，第 326 页。

　③　肖贵清：《新时代高校思想政治理论课的守正与创新》，《思想教育研究》2019 年第 3 期。

　④　习近平：《思政课是落实立德树人根本任务的关键课程》，《求是》2020 年第 17 期。

到正确答案。

（八）坚持显性教育和隐性教育相统一

思政课当属于显性教育，我们办中国特色社会主义教育，开好思政课必须理直气壮，讲好思政课必须毫不含糊，学好思政课必须头等重要。习近平总书记明确指出："有人提出把思政课变成隐性课程，完全融入其他人文素质课程中，这是不对的。我们办中国特色社会主义教育，就是要理直气壮开好思政课。"① 思政课是落实立德树人根本任务的关键课程，对于坚持社会主义办学方向，巩固马克思主义指导地位，培养担当民族复兴大任的时代新人具有不可替代的作用，这一点必须亮明和彰显，决不含糊。同时要用好隐性教育的独特优势，发挥好蕴含在其他各门课程中的思想政治教育优质资源，把立德树人教育融入各门专业课程之中，渗透在校园文化建设和社团活动之中，体现在教育管理和服务各环节之中，实现全员全程全方位育人。总之，思政课"要坚持在改进中加强，提升思想政治教育亲和力和针对性，满足学生成长发展需求和期待，其他各门课都要守好一段渠、种好责任田，使各类课程与思想政治理论课同向同行，形成协同效应"②。

总之，新时代推动思政课改革创新，必须坚持贯彻落实"八个相统一"基本要求，打好"组合拳"，同频共振，合力推进，聚焦到提高实效性上来。"只有打好组合拳，才能讲好思政课，但无论组合拳怎么打，最终要落实到把思政课讲得更有亲和力和感染力、更有针对性和实效性上来，实现知、情、意、行的统一，叫人口服心服。"③

---

① 习近平：《思政课是落实立德树人根本任务的关键课程》，《求是》2020 年第 17 期。
② 《习近平谈治国理政》第二卷，外文出版社 2017 年版，第 378 页。
③ 习近平：《思政课是落实立德树人根本任务的关键课程》，《求是》2020 年第 17 期。

三、教育引导学生树立"四个正确认识"

习近平总书记指出：做好高校思想政治工作，必须"围绕学生、关照学生、服务学生""教育引导学生正确认识世界和中国发展大势""正确认识中国特色和国际比较""正确认识时代责任和历史使命""正确认识远大抱负和脚踏实地"①"不断提高学生思想水平、政治觉悟、道德品质、文化素养，让学生成为德才兼备、全面发展的人才"②。"四个正确认识"是习近平总书记对新时代高校做好思想政治工作、落实立德树人根本任务、提高学生思想政治素质和认识水平而提出的新目标新任务新要求，成为思政课教育教学的新内容和切入点，是思政课教师必须履职担当的时代重任，是"办好讲好学好"思想政治理论课的根本遵循和重要目标。

（一）正确认识世界和中国发展大势

历史车轮滚滚向前，世界形势浩浩荡荡。新时代高校"办好讲好学好"思想政治理论课，要立足世界发展新形势、国家发展新趋势、青年发展新态势，与时俱进，顺势而为，"教育引导学生正确认识世界和中国发展大势，从我们党探索中国特色社会主义历史发展和伟大实践中，认识和把握人类社会发展的历史必然性，认识和把握中国特色社会主义的历史必然性，不断树立为共产主义远大理想和中国特色社会主义共同理想而奋斗的信念和信心"③。

其一，要教育引导学生正确认识和把握人类社会发展的历史必然性，懂得和坚信共产主义必然要取代资本主义的历史发展趋势。马克思主义唯物史观认为，人类社会历史是在生产力和生产关系、经济基础和上层建筑

---

① 《习近平谈治国理政》第二卷，外文出版社 2017 年版，第 377—378 页。
② 《习近平谈治国理政》第二卷，外文出版社 2017 年版，第 377 页。
③ 《习近平谈治国理政》第二卷，外文出版社 2017 年版，第 377—378 页。

之间的矛盾运动中推进的，正是由于人类社会这两大基本矛盾的运动和演进，推动了人类社会从野蛮走向文明、走向合作和走向大同，人类社会发展形态出现了从低级到高级的依次更替，从古代的、亚细亚式的原始社会形态，不断更迭发展为奴隶社会、封建社会、资本主义社会和共产主义社会。马克思恩格斯从唯物史观出发，考察了亚细亚、斯拉夫、日耳曼等古代各种社会的所有制形式，分析和阐述了人与物、人与社会、人与人的变换关系，揭橥了人的存在和发展的三大形式，即"人的依赖关系（起初完全是自然发生的），是最初的社会形式"①"以物的依赖性为基础的人的独立性，是第二大形式"② 和"建立在个人全面发展和他们共同的、社会的生产能力成为从属于他们的社会财富这一基础上的自由个性，是第三个阶段"③。人的发展的最初形式对应的是原始社会、奴隶社会和封建社会，第二大形式对应的是资本主义社会，第三大形式对应的是共产主义社会。无论是从社会形态的更替还是从人的发展形式的变化，这种见物又见人的唯物史观，都揭示了人类社会从野蛮走向文明、从低级走向高级的历史必然性。我们要以此为切入点和分析路径，教育引导学生正确认识和深深懂得社会主义必然胜利、资本主义必然灭亡的历史逻辑，社会主义必然取代资本主义是一条不可抗拒的必然规律。

其二，要教育引导学生正确认识当代资本主义，树立为共产主义远大理想而奋斗的信念和信心。面对当今的资本主义，它不仅"垂而不死""腐而不朽"，相反还出现了所谓的"繁荣景象"，而社会主义相对于资本主义来说，其发展仍处于低潮时期，社会主义国家仍相对落后于西方发达资本主义国家的客观事实，就更加需要运用唯物辩证法原理，分析新事物发展的不可战胜性，及其成长过程中的迂回曲折性和不一帆风顺性，使学生懂

---

① 《马克思恩格斯文集》第 8 卷，人民出版社 2009 年版，第 52 页。
② 《马克思恩格斯文集》第 8 卷，人民出版社 2009 年版，第 52 页。
③ 《马克思恩格斯文集》第 8 卷，人民出版社 2009 年版，第 52 页。

得和明白这样的哲理：事物发展是前进性和曲折性的统一，在前进中必有曲折，在曲折中必向前进，虽然事物发展的道路是曲折的，但前途是光明的，新事物向前发展的总趋势不会改变、也不可能改变，新事物必然战胜旧事物。我们要通过这些哲理分析，教育引导学生坚定共产主义理想信念，树立共产主义远大目标，矢志为共产主义壮丽事业奋斗终生。习近平总书记指出，"马克思主义深刻揭示了自然界、人类社会、人类思维发展的普遍规律，为人类社会发展进步指明了方向"①。

其三，要教育引导学生正确"认识和把握中国特色社会主义的历史必然性"②，懂得和明白中国特色社会主义是社会主义而不是其他什么主义，牢固树立为中国特色社会主义共同理想而奋斗的信念和信心。习近平总书记指出："一个国家实行什么样的主义，关键要看这个主义能否解决这个国家面临的历史性课题。"③ 我国走社会主义道路是人民的选择和历史的必然。自鸦片战争爆发后，帝国主义掀起了侵略和瓜分中国的狂潮，强敌环伺，虎视鹰瞵，山河破碎，丧权辱国，国家蒙辱、人民蒙难、文明蒙尘，给近代中国人民造成了无以复加的深重苦难。无数爱国志士，奋起抗争，救亡图存，但终因历史和阶级的局限，均以失败而告终，未能完成民族独立和人民解放的历史任务。问苍茫大地，谁主沉浮？正是在中国共产党的正确领导下，坚持以马克思主义为指导，团结带领中国人民推翻了三座大山，建立了新中国，走上了社会主义道路，实现了马克思主义与中国具体国情的第二次结合，找到了一条适合自己的发展道路，成功开辟了中国特色社会主义道路，中国特色社会主义进入了新时代，"中华民族迎来了从站起来、富起来到强起来的伟大飞跃，迎来了实现中华民族伟大复兴的光明前景"①，全面建成了小康社会，开启了全面建设社会主义现代化国家新征程。这就是中国历史和现实发展的大势。我们要以此为教育基点，引导学生正确认识和顺应这种发展大势，懂得和明白坚持中国共产党领导和走社会主义道路是历史的必然选择和人民的众望所归，中国特色社会主义是在改革开放实践中、社会主义建设探索中、近代以来中华民族发展历史的深刻总结中走出来的一条成功道路，具有历史发展的必然性；懂得和明白中国特色社会主义是科学社会主义理论逻辑和中国社会发展历史逻辑的辩证统一，是根植中国大地、反映人民意愿、实现中华民族伟大复兴梦想的必由之路，从而"不断树立为共产主义远大理想和中国特色社会主义共同理想而奋斗的信念和信心"②。

（二）正确认识中国特色和国际比较

要教育引导学生"正确认识中国特色和国际比较，全面客观认识当代中国、看待外部世界"③。教育引导学生"正确认识中国特色和国际比较"，有利于培养辩证思维、系统思维和国际视野，认清世情国情党情民情，把握国际国内发展大局，借鉴人类文明有益成果，取长补短，为我所用，坚定中国特色社会主义"四个自信"。

我国是世界上最大的发展中国家之一，建立了先进的社会主义制度，但因底子薄、人口多、科学技术不发达等基本国情的影响，导致了我国与西方发达资本主义国家相比仍处于相对落后状态。由于世界历史的形成，全球化进程步伐加快，对外开放大门越开越大，互联网技术日益发达，东西方的交往与交流变得越来越频繁和便捷，致使青年学生们很容易了解到外面的世界，部分大学生对西方社会充满了好奇，对西方国家的政治、经

---

① 《中国共产党第十九次全国代表大会文件汇编》，人民出版社 2017 年版，第 8 页。
② 《习近平谈治国理政》第二卷，外文出版社 2017 年版，第 378 页。
③ 《习近平谈治国理政》第二卷，外文出版社 2017 年版，第 378 页。

济、文化和生活方式产生了偏听偏信偏爱，甚至奉为圭臬，动辄以中国和西方国家作比较，说西方社会是如何如何之好，出现了"崇洋媚外""妄自菲薄""外国的月亮比中国圆""国外的空气比中国甜"等不良倾向，造成了大学生思想上的一些混乱。当然，我们不拒绝比较，我们更有底气作比较，用历史证明，拿事实说话，讲中国特色，更有责任和义务帮助学生拨开迷雾，认清是非，辩证看待问题，抵制西方文化渗透，坚定"四个自信"。习近平总书记指出，"宣传阐释中国特色，要讲清楚每个国家和民族的历史传统、文化积淀、基本国情不同，其发展道路必然有着自己的特色"[1]。以国际比较为视角，讲清楚我国"独特的文化传统、独特的历史命运、独特的基本国情"，才能让学生真正懂得"注定了我们必然要走适合自己特点的发展道路"[2] 的历史必然性，中国特色社会主义有着深厚的历史渊源和广泛的现实基础。"'鞋子合不合脚，自己穿了才知道'。一个国家的发展道路合不合适，只有这个国家的人民才最有发言权"[3]、最有选择权和最有决断权。通过比较分析，讲清楚"中国特色社会主义特就特在其道路、理论体系、制度上，特就特在其实现途径、行动指南、根本保障的内在联系上，特就特在这三者统一于中国特色社会主义伟大实践上"[4]。这些特色和特点，既坚持了科学社会主义基本原理，反映了社会主义共同本质，又彰显了中国特色、中国风格和中国气派。只有社会主义才能救中国，只有中国特色社会主义才能发展中国。历史和现实均已充分证明，中国特色社会主义制度是中国发展进步的根本制度保障，中国特色社会主义制度的最大优势是中国共产党领导，只有在党的坚强领导下，才能不断取得胜利并走向新的更大胜利。只有教育引导学生正确认识中国特色社会主

---

① 《习近平谈治国理政》第一卷，外文出版社 2018 年版，第 155 页。
② 《十八大以来重要文献选编》（上），中央文献出版社 2014 年版，第 458 页。
③ 《习近平谈治国理政》第一卷，外文出版社 2018 年版，第 273 页。
④ 《习近平谈治国理政》第一卷，外文出版社 2018 年版，第 9 页。

义，才能帮助学生坚定道路自信、理论自信、制度自信、文化自信，不忘初心，牢记使命，沿着党和人民开创的正确道路奋勇前进。

通过国际比较还可以充分彰显中国特色社会主义制度优势，教育引导学生更加坚定对中国共产党的信赖、"对中国特色社会主义的信念、对中华民族伟大复兴中国梦的信心"① 和决心。正是中国共产党人在马克思主义理论指引下，在一穷二白的基础上建国，白手起家，经过几代共产党人的不懈奋斗，建成了世界上经济总量位居第二的大国，实现了从站起来到富起来的伟大飞跃，迎来了从富起来到强起来的伟大飞跃，成功遏制住了新冠疫情的蔓延，领跑了世界经济发展，成为疫情以来世界上实现经济正增长的领航国家，中国特色社会主义展现出强大生机和蓬勃活力。而西方各国特别是美欧等一些发达资本主义国家，尽管有着历史上的辉煌和现实上的优越，但资本主义国家固有的不可克服的基本矛盾日益显现，甚至日益尖锐，经济危机爆发，经济增长放缓、停滞，甚至出现负增长，社会问题凸显，新冠疫情防控不力，道德危机加剧，各种乱象丛生。如此等等。通过对比就会发现，所谓的西方民主制度的神话和普世主义的谎言，已在世人面前昭然若揭、不攻自破。只有通过有说服力的比较，才能让学生清楚看到西方民主制度背后的政治乱象和权力斗争，真正看到经济发达而无法集中力量办大事的制度弊端和低下效率，看清西方国家对中国进行文化渗透的别有用心和不可告人之目的。从而有利于引导学生更加坚定对中国共产党领导的信赖、对社会主义制度的自信，树立为全面建设社会主义现代化强国、实现第二个百年奋斗目标而不断努力拼搏的坚定信心和坚强决心。

① 《习近平新时代中国特色社会主义思想学习纲要》，学习出版社、人民出版社 2019 年版，第 257—258 页。

（三）正确认识时代责任和历史使命

教育引导学生"正确认识时代责任和历史使命，用中国梦激扬青春梦，为学生点亮理想的灯、照亮前行的路，激励学生自觉把个人的理想追求融入国家和民族的事业中，勇做走在时代前列的奋进者、开拓者"①。这是习近平同志在全国高校思想政治工作会议上提出的明确要求，其意义在于要教育引导学生懂得和明白一个深刻道理，那就是"青年兴则国家兴、青年强则国家强。青年一代有理想、有本领、有担当，国家就有前途，民族就有希望"②。一是要教育引导学生明确时代赋予自己的历史责任和使命担当。习近平总书记指出，"当代青年要树立与这个时代主题同心同向的理想信念，勇于担当这个时代赋予的历史责任"③。一代青年有一代青年的人生际遇，一代青年有一代青年的担当使命。革命战争年代，无数有志青年为中华崛起而读书，积极投身革命运动，入党参军闹革命，进行二万五千里长征，热情高涨赴延安，斗志顽强奔向抗日前线，抛头颅、洒热血，勇敢肩负起为国家求独立、为民族求解放、为人民求幸福的历史重任。和平建设和改革开放时期，一批批热血青年为振兴中华而学习，把青春和智慧奉献给社会主义现代化建设和改革开放伟大事业，爱岗敬业，砥砺奋进，为党和国家做出了重要贡献。当下，中国特色社会主义进入新时代，全面建设社会主义现代化国家新征程已拔锚启航，正朝着中华民族伟大复兴的光辉彼岸扬帆前行。千川汇海阔，风好正扬帆。面对新形势，观照新任务，必须教育引导正在成长的"00后"青年学子，要顺应我国发展大势，勇立时代潮头，肩负起党和人民赋予的历史使命和时代责任，不忘初心，不负韶华，以青春之我

---

① 《习近平谈治国理政》第二卷，外文出版社 2017 年版，第 378 页。
② 《中国共产党第十九次全国代表大会文件汇编》，人民出版社 2017 年版，第 56 页。
③ 《习近平关于社会主义政治建设论述摘编》，中央文献出版社 2017 年版，第 209 页。

奉献给青春之国家。二是要教育引导学生把个人的理想追求融入国家和民族的复兴大业之中，用中国梦激扬青春梦。"中国梦是国家的、民族的，也是每一个中国人的""只有每个人都为美好梦想而奋斗，才能汇聚起实现中国梦的磅礴力量"。① 新时代的莘莘学子，生逢其时，正遇上"比历史上任何时期都更接近实现中华民族伟大复兴的目标，比历史上任何时期都更有信心、更有能力实现这个目标"② 的黄金时期，他们将全程参与和见证中华民族伟大复兴中国梦的实现。正是基于这样的时空场域，所以要教育引导学生把个人的理想追求与国家的复兴伟业统一起来，把个人的小梦融入国家的大梦之中，才能在建功立业的宽广舞台上，在梦想成真的光明前景中，用中国梦激扬青春梦，点亮理想的灯，照亮前行的路，书写无愧于历史、无愧于时代、无愧于党和人民的青春之歌和壮美画卷。正如习近平总书记寄予青年所言的那样："中国梦是我们的，更是你们青年一代的。中华民族伟大复兴终将在广大青年的接力奋斗中变为现实。"③ 三是要教育引导学生敢于创新，勇做走在时代前列的奋进者、开拓者。创新是中华民族最深沉的民族禀赋，是国家兴旺发达的不竭源泉和动力。青年学生是最富活力的创造性群体，最具创造性潜力和创新性张力。因此，要教育引导学生树立创新意识，挖掘创造潜能，培养创新动能，养成创新思维，激活创造活力，勇于解放思想，敢于上下求索，推动产学研融通创新，促进知识和技术更新换代，实现创造性转化和创新性发展，以"探索真知、求真务实的态度，在立足本职的创新创造中不断积累经验、取得成果"④，报效国家、服务社会、造福人民。

---

① 《习近平谈治国理政》第一卷，外文出版社 2018 年版，第 49 页。
② 《习近平谈治国理政》第一卷，外文出版社 2018 年版，第 50 页。
③ 《习近平谈治国理政》第一卷，外文出版社 2018 年版，第 49 页。
④ 《习近平谈治国理政》第一卷，外文出版社 2018 年版，第 52 页。

（四）正确认识远大抱负和脚踏实地

教育引导学生"正确认识远大抱负和脚踏实地，珍惜韶华、脚踏实地，把远大抱负落实到实际行动中，让勤奋学习成为青春飞扬的动力，让增长本领成为青春搏击的能量"①。这既是习近平总书记对青年一代寄予的厚望，更是对教育工作者提出的具体要求，毫无疑问是思政课教师必须自觉遵循、落实落细的重要任务。第一，要教育引导学生胸怀远大抱负，砥砺报国鸿志。志当存高远，胸中有丘壑。人无精神不立。一个人确立的抱负和志向越是高尚远大，其挖掘和迸发出来的潜力就越大，对社会做出的贡献也就会越大。古往今来，那些名垂青史、彪炳千秋的伟大人物和成功人士，无不都是在胸怀远大抱负和伟大奋斗目标的感召下而取得的辉煌成就。马克思之所以成为千年伟人，就是因为他在中学时代就立下为人类解放事业而奋斗终生的远大抱负和宏伟志向。青春是用来奋斗的。在全面建设社会主义现代化强国征途中，青年大学生必当胸怀远大抱负，把个人理想抱负融入国家复兴伟业之中，在努力实现国家宏伟目标的奋斗中彰显个人的家国情怀和价值诉求，展现个人的精彩人生。第二，要教育引导学生不断勤奋学习，练就强国本领。"学如弓弩，才如箭镞。"② 远大抱负需要真才实学作支撑，如果没有过硬的知识和本领，再好的高远志向、再伟大的理想抱负，也是不可能实现的。青年人正处在人生的黄金时期，这就要教育引导他们珍惜大好时光，不负青春，努力学习，刻苦钻研，博学多思，苦练过硬本领，用青春热血淬炼真功夫，"不断提高与时代发展和事业要求相适应的素质和能力"，"让勤奋学习成为青春远航的动力，让增长本领成为青春搏击的能量"。③ 第三，要教育引导学生矢志艰苦奋斗，践

---

① 《习近平谈治国理政》第二卷，外文出版社 2017 年版，第 378 页。

② （清）袁枚：《续诗品注评》，王英志评注，浙江古籍出版社 1989 年版，第 17 页。

③ 《习近平谈治国理政》第一卷，外文出版社 2018 年版，第 51 页。

行效国使命。中华文明之所以绵延数千年，国家和民族之所以日益繁荣盛兴，靠的就是中华儿女的顽强拼搏，靠的就是中华民族自强不息的奋斗精神。空谈误国，实干兴邦。全面建设社会主义现代化强国，实现中华民族伟大复兴梦想大业，我们既有好的机遇，也面临不少困难和挑战，实现这一宏伟目标不可能一蹴而就，这就需要教育引导广大学子立足本职、埋头苦干，艰苦奋斗，锲而不舍，驰而不息，攻坚克难，敢闯敢干，"从自身做起，从点滴做起，用勤劳的双手、一流的业绩成就属于自己的人生精彩"①，不断开辟事业发展新天地，不断为人类作出更大贡献。

---

① 《习近平谈治国理政》第一卷，外文出版社 2018 年版，第 52 页。

第四章　高校"办好讲好学好"
思政课的时空观照

纵观中国共产党的百年历史，思想政治教育始终是党的事业中的一项重要内容。在中国革命、建设、改革开放和中国特色社会主义新时代，中国共产党人始终高度重视思想政治教育工作，依据不同历史时期的特定条件和主要任务，围绕党的中心工作，积极开展思想政治教育，不断加强和改进高校思政课建设，积累了丰富的实践经验，形成了一系列规律性认识，创新发展了马克思主义思想政治教育理论，成为中国共产党开展思想政治教育的理论指导和行动指南。这些成功的实践探索经验和宝贵理论财富，对新时代我国高校"办好讲好学好"思想政治理论课具有重要的指导意义和和启示价值。

第一节　中国共产党思想政治教育发展历史沿革

"思政课建设长期以来形成的一系列规律性认识和成功经验，为思政课建设守正创新提供了重要基础。"[①] 历史是最好的教科书。新时代高校加

---

① 《习近平主持召开学校思想政治理论课教师座谈会强调　用新时代中国特色社会主义思想铸魂育人　贯彻党的教育方针落实立德树人根本任务》，《人民日报》2019 年 3 月 19 日。

强思想政治教育，"办好讲好学好"思想政治理论课，应有必要回顾党的思想政治教育发展历程，学习借鉴高校思政课建设经验，实现创造性运用和发展，不断推动思政课在改进中加强，在创新中提高实效性。

一、党的思想政治教育发展历程

思想政治教育是中国共产党百年辉煌历史的光荣传统和重要政治优势。自中国共产党成立之日起，我们党就充分认识到思想政治教育的重要性，坚持围绕不同历史时期的中心工作和主要任务，卓有成效地开展思想政治教育工作，在中国革命、建设和改革开放的成功实践中，践行了"围绕中心、服务大局"的职责使命，担当作为，发挥了"生命线"和"中心环节"的重要作用，弘扬主旋律，传播正能量，服从和服务于党和国家的中心工作，凝心聚力，汇聚了洪荒伟力，做出了不可替代的重要贡献。

（一）党的思想政治教育从初创走向成熟

中国共产党的成立，标志着党的思想政治教育的发轫。党的一大确定了思想政治教育的根本目的、党性原则和工作任务，明确规定党成立后的"基本任务是成立产业工会"，领导和组织工人运动，明确提出"党应在工会里灌输阶级斗争的精神"[①]、进行马克思主义启蒙教育、"提高工人的觉悟"、"教育工人，使他们在实践中去实现共产党的思想"[②]。党的二大明确规定，党的一切机关报均由"忠于无产阶级利益的忠实共产党员编辑"，提出要注重实际的宣传方法和教育效果，要求"把每日的生活事实系地刊登在党的报纸上，使一切劳动者、一切工人、一切农人都觉得有无产阶

---

① 《中共中央文件选集》第 1 册，中共中央党校出版社 1989 年版，第 6 页。
② 《中共中央文件选集》第 1 册，中共中央党校出版社 1989 年版，第 7 页。

级专政出现的必要"①，从而更好地提高他们的阶级自觉和政治思想觉悟。这一时期党连续召开的几次全国代表大会，都明确要求将宣传教育工作摆在头等重要位置，精心部署政治动员，对广大工农民众进行思想政治教育，引导他们提高政治觉悟，积极投身革命斗争，号召和组织广大工人掀起了第一次工人运动高潮，彰显了中国共产党非凡的组织宣传、动员发动和领导能力。同时党也十分重视在农民和军队中开展思想政治教育，创办农民运动讲习所、训练班和农民夜校，建立农民协会，培养农运骨干，动员和组织领导农民运动；在黄埔军校和国民革命军中建立政治工作制度，设立党代表和政治部，开设"军队中的政治工作"课程，进行革命理论教育和宣传鼓动工作，开启了党在军队中进行思想政治教育的新尝试，并得到了毛泽东的高度评价，他认为"这种制度是中国历史上没有的，靠了这种制度使军队一新其面目"②。

大革命失败后，毛泽东率领秋收起义部队进行了"三湾改编"，确立了党对军队的绝对领导，实行军队内部的民主制度，统一了军队思想，独创性地开展了一次成功的思想政治教育实践。朱德、陈毅率领南昌起义军，开展了思想政治教育和军队整训工作，取得了明显效果，稳定了军心、民心，坚定了部队官兵的革命斗争信念和战胜敌人的必胜信心。在井冈山革命斗争中，我们党创造性开展思想政治教育，客观分析中国的红色政权和井冈山的斗争形势，加强对官兵进行形势政策教育，开展了"三大纪律、六项注意"教育，对农民进行土改政策的宣传，团结、教育和改造地方武装，开创了独具特色的思想政治教育体系。在毛泽东起草的《古田会议决议》中，就提出了一系列关于加强红军党内思想政治工作的方针、内容、原则和方法，强调"红军党内最迫切的问题，要算是教育的问题。

---

① 刘建军：《中国共产党思想政治教育的理论与实践》，中国人民大学出版社2008年版，第79页。

② 《毛泽东选集》第二卷，人民出版社1991年版，第380页。

为了红军的健全和扩大，为了斗争任务之能够负荷，都要从党内教育做起"①，"从教育上提高党内的政治水平"②的重要性，明确提出"红军的宣传工作是红军第一个重大工作"③的重要观点，突出了思想政治教育的地位和作用，标志着我们党独创性思想政治教育工作体系的形成。古田会议后，我们党逐步确立了"政治工作是红军的生命线"原则。1932年7月，在《中央给中区中央局及苏区闽赣两省委信》中，第一次明确提出了"政治工作不是附带的，而是红军的生命线"④的重要论断。毛泽东在红军第一次全国政治工作会议上明确强调了"政治工作是红军的生命线"的重要理念。"政治工作是红军的生命线"的理念和原则，已确立起来。

抗战时期，党的思想政治教育理论和实践趋于成熟完善。这一时期，党的思想政治教育围绕抗日救国主张和抗日民族统一战线这个主题，积极宣传和发动全体民众共同抗击日本帝国主义侵略者。毛泽东、周恩来、刘少奇等党中央领导，纷纷撰文大力宣传全面抗战路线和方针政策。毛泽东在《论持久战》中就特别强调了"政治动员"的重要性，认为"抗日的政治动员""这一着是关系绝大的""这一着实在是头等重要"。⑤抗战期间，中国共产党通过开展延安整风运动，创办中央党校、抗日军政大学、陕北公学等干部学校，加强对党员干部的思想政治教育，用马克思主义武装全党思想，提高了党员干部的政治思想觉悟和理论知识水平。毛泽东指出："掌握思想教育，是团结全党进行伟大政治斗争的中心环节。如果这个任务不解决，党的一切政治任务是不能完成的。"⑥党的七大确立了毛泽东思想的指导地位，这就为思想政治教育提供了重要理论指导和方向指南。与

---

① 《毛泽东文集》第一卷，人民出版社1993年版，第94页。
② 《毛泽东文集》第一卷，人民出版社1993年版，第80页。
③ 《毛泽东文集》第一卷，人民出版社1993年版，第96页。
④ 《中共中央文件选集》第8册，中共中央党校出版社1991年版，第310页。
⑤ 《毛泽东选集》第二卷，人民出版社1991年版，第480页。
⑥ 《毛泽东选集》第三卷，人民出版社1991年版，第1094页。

此同时，我们党还善于从理论高度进行总结和阐发，发表了一系列专题性著作，如毛泽东的《实践论》《矛盾论》、周恩来的《抗战军队的政治工作》、刘少奇的《论共产党员的修养》、张闻天的《党的宣传鼓动工作提纲》、谭政的《关于军队政治工作问题》，等等。这些重要文献标志着中国共产党思想政治教育理论的基本成熟。

（二）党的思想政治教育的继续发展

抗战胜利后，国家面临着两种前途和两个命运的关键抉择，中国共产党从民族大义和人民愿望出发，适时提出了"和平、民主、团结"的政策主张，但以蒋介石为首的国民党统治集团决意与人民为敌，逆历史潮流而动，发动反共反人民的内战。为了实现人民对和平民主和重建家园的向往，党适时开展了两种前途、两个命运的教育宣传，唤醒人民丢掉幻想和恐惧，准备自卫战争，为建设一个光明、独立、自由、民主、统一的新中国而矢志奋斗。中国共产党利用各种有利时机，通过发表宣言、通电、讲话等方式，进行正面宣传，阐述我党正确主张和方针政策。1945 年 8 月，在延安干部会议上，毛泽东作了《抗日战争胜利后的时局和我们的方针》的报告，对外公布了"和平、民主、团结"的三大口号，阐明了建设独立、自由与富强的新中国的政治主张。在重庆谈判期间，毛泽东等中国共产党人，广泛接触社会各界著名人士和国际友人，举行各类形式的座谈会，极力宣传我党正确主张和统一路线，赢得了社会各界的普遍同情和支持，取得了良好的宣传效果。

中国共产党围绕党的中心工作和主要任务，及时对农民开展了积极有效的思想政治教育，动员农民参加土地改革、恢复农业生产和支援前线参战，取得明显成效，出现了"前方打老蒋、后方挖蒋根"的生动局面。在国民党统治区开展了第二条战线的思想政治工作，动员国统区的青年学生投身爱国民主运动，扩大人民民主统一战线，通过有效的思想政治教育，团结各民主党派、各人民团体、各社会贤达，有力支持了人民解放战争的胜利发展。同时，中国共产党对军队和党内的思想政治教育也从未放松，并结合新的形势和实践需要，创造了思想政治教育的新形式和新经验。如在军队中开展了"立功运动""团结互助运动"和"新式整军运动"等。这种群众性的自我教育运动，发扬了革命英雄主义和集体主义精神，提高了阶级觉悟，增强了团结友爱和互帮互助，成为"打开连队工作之门的三把重要钥匙"。而在党内开展的思想政治教育中，主要是集中开展阶级教育、政策教育、纪律教育、理论教育和优良传统作风教育，如"三查三整"的整党运动、"两个务必"的作风教育，等等，其效果都非常明显。

（三）党的思想政治教育的全面推进和曲折发展

中华人民共和国的成立，开启了党的思想政治教育的新历程。思想政治教育开始围绕社会主义改造和建设这一主题而展开，工作重点向恢复和发展国民经济、巩固新生的人民共和国政权方面转移。1951 年 5 月，党召开了第一次全国宣传工作会议，确立了思想政治教育的指导思想，明确了新中国宣传思想工作的方针政策、管理体制和运行机制，思想政治教育各项制度、组织机构和工作队伍开始建立起来，并逐步形成了制度化、规范化、系统化、科学化的教育体系，型构了新中国思想政治教育工作的基本格局。正是在这种背景下，思想政治教育紧紧围绕巩固新生政权、恢复国民经济、动员抗美援朝、宣传党在过渡时期的总路线等中心工作和主要任务，积极开展宣传教育工作，发挥了有效的政治动员和组织保证作用。在土地改革运动中，教育培训了大批干部，组成土改工作队，深入农村开展土改动员，宣传党的土改政策，展开"谁养谁活"的教育运动，调动了广大农民参加土改的积极性，提高了他们的阶级觉悟和政治热情。在镇压反革命运动中，创新了教育形式和方法，采取召开座谈会、群众会、代表会、诉苦会等有效形式，通过电影、幻灯、戏曲、报纸、传单等有效载体，运用新闻报道、标语口号等有效路径，利用舆论，宣传党的政策，启发群众觉悟，得到了广大民众的积极支持和参与配合，有力打击了反革命分子的嚣张气焰①。在"恢复国民经济""抗美援朝""三反""五反""整风整党""知识分子改造运动"和"过渡时期总路线"等宣传教育中，均发挥了围绕中心、服务大局的重要作用。特别是对"一化三改"总路线的宣传教育，其范围之广、规模之大、时间之长、方法之新、效果之好，都是新中国成立以来最好的一次，"它使全国人民受到了一次深刻的社会主义思想教育，提高了人民群众的社会主义觉悟，增强了对社会主义革命和建设的信心，从而使实现过渡时期的总路线变成了千百万人民的自觉行动"②。

随着社会主义改造任务的基本完成，开展社会主义教育，调动一切积极因素为社会主义事业服务，成为思想政治教育的主要任务和核心内容。《论十大关系》、党的八大和《关于正确处理人民内部矛盾的问题》等先后都强调要正确处理各种矛盾，调动一切积极因素为社会主义建设服务。毛泽东在《关于正确处理人民内部矛盾的问题》中，严肃批评了轻视思想政治教育的倾向，提出了"没有正确的政治观点，就等于没有灵魂"③的著名论断，明确强调"思想政治工作，各个部门都要负责任。共产党应该管，青年团应该管，政府主管部门应该管，学校的校长教师更应该管"④，处理人民内部矛盾要采用民主、讨论、说服教育的方法等，成为思想政治教育的指导思想和基本方针。为此，党中央提出要在高校和党校开设社会主义教育课程，在农村开展社会主义和共产主义教育运动。思想政治教育围绕工农兵学哲学、农业学大寨、工业学大庆、全国人民学习解放军、学

---

① 王树荫：《中国共产党思想政治教育史》第二版，高等教育出版社 2018 年版，第 147 页。

② 张雷声、郑吉伟、李玉峰：《新中国思想理论教育史》，高等教育出版社 2005 年版，第 36 页。

③ 《毛泽东文集》第七卷，人民出版社 1999 年版，第 226 页。

④ 《毛泽东文集》第七卷，人民出版社 1999 年版，第 226 页。

雷锋、学焦裕禄、学"铁人"精神等主题而展开，思想政治教育事业得到了全面推进。

　　但是，由于党在指导思想上的"左"倾错误，导致了反右斗争扩大化，引发了"文化大革命"，唯心主义错误思想泛滥，"'大批判'不断，'假、大、空'盛行""破坏了党的思想政治工作的优良传统，败坏了思想政治教育的声誉，损害了思想政治工作者的形象，使我党的思想政治工作受到了严重挫折"。①1957年4月，党中央开展了整风运动，"知无不言，言无不尽"，开门搞整风，放手鼓励批评，一些人借机攻击社会主义制度，诽谤人民民主专政，公然挑战中国共产党的领导地位，要求"轮流坐庄"，妄图取消党的领导。正是针对这种异常现象，错误地估计了形势，开展了反右派斗争，结果导致了反右斗争扩大化，思想政治教育不可避免地出现了一些偏差。继整风和反右斗争之后，党的八届二中全会通过了"鼓足干劲，力争上游，多快好省地建设社会主义的总路线"②，"大跃进"和人民公社化运动在全国普遍开展起来，思想政治教育围绕这一主题而进行，夸大精神的作用，忽视和违反了客观规律，片面宣传主观意志的作用，造成了理论上的形而上学，带来了思想上的混乱，思想政治教育出现了失误。③ 在"左"倾错误思想的影响下，党的八届十中全会强调阶级斗争的不可避免性，在"无产阶级专政下继续革命的理论"的错误思想指导下，发动了"文化大革命"，"思想政治教育以搞政治运动为中心任务"，"严重违背了思想政治教育的基本方针和原则，破坏了思想政治教育的优良传统"④，混淆了理论是

---

　　① 　王勤：《思想政治教育学新论》，浙江大学出版社2004年版，第52页。

　　② 　《中共中央文件选集(1949年10月—1966年5月)》第28册，人民出版社2013年版，第20页。

　　③ 　王树荫：《中国共产党思想政治教育史》第二版，高等教育出版社2018年版，第172页。

　　④ 　王树荫：《中国共产党思想政治教育史》第二版，高等教育出版社2018年版，第197页。

非，恶化了"思想政治教育的政治生态"，"偏离了党的思想政治教育的正确方向和轨道，最终导致思想政治教育的全局性失误和长时期混乱"。①

（四）党的思想政治教育的创新发展

随着党的十一届三中全会的召开，党的思想政治教育迎来了创新发展的辉煌时期。思想政治教育围绕党和国家确定的中心工作，致力于为社会主义经济建设和改革开放服务，使思想政治教育回归了本位，重新走上了正确发展轨道，实现了历史性转折，开拓创新，有效发挥了"生命线"的重要作用，取得了令人瞩目的成就。1978 年 12 月召开的党的十一届三中全会，冲破了长期"左"倾错误思想的严重束缚，批判了"两个凡是"的错误方针，结束了"以阶级斗争为纲"的错误路线，端正了党的指导思想，恢复和确立了"马克思主义的思想路线、政治路线和组织路线"②，解放思想，实事求是，果断地把工作重心转移到经济建设上来，作出了实行改革开放的伟大决策。党的思想政治教育也以此为契机，紧紧围绕经济建设这个工作重心，服从和服务于这个中心，创造性地开展工作，在改革开放和社会主义精神文明建设中发挥了重要作用。党的十二大提出要在建设物质文明的同时努力建设社会主义精神文明，十二大通过的新党章，规定了对党员和群众进行思想政治教育的任务、内容和方法，党的十二届六中全会通过的《中共中央关于社会主义精神文明建设指导方针的决议》，明确了思想政治教育的地位、作用、基本方针、根本任务、主要内容和方法，为新时期思想政治教育制度建设提供了政策依据。第五届全国人大五次会议通过的《中华人民共和国宪法》，"以最高法的形式规定了国家思想政治教

---

① 王树荫：《中国共产党思想政治教育史》第二版，高等教育出版社 2018 年版，第 203、197 页。

② 王树荫：《中国共产党思想政治教育史》第二版，高等教育出版社 2018 年版，第 236 页。

育的任务和内容","使思想政治教育开始走上法治化的轨道"①。1982 年 3月,党中央成立了思想政治工作领导小组,次年发布了《关于加强党员教育工作的通知》,批转了《国营企业职工思想政治工作纲要(试行)》,各行各业逐步建立起了思想政治教育管理机构和规章制度,形成了制度化、规范化、科学化、法治化的思想政治教育体系。思想政治教育在党员干部、企业职工和农村地区广泛开展,群众性精神文明创建活动开展得如火如荼,"讲文明,树新风""五讲四美三热爱""文明礼貌月""创建文明单位""创建文明城市""军民共建精神文明"活动,搞得有声有色。

在改革开放和中国特色社会主义建设新时期,党的思想政治教育始终坚持以马克思主义思想政治教育理论为指导,坚持用党的创新理论武装党员干部、人民群众和广大青少年学生头脑。在这一时期,开展了坚持四项基本原则和反对资产阶级自由化、坚持"三个面向"和培养"四有新人"教育,开展了社会主义初级阶段理论教育、"一个中心、两个基本点"的基本路线教育,开展了"讲学习、讲政治、讲正气"的"三讲"教育和"保持共产党员先进性"教育活动,开展了构建社会主义和谐社会和建设社会主义核心价值体系教育活动,等等,创新了教育的"理念、目标、内容、载体、方法"和途径,"积累了新鲜经验,丰富和发展了思想政治教育理论和实践"②。

在习近平新时代中国特色社会主义思想指导下,党的思想政治教育围绕深化中国特色社会主义理论学习、实现中华民族伟大复兴的中国梦、贯彻全面推进"五位一体"总体布局和协调推进"四个全面"战略布局、实现"两个一百年"奋斗目标等中心工作和任务,展开了成效卓著的工作,

---

① 王树荫:《中国共产党思想政治教育史》第二版,高等教育出版社 2018 年版,第249 页。

② 王树荫:《中国共产党思想政治教育史》第二版,高等教育出版社 2018 年版,第351 页。

进行了党的群众路线教育实践活动、"三严三实"专题教育、"两学一做"学习教育、"不忘初心、牢记使命"和"党史"学习等主题教育。党的思想政治教育坚持以党的创新理论为指导,深入贯彻落实立德树人根本任务,培育和践行社会主义核心价值观,加强和改进高校思想政治工作,推进思想政治理论课改革创新,扎实办好思政课,提高了思想政治教育的政治站位,拓宽了工作视野,扩展了教育载体,丰富了内容蕴涵,创新了方法路径,开创了党的思想政治教育理论和实践的新境界,"为实现中华民族伟大复兴提供了有力的思想保证、舆论支持、精神动力和文化条件"[①],党的思想政治教育进入了全面开拓创新的新时代,展现出顺势而为、乘势而上、因势而新的蓬勃活力。

二、高校思政课建设的沿革流变

我国高校思想政治理论课建设肇始于新中国的成立,主要经历了创建确立、曲折发展、改革创新、优化提升等四个历史阶段,从最初确立的"四门课程"起步,经过了"78方案""85方案""98方案""05方案"等几次较大的调整变化,形成了体现时代性、把握规律性、富于创造性的课程体系,发挥了落实立德树人根本任务的"关键课程"作用,为培养社会主义建设者和接班人作出了不可替代的重要贡献。

(一)高校思想政治理论课的创建确立(1949—1956年)

新中国成立之初,百废待兴,摆在教育战线上的新使命新任务,就是要改造旧思想旧文化旧教育和建立新思想新文化新教育,争取用较短的时间,彻底肃清封建主义、买办资产阶级、法西斯主义、资本主义的

---

① 王树荫:《中国共产党思想政治教育史》第二版,高等教育出版社2018年版,第352页。

影响，用马克思主义科学理论占领新中国人民的思想阵地，从根本上彻底改造和转变人们的世界观，为巩固新中国政权和建设社会主义奠定坚实的思想基础。《中国人民政治协商会议共同纲领》规定了新的文化教育政策和方针，这就是："人民政府的文化教育工作，应以提高人民文化水平，培养国家建设人才，肃清封建的、买办的、法西斯主义的思想，发展为人民服务的思想为主要任务。"① 同时强调要普及教育，加强高等教育建设，"给青年知识分子和旧知识分子以革命的政治教育，以应革命工作和国家建设工作的广泛需要"②。在第一次全国教育工作会议上，强调要"有计划、有步骤地在教师和青年学生中进行政治与思想教育，其主要目的乃是逐步地建立革命的人生观"③。1950 年 6 月，教育部召开全国高等教育会议，通过了《关于实施高等学校课程改革的决定》，提出要"废除政治上的反动课程，开设新民主主义的革命政治课程，借以肃清封建的、买办的、法西斯主义的思想，发展为人民服务的思想"④。为此，全国各高校先后开设"社会发展简史""新民主主义论""政治经济学"等三门课程。这就标志着我国高校思想政治理论课这门"改造学生的思想，树立科学的世界观，革命的人生观和全心全意为人民服务的最基本的课程"⑤ 的初步创建。1950 年 9 月开学后，有的高校还开设了"政治讲座"这门课，作为政治必修课，这可以说是后来"形势与政策"课的雏形。⑥1951 年，根据教育部指示精神，将"'社会发展史'改为'辩

---

① 《建国以来重要文献选编》第 1 册，中央文献出版社 1992 年版，第 10—11 页。

② 《建国以来重要文献选编》第 1 册，中央文献出版社 1992 年版，第 11 页。

③ 《普通高校思想政治理论课文献选编（1949—2008）》，中国人民大学出版社 2008 年版，第 4 页。

④ 骆郁廷：《高校思想政治理论课程论》，武汉大学出版社 2006 年版，第 54 页。

⑤ 《普通高校思想政治理论课文献选编（1949—2003）》，中国人民大学出版社 2003 年版，第 9 页。

⑥ 彭付芝：《新中国成立 70 年高校思想政治理论课建设》，知识产权出版社 2019 年版，第 5 页。

证唯物论和历史唯物论',与'新民主主义论'及'政治经济学'同时开设"①。1952年10月,教育部颁布《关于全国高等学校马克思列宁主义、毛泽东思想课程的指示》,进一步明确了高校思政课开设的具体方案和要求。根据教育部的通知要求,"从1953年起将高等学校一年级开设的'新民主主义论'一律改为'中国革命史'。"②1956年9月,教育部下发《关于高等学校政治理论课程的规定(试行方案)》,明文规定由"马列主义基础""中国革命史""政治经济学""辩证唯物主义和历史唯物主义"等四门课程共同构成高校思想政治理论课体系,并且制定了具体实施方案。至此,新中国第一个比较系统的高校思政课设置体系正式确立。

(二)高校思想政治理论课的曲折发展(1957—1977年)

社会主义改造任务的完成,我国确立了社会主义制度,开启了全面建设社会主义新时期。毫无疑问,高校思想政治理论课的主要任务,就是要为社会主义建设培养又红又专的人才,就是要"使受教育者在德育、智育、体育几方面都得到发展,成为有社会主义觉悟的有文化的劳动者"③。毛泽东多次强调要重视思想政治教育,并明确指出:"要加强学校政治思想教育,每省要有一位宣传部长、一位教育厅长亲自抓这项工作"④。但是,由于国际上的波匈事件和国内反右斗争扩大化的影响,在"左"倾错误思想指导下,我国社会主义建设遭遇波折,高校思想政治理论课正常教学秩序受到冲击。1957年1月,教育部下发指示,要求全国高校都要开设"社会主义教育"课,所有学生必须参加学习,同时规定"各班级在学习社会主

---

① 彭付芝:《新中国成立70年高校思想政治理论课建设》,知识产权出版社2019年版,第5页。

② 彭付芝:《新中国成立70年高校思想政治理论课建设》,知识产权出版社2019年版,第6页。

③ 《毛泽东文集》第七卷,人民出版社1999年版,第226页。

④ 《毛泽东文集》第七卷,人民出版社1999年版,第247页。

义教育课程期间，原应开的四门政治课一律停开"①"学习时间暂规定为一学年""每周时间规定为 8 小时（课内时间不得少于 4 小时）"②。1958 年，一律恢复开设了"马列主义基础""政治经济学"和"辩证唯物主义与历史唯物主义"等三门政治课③。1961 年，教育部规定高等学校开设"共同政治理论课程"，"包括：1.马克思列宁主义基础理论；2.形势和任务"④ 两大块，文科各专业设置了"中共党史""马克思列宁主义基础""政治经济学""哲学"⑤ 等四门课；理、工、农、医各专业和艺术、体育院校开设"中共党史"和"马克思列宁主义概论（包括马克思主义三个组成部分）"等两门课；专科学校开设"马克思列宁主义概论"一门课；"形势和任务课为各专业、各年级的必修课程"⑥。"文化大革命"期间，高等教育遭到破坏，高校停止招生，高校思政课成为阶级斗争的工具，"普通高校的公共政治理论课以毛主席语录、毛主席著作和所谓革命大批判的文章、社论作为教材"⑦，"思想政治理论课程遭受严重冲击，思想政治理论课程初步建立起来的发展格局遭到破坏，课程建设的稳定性和连续性被打破"⑧。总之，"这一时期，对于

---

① 《普通高校思想政治理论课文献选编（1949—2003）》，中国人民大学出版社 2003 年版，第 32 页。

② 《普通高校思想政治理论课文献选编（1949—2003）》，中国人民大学出版社 2003 年版，第 31 页。

③ 《普通高校思想政治理论课文献选编（1949—2008）》，中国人民大学出版社 2008 年版，第 33—34 页。

④ 《普通高校思想政治理论课文献选编（1949—2006）》，中国人民大学出版社 2007 年版，第 41 页。

⑤ 《普通高校思想政治理论课文献选编（1949—2006）》，中国人民大学出版社 2007 年版，第 41 页。

⑥ 《普通高校思想政治理论课文献选编（1949—2006）》，中国人民大学出版社 2007 年版，第 41 页。

⑦ 彭付芝：《新中国成立 70 年高校思想政治理论课建设》，知识产权出版社 2019 年版，第 13 页。

⑧ 郭凤志：《高校思想政治理论课程建设研究》，北京师范大学出版社 2019 年版，第 67 页。

高校思政课建设，有冲击、有干扰、有挫折，也有调整、充实和发展，特别是开设了'形势与政策'课、研究生思政课和开展生产劳动教育等，可以说，是高校思政课曲折发展的阶段。"①

（三）高校思想政治理论课的改革创新（1978—2012 年）

1."78 方案"。党的十一届三中全会的召开，迎来了高校思想政治理论课恢复重建、改革创新和快速发展的黄金时期。"文化大革命"结束后，经过拨乱反正，我国的教育事业重新回到了正确发展轨道，高考制度恢复后的高校又处处洋溢着青春的活力。1978 年 4 月，教育部颁布《关于加强高等学校马列主义理论教育的意见（全国教育工作会议征求意见稿）》，"重新明确了马列主义理论课的目的和任务"②，决定在高校开设"辩证唯物主义和历史唯物主义""政治经济学""中国共产党党史""国际共产主义运动史"等四门课，即通常所说的"78 方案"，并"对每门课程的教学内容、课时、新教材的编写、教学方法的改进、教师队伍的建设、领导体制等问题提出了指导性意见"③。"国际共产主义运动史"尚属首次开设，后改为"当代世界政治与经济"。1984 年 9 月，根据教育部的有关规定，在高校增设"共产主义思想品德"课，以帮助学生树立共产主义人生观、道德观，培养共产主义道德品德。

2."85 方案"。1985 年 8 月 1 日，党中央颁发《关于改革学校思想品德和政治理论课程教学的通知》，标志着高校思政课新一轮改革的"85 方案"正式出炉。1986 年 3 月，国家教委就贯彻落实"85 方案"精神下发道知，

---

① 骆郁廷、秦玉娟：《新中国 70 年高校思想政治理论课建设的回顾与展望》，《思想理论教育导刊》2019 年第 11 期。

② 彭付芝：《新中国成立 70 年高校思想政治理论课建设》，知识产权出版社 2019 年版，第 15 页。

③ 彭付芝：《新中国成立 70 年高校思想政治理论课建设》，知识产权出版社 2019 年版，第 15 页。

对高校新的思想政治理论课程作出明确规定："普通高校普遍开设'中国革命史''中国社会主义建设''马克思主义原理''世界政治经济与国际关系'四门课"①。1987 年 10 月，国家教委下发《关于高等学校思想教育课程建设的意见》，决定开设五门思想教育课程，即"形势与政策""法律基础"两门必修课，"大学生思想修养""人生哲理""职业道德"三门可选择性开设课程。1987 年 6 月，国家教委颁布《关于高等学校研究生马克思主义理论课（公共课）教学的若干规定》，对博士、硕士研究生开设马克思主义公共课，硕士研究生开设"科学社会主义理论与实践""马克思主义经典著作选读"②（文科类开设）、"自然辩证法概论"（理工类开设），博士研究生开设"马克思主义与当代社会思潮"（文科类开设）、"现代科学技术革命与马克思主义"（理工类开设）。③"至此，我国高校思政课实现了由本科到硕士、博士的全程覆盖，构建了系统性、多层次、全覆盖的思政课程体系。"④

　　3."98 方案"。1993 年 8 月，中央组织部、中央宣传部和国家教委联合发文要求加强和改进高校党的建设和思想政治工作，强调"马克思主义理论课和思想政治教育课是学生思想政治教育的主渠道，是社会主义学校的本质特征之一。加强和改进'两课'教育是摆在我们面前的一项紧迫任务"⑤。这是"两课"概念的正式提出。1998 年 6 月，中央宣传部、教育部印发《关于普通高等学校"两课"课程设置的规定及其实施工作的意见》，

①　彭付芝：《新中国成立 70 年高校思想政治理论课建设》，知识产权出版社 2019 年版，第 18 页。

②　彭付芝：《新中国成立 70 年高校思想政治理论课建设》，知识产权出版社 2019 年版，第 19 页。

③　彭付芝：《新中国成立 70 年高校思想政治理论课建设》，知识产权出版社 2019 年版，第 19 页。

④　骆郁廷、秦玉娟：《新中国 70 年高校思想政治理论课建设的回顾与展望》，《思想理论教育导刊》2019 年第 11 期。

⑤　《普通高校思想政治理论课文献选编（1949—2008）》，中国人民大学出版社 2008 年版，第 147—148 页。

"规定：二年制专科开设'马克思主义哲学原理''邓小平理论概论'；三年制专科开设'马克思主义哲学原理''毛泽东思想概论''邓小平理论概论'；本科马克思主义理论课开设'马克思主义哲学原理''马克思主义政治经济学原理''毛泽东思想概论''邓小平理论概论''当代世界经济与政治'（文科类开设）。同时本科思想品德课开设'思想道德修养'和'法律基础'。"①"研究生开设'科学社会主义理论与实践''自然辩证法概论'（理工类开设）、'马克思主义经典著作选读'（文科类开设），博士生开设'现代科学技术革命与马克思主义'（理工类开设）、'马克思主义与当代社会思潮'（文科类开设）。还规定，各层次各科类学生都要开设'形势与政策'课"②，列入教学计划，实行学年考核。这标志着高校思政课"98方案"的全面形成，并在同年的秋季得到落实。

4."05方案"。进入21世纪，我国高校思政课建设又迎来了新一轮创新发展时期。2004年1月，党中央颁布《关于进一步繁荣发展哲学社会科学的意见》，作出了实施"马克思主义理论研究和建设工程"的重大决策，提出要"进一步推动邓小平理论和'三个代表'重要思想进教材、进课堂、进学生头脑工作。要进一步改进邓小平理论和'三个代表'重要思想的教学工作，增强马克思主义理论课的吸引力和感染力"③。2004年8月，中共中央、国务院颁布《关于进一步加强和改进大学生思想政治教育的意见》，强调"高等学校思想政治理论课是大学生思想政治教育的主渠道"，思政课是大学生的必修课，"要按照充分体现当代马克思主义最新成果的要求，全面加强思想政治理论课的学科建设、课程建

---

① 彭付芝：《新中国成立70年高校思想政治理论课建设》，知识产权出版社2019年版，第24—25页。

② 彭付芝：《新中国成立70年高校思想政治理论课建设》，知识产权出版社2019年版，第25页。

③ 《十六大以来重要文献选编》（上），中央文献出版社2005年版，第690页。

设、教材建设和教师队伍建设"①。2005 年 2 月，中共中央宣传部、教育部联合印发《关于进一步加强和改进高等学校思想政治理论课的意见》，强调高校思政课是对大学生进行思想政治教育的主渠道，要充分发挥思政课的重要作用。在这两个文件精神的指导下，2005 年 3 月，中共中央宣传部、教育部印发《〈中共中央宣传部 教育部关于进一步加强和改进高等学校思想政治理论课的意见〉实施方案》，对高校思政课结构和教学内容作了重新设置，形成了一个新方案，即"05 方案"。这一方案规定，本科课程设置为："马克思主义基本原理（简称"原理"）"（3 学分）、"毛泽东思想、邓小平理论和'三个代表'重要思想概论（简称"概论"）"（6 学分；2008 年秋季，课程名称改为"毛泽东思想和中国特色社会主义理论体系概论"）、"中国近现代史纲要（简称"纲要"）"（2 学分）、"思想道德修养与法律基础（简称"基础"）"（3 学分）；专科课程设置为："毛泽东思想、邓小平理论和'三个代表'重要思想概论"（4 学分）和"思想道德修养与法律基础"（3 学分）②。另外，"本、专科学生都要开设'形势与政策'课，本科 2 学分，专科 1 学分。"③"05 方案"规定："从 2006 级学生开始，全国普通高等学校普遍实施"④。同时，"05 方案"还提出要大力加强学科建设，"抓紧开展设立马克思主义一级学科的有关工作，高等学校要加强'马克思主义理论与思想政治教育'硕士点和博士点的建设"⑤，为思政课提供学科支撑。

---

①　《十六大以来重要文献选编》（中），中央文献出版社 2006 年版，第 181 页。

②　《普通高校思想政治理论课文献选编（1949—2006）》，中国人民大学出版社 2007 年版，第 219 页。

③　《普通高校思想政治理论课文献选编（1949—2006）》，中国人民大学出版社 2007 年版，第 219 页。

④　《普通高校思想政治理论课文献选编（1949—2006）》，中国人民大学出版社 2007 年版，第 220 页。

⑤　《普通高校思想政治理论课文献选编（1949—2006）》，中国人民大学出版社 2007 年版，第 220 页。

（四）高校思想政治理论课的优化提升（2013 年至今）

党的十八大以来，习近平总书记高度重视思想政治教育工作，围绕中心、服务大局，以"培养什么人、怎样培养人、为谁培养人"为根本主题和工作导向，深入推进高校思政课优化创新，全面落实立德树人根本任务，培育和践行社会主义核心价值观，办好讲好学好思政课的改革力度持续加大，教育教学质量持续提升，彰显出十分可喜的局面，标志着高校思政课建设迎来了深化改革、优化提升的新时代。2015 年 7 月，中共中央宣传部、教育部印发《关于普通高校思想政治理论课建设体系创新计划》，强调把教材体系、教学体系、学科体系、评价体系、保障体系等作为体系创新计划的重点建设内容。2015 年 9 月，教育部印发修订后的《高等学校思想政治理论课建设标准》，提出了七项核心指标、九项重点指标、二十三项基本指标等建设标准。2016 年 12 月，全国高校思想政治工作会议召开，习近平总书记强调："要用好课堂教学这个主渠道，思想政治理论课要坚持在改进中加强"①。2017 年 6 月，教育部印发《2017 年高校思想政治理论课教学质量年专项工作总体方案》，把 2017 年定为高校思政课教学质量年，其目的就是要提升思政课的质量和水平，增强大学生获得感。2017 年 9 月，教育部发布《高等学校马克思主义学院建设标准（2017 年本)》，强化了高校思政课的管理机构建设。2018 年 4 月，教育部印发《新时代高校思想政治理论课教学工作基本要求》，强调要规范建设思政课教研室（组）、实行集体备课、健全听课制度、改进考核方式，规定本、专科思政课开启实践教学等。"这是党的十九大之后印发的直接针对思想政治理论课建设的重要文件，具有很强的现实针对性、指导性和可操作性。"②

---

① 《习近平谈治国理政》第二卷，外文出版社 2017 年版，第 378 页。
② 彭付芝：《新中国成立 70 年高校思想政治理论课建设》，知识产权出版社 2019 年版，第 31 页。

2019 年 3 月 18 日，习近平总书记主持召开学校思想政治理论课教师座谈会，强调办中国特色社会主义教育，就要理直气壮开好思政课，落实立德树人根本任务，要求思政课教师做到"政治要强、情怀要深、思维要新、视野要广、自律要严、人格要正"①，深入推动思政课改革创新，遵循思政课建设规律，"坚持政治性和学理性相统一""坚持价值性和知识性相统一""坚持建设性和批判性相统一""坚持理论性和实践性相统一""坚持统一性和多样性相统一""坚持主导性和主体性相统一""坚持灌输性和启发性相统一""坚持显性教育和隐性教育相统一"，不断增强思政课的思想性、理论性和亲和力、针对性。2019 年 8 月，中共中央办公厅、国务院办公厅印发《关于深化新时代学校思想政治理论课改革创新的若干意见》（以下简称《思政课改革创新若干意见》），对新时代学校思想政治理论课改革创新进行了全面部署，提出了指导性意见，强调在保持思政必修课相对稳定的基础上，在"全国重点马克思主义学院率先全面开设'习近平新时代中国特色社会主义思想概论'课。博士阶段开设'中国马克思主义与当代'，硕士阶段开设'中国特色社会主义理论与实践研究'"②。本、专科阶段与"05 方案"相同。另外要求"各高校要重点围绕习近平新时代中国特色社会主义思想，党史、国史、改革开放史、社会主义发展史，宪法法律，中华优秀传统文化等设定课程模块，开设系列选择性必修课程"③。2020 年 12 月，中共中央宣传部、教育部印发《新时代学校思想政治理论课改革创新实施方案》，强调要推进思政课一体化建设，把握时代性，突出创新性，增强针对性，循序渐进、螺旋上升地开设好大中小学思政课，

---

①　习近平：《思政课是落实立德树人根本任务的关键课程》，《求是》2020 年第 17 期。

②　《关于深化新时代学校思想政治理论课改革创新的若干意见》，《光明日报》2019 年 8 月 15 日。

③　中办国办印发《关于深化新时代学校思想政治理论课改革创新的若干意见》，《光明日报》2019 年 8 月 15 日。

并对高校思政课的课程目标、课程体系、课程内容、课程学分作出了明确规定和要求。2021 年 4 月，教育部下发通知，要求在思政课中加强以党史为重点的"四史"教育，要求全国重点马克思主义学院至少开设 1 门"四史"类思政课选择性必修课，所在高校本科生至少修读 1 门该课程；具有马克思主义理论学科点的高校面向马克思主义理论学科学生开设"四史"类必修课；有条件的高校开设"四史"类思政课选修课，等等①。总之，"这一时期，党中央、国务院立足新时代培养担当民族复兴大任的时代新人的需要，加强高校思政课建设的战略谋划，提出了改革创新的整体思路，推出了一系列重大举措，为深入推进高校思政课的创新发展，开创新时代高校思政课建设新局面，指明了方向，增强了动力。"②

第二节　我国高校思想政治教育发展经验的当代启示

历史是最好的教科书。回顾中国共产党百年思想政治教育的发展历程，梳理新中国成立以来我国高校思政课建设的沿革逻辑，归纳和总结实践探索流变过程中积累起来的宝贵经验，能为新时代高校加强和改进思想政治教育工作、"办好讲好学好"思政课提供丰富的精神营养和经验启示。

一、坚持不懈开展马克思主义理论教育，巩固马克思主义指导地位

习近平总书记指出，马克思主义是我们立党立国的根本指导思想，也

---

① 《教育部办公厅关于在思政课中加强以党史教育为重点的"四史"教育的通知》http://www.moe.gov.cn/srcsite/A13/moe_772/202105/t20210511_530840.html。
② 骆郁廷、秦玉娟：《新中国 70 年高校思想政治理论课建设的回顾与展望》，《思想理论教育导刊》2019 年第 11 期。

是我国大学最鲜亮的底色。① 中国共产党自成立之日起，就把马克思主义鲜明地写在自己的旗帜上，坚持马克思主义基本原理同中国革命、建设和改革开放的具体国情和时代特征相结合，指导中国革命、建设和改革开放伟大事业取得了一个又一个重大胜利，在不同历史时期，形成了毛泽东思想、邓小平理论、"三个代表"重要思想、科学发展观和习近平新时代中国特色社会主义思想。在新民主主义革命和社会主义建设中，党的思想政治教育始终围绕党和国家的中心工作而展开，注重马克思列宁主义理论教育，坚持用毛泽东思想武装人民头脑，坚定共产主义理想信念和革命斗志，为服务中国革命和社会主义建设大局立下了汗马功劳。高校思政课普遍开设马克思列宁主义理论课程，对学生进行系统的马克思主义理论教育。

党的十八大以来，习近平总书记高度重视马克思主义理论教育，特别指出要坚持不懈传播马克思主义科学理论，抓好马克思主义理论教育，为学生一生成长奠定科学的思想基础②，特别强调我们办中国特色社会主义教育，就是要理直气壮开好思政课，用新时代中国特色社会主义思想铸魂育人③。在习近平新时代中国特色社会主义思想指引下，高校思政课不断在改革中加强，在创新中提高，"全面推动习近平新时代中国特色社会主义思想进教材进课堂进学生头脑"工作，"在全国重点马克思主义学院率先开设'习近平新时代中国特色社会主义思想概论'课"④，组织修订了思想政治理论课教材，把习近平新时代中国特色社会主义思想及其最新的成

---

① 习近平：《在北京大学师生座谈会上的讲话》，《人民日报》2018 年 5 月 3 日。

② 《习近平谈治国理政》第二卷，外文出版社 2017 年版，第 377 页。

③ 《习近平主持召开学校思想政治理论课教师座谈会强调 用新时代中国特色社会主义思想铸魂育人 贯彻党的教育方针落实立德树人根本任务》，《人民日报》2019 年 3 月 19 日。

④ 《关于深化新时代学校思想政治理论课改革创新的若干意见》，《光明日报》2019 年 8 月 15 日。

果融入教学内容体系之中，我国高校的铸魂育人工作取得新进展，立德树人根本任务走深走实。新时代高校开好思想政治理论课，要传承好党的思想政治教育宝贵经验，发挥好高校思政课建设的历史优势，坚持马克思主义指导地位不动摇，坚持不懈开展马克思主义理论教育不停顿，开齐开足开好马克思主义理论教育课，奋力推进习近平新时代中国特色社会主义思想"三进"工作，全国高校要普遍开设"习近平新时代中国特色社会主义思想概论"课，为新时代大学生坚定"四个自信"、增强"四个意识"、做到"两个维护"、争做担当民族复兴大任的时代新人提供理论滋养和行动指导。

二、有效落实立德树人根本任务，坚持德智体美劳全面发展

思想政治教育从根本上说是做人的工作，这就决定了思想政治教育的价值取向和根本目标就是培养德智体美劳全面发展的社会主义建设者和接班人。高校的立身之本在于立德树人，肩负着培养和造就时代新人的历史使命。回顾党的思想政治教育百年发展历史，我们党一直重视做人的工作，把思想政治教育工作作为经济工作和其他一切工作的生命线，作为党和国家实现各项任务的中心环节，在不同历史时期，为革命、建设和改革事业发挥了重要作用。高校思政课有效落实立德树人根本任务，全面贯彻党的教育方针，坚守正确政治方向，为党和国家培养了一批又一批德才兼备的优秀人才。新中国成立初期，坚持教育为人民服务、为工农群众服务，培养了一大批为工农业生产和社会主义建设服务的合格人才。社会主义建设时期，坚持教育为无产阶级政治服务，与生产劳动相结合，使受教育者在德智体几方面都得到发展，培养了一大批有社会主义觉悟和文化的劳动者，成为社会主义各条战线上的生力军。改革开放新时期，坚持教育为社会主义现代化建设服务、为人民服务，育人为本，育德为先，培养了一批批德才兼备的有用人才，为中国特色社会主义伟大事业提供了强有力

的人才支撑。

进入新时代，高校思想政治理论课始终围绕"培养什么人、怎样培养人、为谁培养人"这个根本问题，坚持教育"为人民服务，为中国共产党治国理政服务，为巩固和发展中国特色社会主义制度服务，为改革开放和社会主义现代化建设服务"①，用习近平新时代中国特色社会主义思想铸魂育人，以培养有理想、有本领、有担当的时代新人为己任，为全面建成小康社会、实现中华民族伟大复兴的中国梦培养和造就了一批批可堪大任的时代新人，发挥了立德树人的关键课程作用，有力促进了中国特色社会主义现代化建设事业蓬勃发展。不忘本来，才能开辟未来，善于继承，才能更好创新。在新时代新阶段的历史起点上，只有坚持正确政治方向不动摇，坚持用习近平新时代中国特色社会主义思想铸魂育人，扭住立德树人根本任务不放松，坚持德智体美劳全面发展的育人导向，不断推动思政课改革创新，进一步增强思政课的思想性、亲和力、针对性和实效性，必将能为中华民族伟大复兴不断输送可堪民族复兴大任的人力资源和经世宏才。

三、必须坚持党对高校思政课建设的领导，发挥党组织的定向把舵作用

党政军民学，党是领导一切的。"中国共产党领导是中国特色社会主义最本质的特征，是中国特色社会主义制度的最大优势"②。坚持党对高校思想政治理论课建设的领导，是办好中国特色社会主义教育的本质要求，是加强和改进思政课建设的根本保障，对于推进思政课改革创新，不断提高教育教学质量，具有定向把舵作用。历史经验告诉我们，什么时候坚持

---

① 《习近平谈治国理政》第二卷，外文出版社 2017 年版，第 377 页。
② 习近平：《在庆祝中国共产党成立 100 周年大会上的讲话》，《人民日报》2021 年 7 月 2 日。

和加强了党对思想政治教育工作的领导,思想政治教育就发展得较好;什么时候忽视或削弱了党对思想政治教育工作的领导,思想政治教育就发展得不好,甚至遭遇挫折或失败。1952 年 9 月,在党中央转发教育部《关于在高等学校试行政治工作制度的报告》中,就强调要"在高等学校中建立政治工作制度,以加强政治领导"①。1957 年 2 月,毛泽东针对党的思想政治工作有所削弱的现象,明确要求思想政治工作"共产党应该管"起来。1958 年 8 月,毛泽东在天津大学视察时指出:"高等学校应抓住三个东西:一是党委领导;二是群众路线;三是把教育和生产劳动结合起来。"② 其中,摆在第一位的就是"党委领导"。1958 年 9 月,在《关于教育工作的指示》中指出:"在一切高等学校中,应当实行学校党委领导下的校务委员会负责制"③。"文化大革命"时期,由于受到"踢开党委闹革命"等错误思想影响,思政课遭致严重挫折。1980 年 7 月,教育部印发《改进和加强高等学校马列主义课的试行办法》,明确指出"搞好高等学校马列主义课教学的关键是加强党的领导,建立和健全领导体制"④。20 世纪 80年代,由于受到市场化、资产阶级自由化等思想的影响,高校管理体制强调"党政分开",实行校长负责制,高校党的领导受到不同程度的削弱,思政课建设受到不良影响。邓小平曾经深刻指出:"十年最大的失误是教育,这里我主要是讲思想政治教育。"⑤针对这种情况,中央组织部、中央宣传部、教育部连续召开全国性会议,下发《关于加强高等学校党的建设的通知》(1990 年 7 月),明确规定高校实行党委领导下的校长负

---

① 《建国以来重要文献选编》第 3 册,中央文献出版社 1992 年版,第 321 页。
② 《毛泽东同志论教育工作》,人民教育出版社 1958 年版,第 67 页。
③ 《普通高校思想政治理论课文献选编(1949—2003)》,中国人民大学出版社 2003 年版,第 39 页。
④ 《加强和改进大学生思想政治教育重要文献选编(1978—2008)》,中国人民大学出版社 2008 年版,第 16 页。
⑤ 《邓小平文选》第三卷,人民出版社 1993 年版,第 306 页。

责制。

"办好中国的事情，关键在党。"①"办好我国高等教育，必须坚持党的领导，牢牢掌握党对高校工作的领导权，使高校成为坚持党的领导的坚强阵地"②，要求"各级党委要把思想政治理论课建设摆上重要议程，抓住制约思政课建设的突出问题，在工作格局、队伍建设、支持保障等方面采取有效措施"③。正是在这个大背景下，我国高校全面加强了党对思想政治教育工作的领导，高校思政课建设得到了各级党组织的高度重视，迎来了新的发展契机，方显出蒸蒸日上的光明前景。明镜所以照形，知史可以启智。新时代高校思政课建设，只有坚持在党的坚强领导下，定向把舵，发挥各级党组织的有力保障和定海神针作用，才能不断得到加强和改进，才能真正提高教育教学质量，取得更加扎实的实际效果。

四、不断推动高校思政课改革创新，增强思政课的亲和力和针对性

习近平总书记指出，改革创新是时代精神，青少年是最活跃的群体，思政课建设要向改革创新要活力。④ 中国共产党是一个善于改革创新、勇于自我革命的先进政党。党的思想政治教育百年历程和我国高校思政课建设的探索历史，都是在改革中加强、在创新中发展的。早在黄埔军校时期，中国共产党人就开展了别开生面的思想政治教育，在军队中设立了党代表和政治部，创造了中国历史上不曾有过的新制度，"靠了这种制度使军队一新其面目"。在井冈山革命根据地建设中，中国共产党人创造性地

---

① 习近平：《思政课是落实立德树人根本任务的关键课程》，《求是》2020 年第 17 期。

② 《习近平谈治国理政》第二卷，外文出版社 2017 年版，第 379 页。

③ 《习近平主持召开学校思想政治理论课教师座谈会强调　用新时代中国特色社会主义思想铸魂育人　贯彻党的教育方针落实立德树人根本任务》，《人民日报》2019 年 3 月 19 日。

④ 习近平：《思政课是落实立德树人根本任务的关键课程》，《求是》2020 年第 17 期。

开展军民思想政治工作，进行"三湾改编"，提出工农红军的"三大任务"和"三大纪律、六项注意"。在《古田会议决议》中，创造性地提出了开展思想政治教育的方针、内容和方法，成为党和军队进行思想政治教育的纲领性文献。在《关于农村调查》中，毛泽东提出了"没有调查，就没有发言权"①的著名论断，在红军第一次全国政治工作会议上提出了"政治工作是红军的生命线"的论断和"加强和改善政治工作"的原则。抗战时期，我们党在延安创造性地开展了整风运动，使全党的思想达到了空前的团结和统一。新中国成立后，中国共产党创新了思想政治教育方针和原则，明确提出了党的教育方针，而且根据形势发展需要，丰富了新的内涵。1957年3月，在《关于加强学校思想政治工作问题给周恩来等的信》中，毛泽东创造性地提出"大学、中学都要求加强思想、政治领导和改进思想、政治教育""要编新的思想、政治课本""要赋予高等教育部和教育部以领导思想政治工作的任务"②。进入改革开放新时期，中国共产党人解放思想、与时俱进、守正创新，推动了高校思想政治工作的创新发展，高校思政课建设根据实际情况和时代需要，进行了四次重大改革，创新了四大实施方案，使高校思政课不断在改革中得到加强，不断在创新中更加富有思想性、时代性、针对性和亲和力。

进入新时代，习近平总书记多次强调要深入推动思政课改革创新，而且依据新时代发展要求和学生成长成才需求，创造性地提出了加强和改进思政课建设的一系列新理念新思想新战略，成为新时代新阶段思政课改革发展的根本指导方针，标志着我国高校思政课建设进入了新一轮发展的黄金时期。历史是最好的清醒剂。党的思想政治教育经验和思政课建设的探索历史都充分表明，高校思政课建设要立足时代变化特征、立足国家发展

---

① 《毛泽东文集》第二卷，人民出版社1993年版，第382页。
② 《建国以来毛泽东文稿》第6册，中央文献出版社1992年版，第398页。

实际、立足学生成长需求，与时俱进，因势而谋，不断推动思政课守正创新，固本开新，才能永葆思政课的鲜活性、时代性，不断增强思政课的针对性和实效性。

第五章　高校"办好讲好学好"
思政课的守正创新

习近平总书记指出，改革创新是时代精神，青少年是最活跃的群体，思政课建设要向改革创新要活力。① 新时代高校"办好讲好学好"思想政治理论课，要立足党和国家事业发展全局，放眼世界百年未有之大变局，坚持问题导向，客观研判国际国内发展新形势，辩证分析有利机遇和严峻挑战，针对我国高校思政课建设中的短板问题和制约瓶颈，因时而进，顺势而为，不断推动思政课改革创新，向改革要活力，向创新要效力，守正创新，全面提高教育教学质量和效果，进一步增强思政课的针对性和实效性。

第一节　高校"办好讲好学好"思政课的境遇考量

随着中国特色社会主义进入新时代，思想政治教育的时代境遇也发生了重大变化，我国高校的思政课建设既迎来了新时代所赋予的有利条件和

① 习近平：《思政课是落实立德树人根本任务的关键课程》，《求是》2020 年第 17 期。

发展机遇，也面临着"百年未有之变局"所带来的不利因素和诸多挑战。站在新时代的历史起点上，正确认识和科学把握高校思政课建设的机遇和挑战，对于抓住和借助有利发展良机，应对和化解风险挑战，不断推动思政课创新发展具有重要现实意义。

一、"办好讲好学好"思政课的历史机遇

新时代推动高校思政课改革创新，"办好讲好学好"思政课，必须顺应世界发展潮流，树立全球理念和开放思维，善于吸收人类社会创造的一切文明成果，积极运用一切先进的科技成果和手段，使思政课教学更加彰显时代性，体现前沿性，富于鲜活性，从而进一步增强其吸引力、感染力和接受力。

（一）全球化时代赋予的有利机遇

全球化时代肇始于 20 世纪 90 年代。"一般认为，'全球化'这一概念是 1985 年提贝多尔·拉维特（有的译为"贝·莱维"）在其《市场全球化》一文中首先提出的，其原意是指'经济全球化'"[1]。1992 年，时任联合国秘书长加利在联合国日（10 月 24 日）的致辞中宣布："真正的全球化的时代已经到来"[2]。从此，"全球化"概念被广泛引用，并逐渐延伸到政治、文化、科技、社会等领域，经济全球化、经济一体化、市场一体化、全球一体化、文化全球化、政治全球化等相关概念纷至沓来，成为风靡全球的高频率词汇。"全球化"的核心思想是"经济全球化"。1997 年，国际货币基金组织（IMF）在一份报告中界定了经济全球化内涵，认为"经济全球化是指跨国商品与服务贸易及资本流动规模和形式的增加，以及技术的

---

①　陈海燕等：《全球化时代高校思想政治教育创新研究》，山东大学出版社 2015 年版，第 18 页。

②　徐蓝：《世界史研究》第 3 辑，人民出版社 2010 年版，第 203 页。

广泛迅速传播使世界各国经济的相互依赖性增强"①。经济合作与发展组织（OECD）则强调，"经济全球化可以被看做一种过程，在这个过程中，经济、市场、技术与通信形式都越来越具有全球特征，民族性和地方性在减少"②。随着"全球化"概念向其他领域拓展，对其内涵的理解和阐释也各有侧重，不尽相同。但"全球化"概念内涵所反映的共同本质是明确的：其一，全球化使各国家、各民族、各地区、各领域之间彼此隔离和孤立的状态被打破，它们之间相互联系、相互影响的情形日益明显，特别是经济上的相互依赖，文化上的相互交流，价值观方面的相互激荡，生活方式上的相互影响日益增加；其二，全球化在多领域、多层面、多主体上发生和发展，涉及的领域和层面包括政治、经济、文化、科技、社会、思想、价值观、生活方式等，涉及的多元化主体包括国家、国际组织、企业和个人；其三，全球化的"实质是全球经济发展超越了政治上的以民族国家为主体的国家和地区界限，产生了人才流、物质流和信息流的全球流动，从而对全球政治、文化、思想观念和社会生活的发展进程产生了巨大影响，促进了世界历史的统一进程"③。

在全球化时代，我国高校思政课建设置身于一个更加开放、包容、合作、普惠的国际环境之中，迎来了它的新的发展机遇。第一，全球化时代带来的意识流、观念流，为我国高校思政课建设理念更新提供了重要思想资源和观点借鉴。全球化推动了世界各国之间的相互联系和普遍交往，国与国之间的经贸往来和文化交流变得不可避免和越加频繁，无论是发达国家还是发展中国家，不管是社会主义国家还是资本主义国家，以经济利益

① 谈世中等：《经济全球化与发展中国家》，社会科学文献出版社2002年版，第204—205页。
② 李安：《世界是知识的：迈向21世纪的知识经济新时代》，中国社会出版社2010年版，第80页。
③ 陈海燕等：《全球化时代高校思想政治教育创新研究》，山东大学出版社2015年版，第21页。

为纽带的"合作意识""全球意识"得到广泛认同，全球化背景下的民主理念、科学理念、法制理念、道德理念、生态理念得到普遍推崇和增强。这些先进理念和进步思想，为思政课建设理念更新优化提供了新的思想资源和借鉴。第二，全球化时代带来的信息流、知识流，为我国高校思政课建设提供了更为丰富的可用资源和创新动能。全球化有利于加强我国同世界各国特别是与发达国家的交往、交流、合作与互鉴，拓展思想政治教育的国际视野，学习和借鉴外国高校思想政治教育的先进理念、管理经验、有效举措和管用方法，增强创新动能，全面深化思政课改革，创新制度、创新内容、创新方法，构建更加科学、合理、有效的思政课教育教学新模式。第三，全球化时代带来的物资流、技术流，为我国高校思政课建设提供了更为先进的物资载体。网络化是全球化时代的显著特征。智能化、数字化、电子化等先进设备和软件产品代替了传统的一块黑板、一支粉笔、一张嘴巴的传播载体，扩大了思想政治教育的覆盖面，增加了海量信息，增添了思想政治教育的生动性、多样性、广泛性，增强了教育的针对性、快捷性、互动性，大大提高了思想政治教育效果。如我国高校当前普遍采用的多媒体技术教学设备和积极倡导的智慧教室、智慧课堂等，就具有传统教学技术和手段无法比拟的先进性、优越性。第四，全球化时代带来的新媒体技术，为我国高校思政课建设提供了先进的智能技术支撑。新媒体技术是指区别于报纸、电视、电台等传统传播形式的一种现代化的传播方式，它主要是通过计算机和互联网处理和传播技术，以数字电视、移动手机和电脑为接收终端，将信息以图文、视频的方式向受众提供服务。它具有平等性、开放性、海量性、互动性、即时性、隐蔽性、精准性、独立性等新特点。高校思政课教师能够借助于手机微信、手机报刊、手机抖音、微信公众号、电子邮件、学习 APP 等新媒体技术手段，丰富教学内容，创新教学方法，激发学生兴趣和学习主动性，培养学生的创造力和想象力，增强师生之间的交流互动和教学相长，促进学生在快乐中接受教育，完成教学目标和任务。

（二）大数据时代赋能的历史契机

21世纪以来，随着互联网、云计算、人工智能、云存储、物联网和信息通信技术的飞速发展和广泛应用，人们通过各种网络交互平台从事学习、工作、生活、购物等的活动轨迹，都在网络空间和媒体平台中留下了海量数据痕迹。通过对这些存储的海量数据进行研究和分析，可以从隐藏的数据中发现有用的知识和可供决策的信息资源，从而大致可以勾勒出人们的思想动向、价值取向、行为方向和情感倾向。由于体现人们思想动态和行为倾向的互联网数据信息呈海量态势急剧增加，人类社会进入了大数据时代。随着大数据理念的日益提升，数据作为战略资源的观念得到越来越多国家认可，以美国、英国、法国等为代表的西方发达国家率先将大数据作为国家发展的新型战略资源，相继制定和实施大数据战略性发展规划，大力推动大数据发展与应用。

早在2013年7月，习近平总书记在视察中国科学院时就强调大数据的重要性，认为大数据是工业社会的"自由"资源，"谁掌握了数据，谁就掌握了主动权"。2015年8月，我国发布了《促进大数据发展行动纲要》，界定了大数据的基本含义，阐述了大数据的重要意义、指导思想、总体目标、主要任务和政策机制，指出"大数据是以容量大、类型多、存取速度快、应用价值高为主要特征的数据集合，正快速发展为对数量巨大、来源分散、格式多样的数据进行采集、存储和关联分析，从中发现新知识、创造新价值、提升新能力的新一代信息技术和服务业态"①，强调大"数据已成为国家基础性战略资源"，启动实施大数据发展行动十大工程，提出要

---

① 《国务院关于印发促进大数据发展行动纲要的通知》（国发〔2015〕50号），中华人民共和国中央人民政府网，2015年9月5日，http://www.gov.cn/zhengce/content/2015-09/05/content_10137.htm。

"全面推进我国大数据发展和应用，加快建设数据强国"。党的十八届五中全会再次强调要大力"实施国家大数据战略"。2017 年 12 月，中共中央政治局就实施国家大数据战略进行第二次集体学习，习近平总书记在主持学习时强调，大数据发展日新月异，我们应该审时度势、精心谋划、超前布局、力争主动，深入了解大数据发展现状和趋势及其对经济社会发展的影响①，要运用大数据促进保障和改善民生，大力推进"互联网＋教育"战略，推进教育领域大数据的普及应用。② 党中央、国务院颁布的《促进大数据发展行动纲要》指出：要建设"教育文化大数据""推动教育基础数据的伴随式收集和全国互通共享""推动形成覆盖全国、协调服务、全网互通的教育资源云服务体系""探索发挥大数据对变革教育方式、促进教育公平、提升教育质量的支撑作用"③。

　　随着大数据时代的到来，我国高校思政课建设迎来了新的发展契机，及时抓住这一有利发展机遇，用好大数据所提供的信息资源，必将对增强思想政治教育的针对性、时代感和吸引力发挥重要支撑作用。习近平总书记在全国高校思想政治工作会议上强调："要运用新媒体新技术使工作活起来，推动思想政治工作传统优势同信息技术高度融合，增强时代感和吸引力。"④ 其一，大数据应用有利于全面、快速获取和处理受教育者思想和行为倾向等信息，增强教育的及时性和针对性。了解和掌握受教育者的思想状态、心理特征和行为倾向，是做好思想政治教育工作的前提和基础。

---

　　① 《习近平在中共中央政治局第二次集体学习时强调　审时度势精心谋划超前布局力争主动　实施国家大数据战略加快建设数字中国》，《光明日报》2017 年 12 月 10 日。

　　② 《习近平在中共中央政治局第二次集体学习时强调　审时度势精心谋划超前布局力争主动　实施国家大数据战略加快建设数字中国》，《光明日报》2017 年 12 月 10 日。

　　③ 《国务院关于印发促进大数据发展行动纲要的通知》（国发〔2015〕50 号），中华人民共和国中央人民政府网，2015 年 9 月 5 日，http://www.gov.cn/zhengce/content/2015-09/05/content_10137.htm。

　　④ 《习近平谈治国理政》第二卷，外文出版社 2017 年版，第 378 页。

传统上获取学生基本情况的主要方法和手段，一般都是通过与学生的接触与交往，以观察思考、对话咨询、调查问卷、考察发现等方式来取得，这样做不仅耗费时间和精力，而且难以全面、准确地反映学生真实的思想状态和行为倾向。而大数据技术平台所提供的学生信息资源，直接来源于学生日常生活、学习、交往、消费等活动的真实记录，通过学生在日常生活中留下的各种电子信息痕迹，经过数据处理与分析，能够较为全面地了解和掌握学生的思想状况、心理偏向和行为动向，从而有利于教育者及时开展教育，增强教育的针对性和时效性。其二，大数据应用有利于预测受教育者的未来发展趋向，为教育者把握教育先机，实施预防教育提供了先进的技术支撑。数据科学家维克托·迈尔-舍恩伯格认为，"大数据的核心就是预测"①。以往对学生的思想状况和各种潜在问题的判定，总是建立在假设和经验的基础之上，预测结果的正确性和准确度难以保证。而大数据通过数学算法对抓取到的各类数据进行分析和处理，整理和推断出学生在思想动向、价值取向、行为趋向和生活偏向等方面的动态和走势，"从而把握学生思想变化规律，了解学生思想需求，对有可能出现的问题和趋势进行预测，以掌握教育先机，进行预防教育，使可能出现的问题在萌芽阶段便能予以有效解决"②。其三，大数据应用有利于精准把握受教育者的思想动态，为教育者科学施教提供了重要决策依据。一般而言，对受教育者思想状况和行为动态的数据掌握得越多越全面，就越有利于教育者的有的放矢、科学决策和有效施教。传统思想政治教育的数据采集一般都是来自于较小范围的抽样调查，这种在一定范围内的问卷或访谈，虽然获取的数据具有较高的可信度，但由于样本数据获取的范围偏小，而且容易受到诸

---

① 〔英〕维克托·迈尔-舍恩伯格、肯尼思·库克耶：《大数据时代：生活、工作与思维的大变革》，盛杨燕、周涛译，浙江人民出版社2013年版，第16页。

② 杨方旭：《大数据时代背景下大学生思想政治教育新思路》，东北师范大学出版社2018年版，第83页。

多客观和主观因素影响，其代表性和精准性受到限制，往往带有刻意性或主观性。而大数据时代，由于进入了"样本＝总体"的全数据模式，任何人在任何数据技术平台上的任何活动轨迹，都可以被留存和记录下来，通过数据技术的收集、梳理、分析和融合，就可以得出某个人、某个时段、某个特定范围的精准数据资源，描绘出精确的全貌图像。通过"挖掘、集成、整合、分析"和"用户画像"，就能"洞悉隐藏在大数据背后的大学生思想特点与行为规律，科学预测其发展趋势与走向，为及时、全面、准确地了解掌握大学生的学习现状、思想困惑和心理变化，全面提升高校思想政治教育决策的科学化水平奠定了坚实基础"①。

（三）中国特色社会主义新时代迎来的发展良机

党的十八大以来，以习近平同志为核心的党中央，高举中国特色社会主义伟大旗帜，准确把握世情国情党情民情变化的新特点，解放思想、实事求是、与时俱进、求真务实、守正创新，系统回答了"坚持和发展什么样的中国特色社会主义、怎样坚持和发展中国特色社会主义"②的重大课题，提出了一系列治国理政的新理念新思想新战略，创立了习近平新时代中国特色社会主义思想，中国特色社会主义进入了新时代，"中华民族迎来了从站起来、富起来到强起来的伟大飞跃，迎来了实现中华民族伟大复兴的光明前景"③。

中国特色社会主义进入新时代，我国高校思政课建设迎来了新的发展良机，紧紧抓住这一有利机遇，乘时而进，因势而新，高校思想政治理论课必将能办得越来越好。一是以习近平同志为核心的党中央高度重视高校

---

① 陈坤、李佳:《大数据时代背景下高校思想政治教育创新研究》,《思想政治教育研究》2021 年第 1 期。

② 《中国共产党第十九次全国代表大会文件汇编》,人民出版社 2017 年版,第 15 页。

③ 《中国共产党第十九次全国代表大会文件汇编》,人民出版社 2017 年版,第 8 页。

思想政治工作，明确提出了一系列新理念新思想新战略，为我国高校思政课建设提供了重要理论指导和根本政治遵循。党的十八大以来，党中央、国务院召开了全国高校思想政治工作会议、全国教育大会、思想政治理论课教师座谈会等一系列重要会议，陆续颁布实施了《关于进一步加强和改进新形势下高校宣传思想工作的意见》（2015）、《关于加强和改进新形势下高校思想政治工作的意见》（2016）、《思政课改革创新若干意见》（2019）等重要指导性文献，习近平总书记对我国高校思想政治工作和思政课建设提出了一系列新理念新观点新要求，这就为新时代高校推动思政课改革创新指明了正确方向，提供了根本遵循。二是中宣部、教育部等中央有关部委和高等院校党政组织，认真贯彻落实习近平总书记关于思想政治教育重要论述精神和党中央决策部署，制定了一系列具体实施计划和行动方案，为我国高校思政课建设改革创新提供了重要决策依据和政策保障。为落实党中央、国务院和习近平总书记关于加强高校思政课建设的重要指示精神，中共中央宣传部、教育部印发了《关于普通高校思想政治理论课建设体系创新计划》（2015）、《新时代学校思想政治理论课改革创新实施方案》（2020），教育部印发了《高等学校思想政治理论课建设标准》（2015）、《2017 年高校思想政治理论课教学质量年专项工作总体方案》（2017）、《高等学校马克思主义学院建设标准（2017 年本）》、《新时代高校思想政治理论课教学工作基本要求》（2018）、《普通高等学校马克思主义学院建设标准（2019 年本）》《新时代高等学校思想政治理论课教师队伍建设规定》（2020）等一系列具体实施计划和行动方案，对高校思政课改革创新、建设标准、教学质量、队伍建设、基本要求等诸方面，均作出了明确规定，提出了执行路线，这就为我国高校建设什么样的思政课和怎样建设思政课提供了决策依据、实施指导和政策保障。

三是我国经济社会发展取得的重要历史性成就，为高校思政课建设守正创新提供了雄厚的经济基础、社会动力、法治保障和精神支撑。党的十八大以来，在以习近平同志为核心的党中央坚强领导下，全面贯彻新发展理念，不断深化供给侧结构性改革，着力转变经济发展方式，稳增长、促改革、调结构、惠民生、防风险，经济保持了中高速增长，经济总量稳居世界第二，经济实力、综合国力、科技实力和人民购买力显著增强。这些成就为我国高校思政课建设夯实了经济基础，提供了强大动力。全面深化改革取得重大突破，"中国特色社会主义制度更加完善，国家治理体系和治理能力现代化水平明显提高"①，为我国高校思政课建设提供了制度基础和治理经验。全面依法治国迈出重大步伐，中国特色社会主义法律体系日臻完善，法治国家、法治政府、法治社会建设稳步推进，全社会法治观念明显增强，为我国高校思政课建设发展提供了良好的法治环境和法律保障。思想文化建设取得重大进展，马克思主义在意识形态领域的指导地位不断巩固，社会主义核心价值观和中华优秀传统文化广泛弘扬、深入人心，文化自信充分彰显，思想道德建设全面加强，国家文化软实力大幅提升，中国特色社会主义文化繁荣兴盛，为我国高校思政课建设注入了文化新元素，开辟了发展新空间，丰富了有效新载体，营造了浓厚的文化氛围，提供了强有力的精神支撑。

四是马克思主义理论学科体系建设日益健全，为我国高校思政课建设固本开新提供了学科支撑和根本保证。首先，党中央、国务院高度重视马克思主义理论和思想政治教育学科建设，为高校思政课建设发展提供了重要学科支撑。2005年，中共中央宣传部、教育部作出了增设马克思主义理论一级学科的决策和部署，并于2006年正式独立设置马克思主义理论一级学科，把"思想政治教育研究"设置为马克思主义理论一级学科下的一个二级学科，从课程建设发展到学科建设，使思想政治教育有了自己的学科归属，这就为高校思政课建设提供了学科体系上的有力支撑。其次，

---

① 《习近平谈治国理政》第三卷，外文出版社2020年版，第3页。

马克思主义理论研究和建设工程的有效实施，为高校思政课固本开新提供了丰富的理论营养和学术支撑。马克思主义理论研究和建设工程，坚持以马克思主义中国化时代化理论创新成果和重大现实问题为研究重点和主攻方向，编译出版了一批批马克思主义经典著作，编写出版了体现当代中国马克思主义最新理论成果的系列重点教材，组织编写和及时修订了高校思政课系列重点教材，构建了具有中国特色、中国风格、中国气派的哲学社会科学学科体系和思想政治教育教材体系，这就为高校思政课改革发展创造了有利条件，提供了理论资源和学术支撑。再次，"思政课建设长期以来形成的一系列规律性认识和成功经验，为思政课建设守正创新提供了重要基础。"① 长期以来，广大思想政治教育工作者、管理者和思政课教师，实事求是，理论联系实际，积极探索思想政治教育规律、教书育人规律、学生成长规律，认真研究思政课教学规律，不断创新思政课的教学理论、教学模式、教学方法，积累了丰富的教学经验，创造了丰富的理论成果，为我国高校思政课改革创新提供了重要理论滋养和实践基础。

二、"办好讲好学好"思政课的现实挑战

马克思主义矛盾论原理认为，世界上的任何事物都包含着既对立又统一的两个方面，这就要求人们看问题、作决策、办事情，必须坚持一分为二的矛盾分析方法，既要看到事物的有利一面，也要认识到事物的不利一面，坚持用辩证的思维和观点思考、分析和解决问题。新时代办好我国高校思想政治理论课，既有全球化、大数据和社会主义新时代所赋予的发展机遇，也面临着诸多不利因素和挑战。正确认识和客观分析我国高校思政课改革创新过程中遇到的困难和问题，积极采取有效措施，主动应对各种挑战，必将能排除各种不利因素，战胜诸多挑战，不断推动高校思政课改

---

① 习近平：《思政课是落实立德树人根本任务的关键课程》，《求是》2020 年第 17 期。

革创新取得新进展,更好发挥立德树人和铸魂育人的关键课程作用。

(一)全球化带来的主要挑战

当今世界,随着全球化深入发展,世界多极化、文化多元化、社会信息化、发展多样化趋势日益明显,世界各国的相互联系和相互依赖更加紧密,不同国别、不同民族、不同肤色的人民长期以来形成的思想观念、价值取向、思维模式、文化习俗和生活方式,因彼此交往而相互交融、相互碰撞、相互激荡,特别是西方发达资本主义国家的意识形态渗透和价值观输出,给我国高校思政课教学带来一定的冲击和挑战。

第一,多元思想文化的交融、交织、交锋,造成了部分大学生对主流价值观的认同危机,给高校思政课进行社会主义教育、培育和践行社会主义核心价值观增加了难度和挑战。随着经济全球化的深入发展,全球化已经从经济领域扩展到政治和文化领域,经济问题政治化,意识形态问题经济化,已经成为西方主要资本主义国家向发展中国家输出、扩散和渗透文化思想、价值观念、生活方式的主要渠道和手段。在这一过程中,经济领域的全球化演变扩张为东西方国家之间的意识形态和文化话语权的冲突和争夺。特别是资本主义国家与社会主义国家之间的渗透与反渗透、颠覆与反颠覆、"和平演变"与反"和平演变"的斗争在意识形态领域表现得非常激烈,东西方思想文化和价值观的碰撞、激荡和交锋日益成为国际政治斗争的焦点。以美国为首的西方发达资本主义国家,凭借自己在经济、科技和军事等方面的强大实力,采取政治孤立、经济掏空、科技封锁、文化渗透、军事包围等卑劣手法,不遗余力地向我国推行西方的民主宪政制度、新自由主义、"普世价值"观,极力通过文化产品的输出与渗透,鼓噪和兜售自己在政治、经济和文化方面的"私货",宣扬资本主义制度,贬低社会主义制度,批判共产主义思想,并以此来混淆视听,从而引发部分大学生对社会主义产生怀疑,出现了信仰危机,不认同社会主义,不认同社会主义核心价值体系和社会主义核心价值观,给高校思政课教学带来了不少难度和挑战。

第二,爱国主义和集体主义教育受到全球化意识的冲击和挑战。全球化时代,世界各国之间的联系因利益关系和相互需要而越来越密切,国与国之间的相互依赖、相互依存变得不可或缺,全球化理念、全球化意识、全球化思维日益形成,国家、民族、地域的概念日趋淡化,传统的国家意识、民族观念、地区思维和爱国主义思想受到全球化浪潮的冲刷和挑战,一些人的爱国理念和爱国情怀被全球化意识所冲淡、所削弱。特别是以美国为首的西方主要资本主义国家,企图通过全球化来把社会主义国家裹挟在它们领导下的"西方自由世界体系"。美国学者罗伯特·赖克就曾这样说过:"我们正在经历一场变革,这场变革将重新安排即将到来的世纪的政治和经济。""每一个国家的基本政治使命将是应付全球经济的离心力,这种力量正在拆散把公民联系在一起的纽带——把更多的财富给予具有高度技能和知识的人,而降低较少技能的人的生活水平。"① 同时,西方发达国家一直卖力宣扬和推崇的个人主义、利己主义和利益至上主义,对我国传统的集体主义思想也造成了较大冲击和危害,导致了部分青年大学生的个人主义思想有所抬头,极端利己主义和利益至上主义思想有所膨胀。这就给我国高校思政课进行爱国主义和集体主义教育带来了不少困难和挑战。

第三,社会主义意识形态的巩固和防御受到来自全球性问题的冲击和挑战。全球化进程的不断加快,人类社会变成了一个毫无疆土国界的地球村,而生活在地球村里的人们,日益面临着越来越严重的各种超越社会制度和意识形态差异的诸多全球性问题和挑战,如生态失衡、气候变暖、环

---

① [美]罗伯特·赖克:《国家的作用——21世纪的资本主义前景》,徐荻洲等译,上海译文出版社1994年版,第1页。

境污染、病毒传播、毒品走私、跨国犯罪、恐怖主义、难民浪潮、伦理危机、道德滑坡、精神缺失，等等。这些全球性问题和现象涉及世界上的所有国家，而解决这些来自自然界和人类社会的各种问题，不是某一个国家或某几个国家所能解决得了的，只有世界各国团结起来，相互配合、协调一致，采取全球性行动，共同应对，才有可能得以解决。但是，由于世界各国在政治制度、经济体制、思想观念、价值理念和生活方式等方面存在着严重差异，尤其社会主义和资本主义这"两种制度"在全球化过程中的交织、交融和交锋，既引发了非制度性的贸易摩擦和利益斗争，也导致了制度性的意识形态斗争和冲突。西方主要资本主义国家在与我国进行经贸往来和文化交流过程中，帝国主义亡我之心不死，向我国输出西方的政治思想、经济模式、普适价值、腐朽观念和颓废文化，致使我国高校的部分大学生盲目崇拜、听信和模仿西方推销的那一套，甚至出现了身在"东方"、心向"西方"，反对"马列"、崇拜"宪政"，不信"主义"、迷信"思潮"等不良现象，给高校思政课教学带来了严峻挑战，社会主义意识形态的巩固和防御受到威胁，马克思主义在意识形态领域的指导地位面临被弱化的危险。

（二）互联网带来的主要挑战

习近平总书记指出："互联网是一个社会信息大平台，亿万网民在上面获得信息、交流信息，这会对他们的求知途径、思维方式、价值观念产生重要影响，特别是会对他们对国家、对社会、对工作、对人生的看法产生重要影响。"[①] 互联网是一把双刃剑，它在给人类社会和人们生产生活带来极大便利的同时，"也给世界各国主权、安全、发展利益带来许多新的挑战"[②]。在信息技术迅猛发展和互联网技术基本普及和广泛应用的新时

---

① 《习近平谈治国理政》第二卷，外文出版社 2017 年版，第 335 页。
② 《习近平致第四届世界互联网大会的贺信》，《人民日报》2017 年 12 月 4 日。

代，我国高校思政课建设既迎来了它的有利发展机遇，也带来了诸多不利因素和挑战。

其一，互联网使大学生正确价值观的形成和坚守受到严重干扰，增加了高校思想政治教育的难度，对于教育引导大学生树立共产主义理想信念和确立正确的价值观带来挑战。互联网时代，信息资源的传播进入了"空间无屏障""时间无限制""资讯无禁区"的状态，来自网络上的海量信息资源，良莠不齐，鱼龙混杂，黑白难分，真假难辨，特别是一些毒害青少年身心健康的不良信息，甚至有不少诋毁马克思主义、反对社会主义、攻击中国共产党、丑化革命领袖和英雄人物、否定历史等的垃圾信息、错误信息、反动信息，无形中会对大学生的思想意识产生一定的冲击。由于大学生正处在世界观、人生观、价值观的形成时期，好奇心强，模仿能力强，甄别能力差，免疫力弱，较为容易受到各种不良信息的影响，致使一些大学生"对中国特色社会主义制度产生怀疑乃至否定""对马克思主义和中国共产党以及中国特色社会主义制度进行诋毁""对社会主义和共产主义产生消极悲观情绪""理想信念动摇"。① 这就给教育引导大学生树立共产主义理想、坚定社会主义信念、坚持党的领导和听党话、跟党走、确立正确的人生观和价值观造成诸多干扰和阻力，给高校思政课教学带来较大难度和挑战。

其二，互联网使高校思政课教师的主体地位和主导作用受到严重挑战，思想政治教育话语权面临被削弱的危险。思政课教师是先进思想文化和主流价值观的信奉者、坚守者和传播者，是"给学生心灵埋下真善美的种子，引导学生扣好人生第一粒扣子"② 的播种者、指导者和引路人，肩负着"传播知识、传播思想、传播真理，塑造灵魂、塑造生命、塑造新人

---

① 邓福蓉：《改革开放以来大学生价值观教育研究》，人民出版社 2021 年版，第 124 页。
② 习近平：《思政课是落实立德树人根本任务的关键课程》，《求是》2020 年第 17 期。

的时代重任"①。应该说，这些职业性质和特点决定了思政课教师在教育教学过程中的主体地位和主导作用，其权威性不容挑战。

其三，互联网使大学生优秀道德品质和健康生活方式的养成受到威胁，给高校思政课教师落实立德树人根本任务带来挑战。由于互联网的虚拟性、隐蔽性、自由性、共享性和娱乐性等特点，导致了大量缺乏伦理道德的、虚假的、猎奇的不良信息大量涌入，甚至包括淫秽、枪杀、色情、暴力、封建迷信等"黄赌毒"信息也在网络上出现，严重冲击着大学生的道德认知和纯洁心灵。一方面，由于网络的匿名性、隐蔽性，人的真实的信息被遮蔽，这就很容易导致大学生的道德观念淡化、道德认知弱化、道德情感退化、道德行为虚化，给落实立德树人根本任务和培养大学生的优良道德品质带来困难和挑战。另一方面，因为网络的动感性和娱乐性很强，对广大青年学生具有巨大的诱惑力，尤其是一些关涉暴力、色情、甚至反动的网络视频和游戏，往往容易使个别青年学生沉溺于虚拟世界之中而"一网情深"、不能自拔，从而引发"互联网成瘾综合征"，成为"网络瘾君子"，结果导致厌学、焦虑、失眠、自闭、抑郁、人际沟通困难、神经衰弱等的心理问题，心理机智发生变态，人格结构出现异常，影响正常的学习和健康的生活。这一切无疑给高校思政课教师落实立德树人根本任务、培养担当民族复兴大任的时代新人带来不少难度和挑战。

其四，互联网使高校思政课教师的知识结构和综合素质受到挑战，如不引起重视加以优化和提升，就会面临被淘汰出局的危险。随着互联网、大数据、微时代、融媒体的迅速发展，导致了信息传播的"脱域化""去中心化"和"选择性弱化"，对教育者运用网络媒体技术的能力带来新的挑战。传统的思想政治教育模式和手段受到冲击，一些思政课教师的知识结构因相对稳定而变得日趋陈旧和老化，特别是运用现代信息技术的观

---

① 习近平：《思政课是落实立德树人根本任务的关键课程》，《求是》2020 年第 17 期。

念、能力和手段不强，甚至有的教育者故步自封，不愿意接受新生事物，不能做到与时俱进，钟情于传统的说教方法，抵制、拒绝学习和使用新技术手段与方法，从而导致教育教学缺乏吸引力、感染力和亲和力，教学目标难以实现。因此，如果不学习新知识、新技术，不优化知识结构，不提高综合素质，思政课教师将面临被淘汰的危险。

（三）社会转型变革带来的主要挑战

受世界大发展大变革大调整的深刻影响，我国社会已迈入转型变革的深度调整时期，全面深化改革进入深水区和攻坚期，市场经济体制转型升级发生复杂变化，转方式、调结构、增动力面临诸多困难，发展不平衡不充分问题更加明显，各种社会民生问题依然突出，如此等等。这些困难和问题，不仅成为制约我国经济社会发展的短板，而且还冲击着我国民众的精神世界和文化生活，影响到一些青年的思想意识、道德观念和价值取向，给我国高校思政课教学带来了严峻考验和挑战。

首先，市场经济的逐利倾向，容易给正在成长的大学生造成思想认识上的混乱和偏差，甚至感染和滋生拜金主义、利己主义、个人主义等错误思想，使集体主义观念和原则受到冲击，给高校思政课教学造成新的困境和挑战。计划经济体制向市场经济体制的深度变革，引起了社会结构的深刻变动，利益格局也随之发生深刻调整，人们的思想观念、道德意识、价值取向和生活方式也因之发生深刻变化，这就给处于成长阶段的一些大学生带来影响，使他们的精神世界和价值观念受到市场经济的冲击，部分大学生的自我潜在意识和意志日益被物化，片面追求个人利益的错误思想日益严重。由于市场化带来的经济成分、组织形式、就业方式、利益关系和分配模式多样化趋势凸显，一些大学生越来越关注个人的切身利益，对自我生存、自我成长、自我发展、自我价值的实现过于在意，对学习、考试、评优、入党、毕业、就业、公平、维权等涉及个人自身利益的问题过分看重，盲目追求世俗化的名和利，忽视自我独立精神和综合素质的育养，对他人、对社会、对集体、对国家漠不关心，缺乏社会责任感和担当精神，很容易滋生利己主义、个人主义、利益至上主义，忽视甚至否定集体主义原则，给高校思政课教学带来不少困难和挑战。

其次，改革开放带来的新情况、新矛盾、新问题，容易造成一些大学生对社会产生负面看法和不满情绪，给教育引导大学生树立共产主义远大理想、坚定"四个自信"和立志听党话、跟党走造成一定的阻力和挑战。改革开放是决定中国前途命运的关键一招。改革开放 40 多年来，我国经济社会取得了历史性成就，全面建成了小康社会，迎来了从站起来、富起来到强起来的伟大飞跃。部分青年学生盲目崇拜西方的物质财富、社会制度、自由思想和生活方式，从而对中国的传统文化、现行制度和生活方式产生逆反心理，甚至导致动摇"四个自信"，消极看待"两个维护"等。这就无疑会给高校思政课教学带来不少困难和挑战。

再次，新时代我国经济社会发展的不平衡不充分，造成了教育发展的非充分性和非均衡性，给我国高校思政课建设的充分发展和协同推进带来一定困难和挑战。中国特色社会主义进入新时代的一个重要标志，就是"我国社会主要矛盾已经转化为人民日益增长的美好生活需要和不平衡不充分的发展之间的矛盾"①。这就告诉我们，新时代的人民越来越向往美好的生活，越来越期盼有更好的精神生活、更好更优质的教育。虽然说我国教育取得了显著成就，实现了教育大国的崛起，但仍存在发展的不充分性问题，难以更好满足高品位、高质量、多样化的教育需求，在教育理念、办学条件、经费投入、师资水平、学科发展、教学方法、技术手段等方面仍存在发展不平衡、不充分、不协调问题。这就给我国高校思政课建设充分发展、均衡发展、协同发展带来不少困难。正如《凝心聚力：新时代思

---

① 《中国共产党第十九次全国代表大会文件汇编》，人民出版社 2017 年版，第 9 页。

想政治教育研究》一书中所言:"新时代思想政治教育发展,从大的方面来讲,其与经济社会发展之间存在一个不可忽视的结构性矛盾点,从小的方面来讲,以'思政课程'和'课程思政'为主体的系统化、协同性、一体化教育体系仍存在不足。"①

三、"办好讲好学好"思政课的战略意蕴

"办好思想政治理论课意义重大"。习近平总书记在学校思想政治理论课教师座谈会上强调指出:"当前形势下,办好思政课,要放在世界百年未有之大变局、党和国家事业发展全局中来看待,要从坚持和发展中国特色社会主义、建设社会主义现代化强国、实现中华民族伟大复兴的高度来对待。"② 新时代高校"办好讲好学好"思想政治理论课,是贯彻落实习近平总书记关于思想政治教育和思政课重要论述的根本遵循和实践行动,对于应对世界百年未有之大变局,服务中国特色社会主义发展大局,全面建设社会主义现代化强国都具有重要战略意义。

(一)世界百年未有之大变局的战略应对

习近平总书记指出,大变局带来大挑战,也带来大机遇,我们必须因势而谋、因势而动、因势而为③。置身于"百年未有之大变局"之中的高校思政课教学工作,不应缺位,必须履职担当,主动应对,有责任和义务坚守住国家意识形态安全的前沿阵地,大力加强马克思主义理论教育,坚持用马克思主义立场、观点和方法,教育引导大学生思考、分析和研判风云变幻的国际形势,把握人类社会发展基本规律,透过现象看本质,认

---

① 李伟、栾淳钰、赵冶:《凝心聚力:新时代思想政治教育研究》,重庆出版社2020年版,第33—34页。

② 习近平:《思政课是落实立德树人根本任务的关键课程》,《求是》2020年第17期。

③ 《十八大以来重要文献选编》(下),中央文献出版社2018年版,第10页。

清世界发展大势，甄别各种社会思潮，在国际比较中深刻认识资本主义制度的寄生性、腐朽性，资本主义社会基本矛盾的不可调和性和不可根治性，资产阶级自由、民主、人权的虚伪性和欺骗性；教育引导大学生正确认识社会主义制度的优越性，深刻理解中国特色社会主义之所以好、中国共产党之所以能、关键是因为马克思主义行、中国化时代化的马克思主义行的深刻道理，从而使大学生牢固树立共产主义远大理想和中国特色社会主义共同理想，坚定"四个自信"，做到"两个维护"，捍卫"两个确立"，增强感恩党、听党话、跟党走的思想感情和行动自觉，提高国际意识形态斗争水平，培养抵御和防范我国意识形态安全和各种国际风险的能力，维护我国意识形态安全，不断巩固马克思主义在意识形态领域的指导地位。

（二）党和国家事业发展全局的智力支持

习近平总书记多次强调："不谋全局者，不足谋一域。"① 所谓全局，指的是事物的整体局面及其发展的整个过程。马克思主义唯物辩证法原理认为，世界上的任何事物都是普遍联系和变化发展的，不联系、不变化、不发展的事物是不存在的。这就要求人们在看问题、做工作、办事情时，要善于用联系的、全面的和发展的观点和方法，胸怀全局，放眼整体，把握全貌，坚持普遍联系而非孤立单一、全面系统而非片面零碎、变化发展而非静止不变的观察、思考和分析问题，通盘考量，统筹谋划，做好各项工作，办好各种事情，解决好各种问题。党和国家事业发展全局，是体现一定时期内党和国家中心工作、主要目标和根本任务的落实、实施和完成的总体状况，它是由一定时期内党和国家治国理政的总方针、总战略、总布局决定的，是做好一切工作的总依据、立足点和出发点，对于做好经济社会发展各项工作具有统领性、指导性和协同性意义。党的百年奋斗历史

---

① 《习近平谈治国理政》第一卷，外文出版社 2018 年版，第 88 页。

告诉我们,中国共产党在领导中国人民进行革命、建设和改革开放的伟大历程中,在不同历史时期,都能根据当时的主要形势和重要问题,提出党和国家的中心工作、奋斗目标和主要任务,形成关涉党和国家事业发展的全局性工作。这个全局,不是一地一隅、一行一业的大局,而是体现国家层面和全社会视野的站位和判断。正是因为中国共产党具有谋全局、谋全面、谋整体、谋大业的基因密码和优质禀赋,才铸就了党的历史的百年辉煌。党的十八大以来,以习近平同志为核心的党中央团结带领全国各族人民,高瞻远瞩,通观全局,把握大势,放眼未来,审时度势,擘画中华民族伟大复兴的千秋大业,坚持和发展中国特色社会主义,明确提出"五位一体"总体布局和"四个全面"战略布局,坚持以经济建设为中心,全面推动经济建设、政治建设、文化建设、社会建设、生态文明建设,强调通过"全面深化改革""全面依法治国""全面从严治党",推动"全面建成小康社会""全面建设社会主义现代化国家",进而"把我国建成富强民主文明和谐美丽的社会主义现代化强国"①。这"五位一体"和"四个全面"伟大布局,使中国特色社会主义现代化建设各领域、各方面、各环节协调推进,朝向全面建成社会主义现代化强国和中华民族伟大复兴的宏伟目标前进,构成了新时代党和国家事业发展全局。

习近平总书记在全国宣传思想工作会议上强调,要"推动宣传思想工作不断强起来,促进全体人民在理想信念、价值理念、道德观念上紧紧团结在一起,为服务党和国家事业全局作出更大贡献"②。高校思政课教学工作,必须服从和服务于党和国家事业发展全局,唱响主旋律,传播正能量,激发精气神,充分发挥自身的独特优势和关键作用,坚持用习近平新时代中国特色社会主义思想武装师生头脑、指导实践工作,"自觉承担起

---

① 《中国共产党第十九次全国代表大会文件汇编》,人民出版社2017年版,第23页。
② 《习近平谈治国理政》第三卷,外文出版社2020年版,第310页。

举旗帜、聚民心、育新人、兴文化、展形象的使命任务"①，引导和帮助大学生坚定正确政治方向，坚定对马克思主义信仰、对社会主义和共产主义信念，厚植爱国主义情怀，扣好人生第一粒扣子，志存高远，把"爱国情、强国志、报国行自觉融入坚持和发展中国特色社会主义事业、建设社会主义现代化强国、实现中华民族伟大复兴的奋斗之中"②，做党和国家事业发展全局的坚定维护者、坚决支持者和奋力贡献者，矢志为中国特色社会主义现代化建设和党的事业奉献青春才华、提供智力支持。

（三）"围绕中心、服务大局"的逻辑遵循

习近平总书记指出："宣传思想工作一定要把围绕中心、服务大局作为基本职责，胸怀大局、把握大势、着眼大事，找准工作切入点和着力点，做到因势而谋、应势而动、顺势而为。"③ 所谓大局，它与全局不同，是相对局部而言的，指的是全局中最重要的部分，关涉着事物变化发展的根本性问题和战略性问题。马克思主义唯物辩证法认为，整体与部分是事物联系与发展的基本环节，整体包含部分，整体由部分组成，没有部分便没有整体；部分映现整体，"整体制约着部分，没有整体便没有部分"；"整体与部分在一定条件下相互转化"④，部分在一定条件下可转化为整体，整体在一定条件下可转化为部分。这就要求人们在认识事物时首先要弄清部分的性质、特点和功能，然后达到对整体的认识。因此，更要注意研究和把握对全局有决定性意义的某一局部，即大局。所谓"一着不慎，满盘皆输'，乃是说的带全局性的，即对全局有决定意义的一着"⑤。正是因为这

①　《习近平谈治国理政》第三卷，外文出版社 2020 年版，第 312 页。
②　《习近平谈治国理政》第三卷，外文出版社 2020 年版，第 329 页。
③　《习近平谈治国理政》第一卷，外文出版社 2018 年版，第 153 页。
④　《马克思主义哲学》（第二版），高等教育出版社 2020 年版，第 97、98 页。
⑤　《毛泽东选集》第一卷，人民出版社 1991 年版，第 175 页。

个关键"一着"、这个关键大局决定着局部的命运，对事物变化发展的方向起着主导性作用，所以，抓住了大局，也就抓住了工作的中心和重点，抓住了决定工作成败得失的关键。习近平总书记多次强调要树立和增强大局意识，胸怀大局，把握大势，着眼大事，坚持和发展中国特色社会主义，统筹推进"五位一体"总体布局，协调推进"四个全面"战略布局，实现第二个百年奋斗目标，全面建成社会主义现代化强国，实现中华民族伟大复兴的中国梦。这就是新时代党和国家的中心工作和发展大局。

新时代高校思政课教学作为宣传思想工作的前沿阵地和主要渠道，必须全面履行好围绕中心、服务大局的基本职责，服从服务于党和国家的中心工作和发展大局，自觉在大局下找到坐标、找准定位，在大局下思考、在大局下行动，教育引导大学生"正确认识和坚定维护党和国家工作大局、改革发展稳定大局、党的领导和社会主义政权安全大局、全党全国团结大局，自觉在大局下想问题、做工作"①；正确认识与理解坚持和发展中国特色社会主义是当代中国发展进步的唯一正确方向，是全面建设社会主义现代化强国、实现中华民族伟大复兴的必由之路；正确认识和理解中国梦所蕴含的国家梦、民族梦和个人梦的内在统一性，用中国梦激扬青春梦，激励大学生把个人理想追求融入国家和民族的伟大事业中，争做走在时代前列的追梦者、筑梦人和圆梦能手；正确认识和理解中国共产党为什么能，立志用勤奋学习和增长本领来感恩党、报效祖国，努力成为担当民族复兴大任的时代新人。

第二节　高校"办好讲好学好"思政课的问题短板

党的十八大以来，高校思政课建设取得了显著成效，同时也存在一

---

① 《习近平关于全面从严治党论述摘编》，中央文献出版社 2016 年版，第 77 页。

些亟待解决的问题，诸如："有的地方和学校对思政课重要性认识还不够到位""学校、家庭、社会协同推动思政课建设的合力没有完全形成，全党全社会关心支持思政课建设的氛围不够浓厚""课堂教学效果还需要提升""教材内容还不够鲜活""队伍结构还要优化""体制机制还有待完善""评价和支持体系有待健全"①，等等。这些问题短板正是制约我国高校思政课建设发展的瓶颈，是新时代高校思政课改革创新必须予以克服的主要问题，是全面提升思政课教学质量和育人水平亟待补齐的战略短板。

一、基于办好思政课的短板问题

高校思想政治理论课建设发展是一项复杂的系统工程，办好新时代的高校思政课，需要全党全社会和学校全体师生的高度重视和关心支持，统一认识，形成合力，才能实现预期目标，取得立德树人、铸魂育人的实际成效。随着高校思政课教学改革的全面深化，办好思政课所面临的深层次问题日益显现，这是扎实办好思政课必须予以克服的短板问题。

(一) 对办好思政课的重要性认识仍需加强

习近平总书记在全国学校思想政治理论课教师座谈会上强调，"有的地方和学校对思政课重要性认识还不够到位"②，这就明确指出了思政课建设中仍存在着思想认识问题。当前，有的地方和学校对办好思政课仍缺乏清醒认识，政治站位不高，积极性不够，搞形式主义，存在着"说起来重要、做起来次要、忙起来忘掉"等不良倾向，严重影响到思政课改革创新的有效推进。

一是有的高校党政领导对思政课重要性认识仍未到位。应该说，当前

---

① 习近平：《思政课是落实立德树人根本任务的关键课程》，《求是》2020 年第 17 期。
② 习近平：《思政课是落实立德树人根本任务的关键课程》，《求是》2020 年第 17 期。

高校的思政课建设工作，由于党中央的高度重视，特别是习近平总书记提出了一系列新理念新思想新要求，中共中央宣传部、教育部和各地教育主管部门抓落实工作持续强劲，引起了全国各高校党政领导的重视和关注，形成了高校党政主要领导亲自分管、亲自部署、亲自把关的新态势，高校思政课建设比以往任何时候都更加受到重视，这一点是值得肯定的。然而现实情况是，至今仍有一些高校的党政领导对思政课建设重要性的认识还不到位、不深刻，表面上看起来重视，对上级的指示和文件精神都传达了、落实了、部署了，相关会议也在不断召开着，书记、校长们进教室听课也在坚持着，但一旦涉及思政课建设方面的经费投入、条件改善、职称晋升、津贴补助、培训进修等实质性问题，却总是难以完全落实到位和及时解决。这就说明，有的高校党政领导干部对思政课建设重要性的深层次认识仍不够到位。

二是对思政课师资队伍建设重要性认识仍需加强。思政课师资队伍是办好思政课的关键人物。长期以来思政课教师严重存在着数量不足、专业不对口、年龄结构不合理、高职称比例偏低等问题。近几年来，各高校根据上级指示精神和硬性规定，基本上都按师生比要求配置了思政课师资，虽然从数量上看是勉强达标了，但"拉郎配"现象在一些高等院校程度不同地存在，尤其是理工类和高职院校更为突出，一些非本专业人员被拉到思政课教师队伍中来兼任教学工作，过去那种似乎思政课谁都能上的惯性思维仍颇有市场。这种现象客观上讲却是一种不重视、不严谨、不规范的做法，也反映出这些高校对思政课教师队伍建设仍不够重视。

三是对思政课教学目标的重要性认识不到位。思政课是立德树人和铸魂育人的关键课程，承担着培养和提高大学生思想政治素质和科学理论素养的重要任务，对于教育引导大学生树立崇高理想信念、培养正确世界观、人生观和价值观，培养担当民族复兴大任的时代新人具有不可替代的重要作用。教学目标虽然有明确规定和要求，但对于如何有效落实这些目标，个别高校的教育教学主管部门对其重要性的认识仍较为模糊。有些高校的教育教学职能部门，仍然把思政课作为一般课程来对待，未能认识到它的重要性，更有甚者，还把思政课作为"副课"来看待和处理。个别高校思政课的大班化教学现象仍很普遍，课程以考查为主的考核方式也很普遍。这种大班化教学和"温良恭俭让"的考核方式，教学效果肯定会打折扣，教学目标也就难以完全实现。这些现象和问题，就折射出一些高校的教学管理部门和相关人员，对思政课教学目标的重要性认识仍不够到位。

（二）办好思政课的体制机制有待健全

习近平总书记在全国学校思想政治理论课教师座谈会上强调，思政课建设中存在着"体制机制还有待完善，评价和支持体系有待健全，大中小学思政课一体化建设需要深化"[①] 等诸多亟待解决的问题。这就明确指出了思政课建设中仍存在着体制机制不完善、不健全问题，这无疑是制约高校思政课创新发展的重要短板。

第一，一些高校思政课教学管理体制仍不够完善和健全。当前，全国绝大部分高等本科院校都独立设置了马克思主义学院，高职高专院校也独立设置了马克思主义学院或思想政治教育教学、公共课教学工作部（系），院部系下又按课程类别分设教研科、室、组，基本形成了学校党委直接分管、教育教学二级机构独立运行、各基层教研部门独立开展教育教学活动的管理体制。这种科层式管理体制虽然有利于分工负责、落实任务和提高管理效率，但如何克服这种垂直式管理模式造成的上层"官本位"主义，而下级的被动应付，如何保证信息传递的原汁原味和快速有效，解决信息的失真、失时、失效、失灵问题，如何有效发挥学术资源在课程建设中的重要作用，充分调动思政课教师的主动性、积极性、创造性，以及如何加

---

① 习近平：《思政课是落实立德树人根本任务的关键课程》，《求是》2020 年第 17 期。

强思政课的各门具体课程之间的相互协调，形成教育之合力等问题，都是思政课深化改革需要补齐的制度与机制短板。

第二，高校思政课过程性教学中体现"以学生为中心"和"思想融入点"的制度机制有待重构、健全和完善。当下的高校思政课建设迎来了创新发展的好环境和好时机，但如何才能真正把立德树人的根本任务落到实处，在思政课过程性教学中体现"以学生为中心"的新理念新要求，把习近平新时代中国特色社会主义思想和社会主义核心价值观等先进理论融入和贯穿于课堂教学全过程，并使之入学生之耳之脑之心，这是新时代高校思政课改革创新的着力点和突破口，是遵循思想政治教育规律、教书育人规律和学生成长成才规律的内在要求，对于改变传统上"以教师为中心"的教学模式，充分调动学生学习主体的主动性、能动性和创造性，进一步增强思政课教学的针对性、吸引力和实效性都具有重要意义。

第三，高校思政课的考核评价机制有待于在改革创新中发展完善。现行的思政课考核评价，仍然停留于传统的评价模式，考核评价学生的主要方式仍是考试，尤以终端考试的量化指标为标准，在目标、内容和方法上，注重对知识的识记、理解和掌握情况，以量性分析为主，强调标准化、统一化和程序化，"考"仍然是老师考核评价学生的重要方式，"分"仍然是检验学生学习效果的重要标准。在"考考考"的指挥棒指挥下，学生仍然是被老师操控的"知识容器"，从而忽视了学生作为学习主体的能动性作用，对学生缺乏过程性考核、发展性评价、综合性考核，未能形成科学化、个性化、综合化考核评价机制，师生的教与学的积极性、主动性、创造性均难以有效发挥，这是摆在高校思政课教学改革过程中亟待补齐的问题短板。

第四，大中小学思政课一体化建设体制机制有待于健全和完善。习近平总书记在全国思政课教师座谈会上，既强调了大中小学循序渐进、螺旋上升地开设思政课的重要性，也明确提出"要把统筹推进大中小学思政课一体化建设作为一项重要工程"来抓的紧迫性。党的二十大报告中特别强调：要"完善思想政治工作体系，推进大中小学思想政治教育一体化建设"①。当前，我国的大中小学思政课建设基本上还是自行其是的，各学段之间尚未形成有机联系和有效衔接，各学段思政课的教学目的、课程目标、教材编写、方法手段、考核评价等环节，仍缺乏整体性、层次性、递进性、一体化，尚未形成承前启后、循序渐进和螺旋上升的逻辑关系，致使大中小学的思政课仍然存在着目标重叠、内容重复、表述相似、方法雷同等现象和问题，这是推动思政课深化改革必须着力解决好的体制问题。

二、基于讲好思政课的短板问题

学校能不能办好思政课、学生能不能学好思政课，其关键在于教师能不能讲好思政课，能不能充分发挥好教师的积极性、主导性、创造性。列宁曾经指出："在任何学校里，最重要的是课程的思想政治方向。这个方向由什么来决定呢？完全而且只能由教学人员来决定。"② 习近平总书记指出："讲好思政课不容易，因为这个课要求高。"③ 正是因为思政课教学涉及的知识面广、政治性强和要求性高，这样的特殊性对教师综合素质的要求就特别高。随着高校思政课改革创新的不断深化，思政课教师队伍中制约提升教学质量和效果的诸多短板问题不断凸显，教师队伍的整体素质、知识结构、学科素养、研究能力、教学方法等方面，都是亟待补齐的问题短板。

（一）立德铸魂育人意识有待进一步加强

教师是塑造人类灵魂的工程师。思政课教师是落实立德树人根本任务

---

① 《中国共产党第二十次全国代表大会文件汇编》，人民出版社 2022 年版，第 37 页。
② 《列宁全集》第 45 卷，人民出版社 1990 年版，第 249 页。
③ 习近平：《思政课是落实立德树人根本任务的关键课程》，《求是》2020 年第 17 期。

的关键人物,给正处在人生"拔节孕穗期"的青少年埋下真善美的种子、扣好人生第一粒扣子,是思政课教师立德树人、铸魂育人、教书育人的题中之义和职责担当。但是,客观地讲,目前高校思政课教师的"育人"意识仍不够强,对"立德""铸魂""树人"的重要性认识仍较为模糊,存在着"教书"与"育人"的脱节。在思政课教学过程中,"立德""铸魂""树人"的理念,并未得到有效落实,有的思政课教师仍徘徊于为教而教,被动应付,至于教育对象能否成为具有大德大爱大情怀的人,能否成为担当民族复兴大任的时代新人,则并未予以重视。

一是专业认知和职业意识需要进一步加强。在现今的不少高校中,仍有一部分思政课教师缺乏清醒的专业认知和职业意识,对思政课的地位、作用、功能认识模糊不清,不能从宏观的、全局的、长远的、发展的眼光去看待思政课教学工作的重要性,没有真正认识到思政课对学生建构主流政治思想、培育高尚道德情操、树立正确价值观念的重大作用,总是习惯性于把这门课程与其他课程相提并论,甚至还有意无意地自我矮化、贬低思政课的功能和作用,从而影响到思政课教学的实际效果。

二是"立德树人"和"铸魂育人"的理念有待加强。立德树人,铸魂育人,"思政课作用不可替代,思政课教师队伍责任重大"[①]。这既是习近平总书记对思政课和思政课教师重要性的充分肯定,也是对思政课教师讲好思政课寄予的厚望和鞭策。但从目前的教学实践来看,有一部分的高校思政课教师仍只重视"教书"而忽视"育人",只管"教书"而不管"育人",存在着"教书"与"育人""育德""铸魂"的脱节现象。课堂教学仍强调"教师中心论",突出以教师为中心,重视的只是"教德""教授""教态",而不是以学生为中心,忽视教育对象的"学德""学养""学态",教

---

① 《习近平主持召开学校思想政治理论课教师座谈会强调 用新时代中国特色社会主义思想铸魂育人 贯彻党的教育方针落实立德树人根本任务》,《人民日报》2019 年 3 月 19 日。

师注重的仍是"教"的作用，强调的是知识传授的教学效果，而对学生是否自主吸收、能否自我消化，以及政治思想和道德品质的具体变化未能引起足够关注，从而使学生的内在学习潜能和养成动力得不到有效释放和充分张扬。

三是讲好思政课的信心有待增强。讲好思政课"最重要的是解决好信心问题"。在现今的高校思政课教师当中，有一些从教者对马克思主义理论和科学社会主义思想缺乏系统学习和深入研究，对教学过程中遇到的理论问题难以阐释清楚，面对学生提出的现实困惑难以从学理逻辑上厘清理透，难以令学生信服，这样，不仅给自己造成了重重疑惑，导致了信心不足，而且还会对学生产生负面影响，使学生对先进理论的真学、真懂、真信、真用大打折扣。

（二）教学内容和方法手段创新相对滞后

习近平总书记指出，"思政课教学是一项非常有创造性的工作""如果做一天和尚撞一天钟，照本宣科、应付差事，那'到课率'、'抬头率'势必大打折扣"①。高校思政课教学中，照本宣科、应付差事、完成任务等类似的教学现象还在个别高校客观存在着，教学内容、教学方法与教学手段的创新能力仍相对滞后，成为推动思政课改革创新必须突破的瓶颈。

其一，以教师为中心的传统教学模式积习难改。教与学是一对双边关系，是平等主体间的对话与合作，教师的教是外因，学生的学是内因，教的外因只有通过学的内因，才会发挥作用，因此，充分调动学习主体的能动性，在教育教学中显得尤为重要。但是，由于受到传统定式的影响，很多教师重视的仍是"教"，忽视学生的"学"，突出教师的主导作用，强调"灌"与"输"，把学生看成是被动接受指令的客体容器，当作是被填充的

---

① 习近平：《思政课是落实立德树人根本任务的关键课程》，《求是》2020 年第 17 期。

"知识篓子",轻视学生的"学"与"化",师生之间沟通少、交流少、互动少,不给学生留有思考余地和讨论机会,甚至对学生所持有的个人观点与看法,采取高压态势,压制学生的创新思维和个性张扬,片面要求学生盲目接受令学生难以理解和认同的观点,垄断课堂的时空和话语霸权。这样做容易引起学生逆反心理,造成师生之间的对立情绪,消极抵抗,教学效果适得其反。

其二,教学内容常讲常新能力相对滞后。思政课是一门与时俱进的课程。思政课教学涉及的知识面相当广泛,历时性与共时性较强,既涉及马克思主义基本理论、政治、经济、历史、社会、世情、国情、党性、民情,也关联着国际国内最新发展形势和动态、党和国家的大政方针及其调整变化等,如果对思政课教学内容的讲解和阐释,不能理论联系实际,不能将课本知识与学科理论相互贯通,不能紧密联系国际国内最新发展形势,就难以做到常讲常新并取得实际效果。纵观当前在岗的思政课教师,有相当部分的教师缺乏对学生的全面了解,社科学养不扎实,人文情怀不深厚,国际视野不开阔,仅局限于应付完成教学任务,对世界形势关注不多,对国家大事关心不够,所掌握的社会素材和文献资源非常有限,上课时难以做到理论联系实际、深入浅出、浅入深析,教学效果大打折扣。

其三,教学方法与手段仍是"老调重弹"。个别高校的思政课教学仍是以一本教材、一张嘴巴、一支粉笔、一个课件、一台电脑、一张屏幕为传播介体,"涛声依旧"地照本宣科,"满堂灌"地"重复昨天的故事"。一方面,年龄偏大的一些教师擅长于传统的教学模式,教材、教案、口授、板书,附带着文字搬运式的课件,贯穿着整个课堂,教学缺乏情景性、感受性、吸引力。另一方面,一些青年教师虽然善于应用多媒体教学手段,课件制作得较为精美,外观形式也很鲜活,可内容空洞虚浮,花里胡哨,"口授"变成了"机灌","师生对视"变成了"人机对话","照本宣讲"变成了"读屏宣科",教学缺乏理论性、思想性、深刻性。

其四,实践教学能力创新不够。党中央、国务院高度重视实践教学,在中共中央宣传部、教育部出台的有关文件中,都特别强调了实践教学的重要性,对如何有效开展实践教学提出了一系列指导性意见,各高等院校也都在思政课教学过程中增加了实践教学环节和考核目标,开展了形式多样的实践教学,积累了一定的经验。但是,从教师的角度来看,一些教师对实践教学的理念仍未引起足够重视,仍存在着重理论、轻实践,重课内、轻课外等倾向,对实践教学的制度安排、组织管理、沟通协调、检查考核等缺乏创新思维和创新举措。高校的思政课实践教学环节,一般都流于形式,除了"放羊式"的社会调研,除了"保姆式"的实地考察,就很少有别的创新途径和形式。这些"保姆式""放羊式""应景式""任务式"的实践教学形式,不但不能取得实质性效果,反而容易促长形式主义,给学生留下"走过场"的印象。

三、基于学好思政课的短板问题

马克思主义认为,内因是变化的根据,外因是变化的条件,外因只有通过内因而起作用。学生能不能学好思政课,能不能真正掌握先进理论并用之以指导实践,既离不开学生这个学习主体的内因作用,也不能忽视影响学生学习的外部条件因素。分析当前大学生对学好思政课存在的问题,除了学校在办好、教师在讲好思政课方面存在的问题外,来自大学生学习主体自身的因素,以及影响大学生学习的外部条件和环境因素也是不可忽视的短板问题。

(一)学习主体侧存在的短板

现今高校思想政治理论课的学习主体是"00后"成长起来的大学生,他们的生理机能和心理机制发育正处于接近成熟的关键时期。这个时期的大学生,思维活跃、反应敏捷、思想早熟、争强好奇、叛逆多疑、偏执任性，心理脆弱、追求现实，责任意识淡、实践能力差、免疫力低、抗挫力弱，体现出独立性、选择性、多变性和差异性日益增强的鲜明个性特点。这些鲜明的个性特点，自然会反映到他们的日常学习和生活中来，对高校思政课的认识和学习自然会产生重要影响，尤其是对学习思政课产生的片面看法、怀疑态度和抗拒心理，都成为当代大学生学好思政课的短板障碍。

其一，对学习思政课的片面认识。思政课是立德树人、铸魂育人的关键课程，对于教育引导大学生确立正确"三观"、树立崇高理想、弘扬和培育社会主义核心价值观、涵育高尚道德情操均具有不可替代的作用；对于掌握科学理论和先进思想，树立正确政治立场和观点，促进人的全面发展、培养高素质的劳动者和建设者具有重要意义。但许多大学生均未能真正深刻地认识到这一点。他们想到的都是课程的实用性、功利性、增值性，学了这门课程对就业、找工作、发展创业有没有实际价值和帮助。由于不少大学生对学习思政课的重要性和目的性不明确，容易引发歧见和疑义，不是"我要学"而是"要我学"，学习完全处于被动应付状态，这样无的放矢的学习，不仅学得很累、很盲然，而且收效不明显，难以取得较好的学习效果。

其二，大中小学思政课学习脱节带来的厌学情绪。众所周知，我国小学、初中阶段开设的"道德与法治"课，高中阶段开设的"思想政治"课，高中文理分科后，文科学生开设"思想政治"课，成为高考文综必考科目。而理科学生不再开设"思想政治"课，高考不作必考科目要求，思想品德考核要求一般都流于形式。如此一来，我国理工农医类这支体量庞大的大学生群体，因为缺乏厚实的思政知识积淀，造成了学生在学习衔接上的严重脱节。同时学生还受到高考"指挥棒"的影响，部分本来就对"思想政治"课无兴趣的学生，更是认为思政课学与不学、学得好不好都无所谓。而文史类的大学生虽然高中阶段学习过"思想政治"课，但由于大学中的思政课与中学学过的知识大同小异，存在着内容重复、观点类似、表述雷同等现象，甚至由于内容更庞大、理论更深奥、术语更抽象等原因，从而导致个别大学生不想学、不愿学、学不好。这也正是现阶段"要把统筹推进大中小学思政课一体化建设作为一项重要工程，推动思政课建设内涵式发展"① 的旨趣所在。

（二）学习环体侧引起的"破窗效应"

外因是变化的条件。马克思恩格斯在阐述"人创造环境"的同时，也特别强调"环境也创造人"，认为"每个个人和每一代所遇到的现成的东西""对人们的发展所起的作用和影响"②，丝毫都不会受到其他因素的干扰。当今时代，既是一个充满希望的时代，也是一个极具挑战的时代。生长在政治多极化、经济全球化、思想多元化、文化多样化、社会网络化环境下的大学生，他们的思想观念、价值取向和行为方式，无不都深深打上了时代烙印，给他们接受马克思主义理论教育和思政课学习带来较大冲击，影响到学好思政课的主动性和实效性。

（三）学习介体侧固有的不足

大学生能不能学好思政课，除了他们自身的因素和外部环境的影响之外，还与学习的载体媒介无不关联。思政课在教与学的过程中，需要通过一定的媒介来承载和传导，把教育内容输送至学习主体端。承载着课程内容的纸质介体、电子介体等课程形态，以及课程考核评介等，直接关系大学生学习主体的信度和效度。我国高校思政课建设现状，无论是纸质教材

---

① 《习近平主持召开学校思想政治理论课教师座谈会强调　用新时代中国特色社会主义思想铸魂育人　贯彻党的教育方针落实立德树人根本任务》，《人民日报》2019 年 3 月 19 日。

② 《马克思恩格斯选集》第 1 卷，人民出版社 2012 年版，第 172—173 页。

还是电子课本，抑或是课程学习的考核评介，都存在一些不足，给一些大学生学好思政课带来不少困难。

其一，纸版教材的学术性、抽象性带来的学习困难。众所周知，全国高校思政课教科书统一使用的都是"马克思主义理论研究和建设工程重点教材"，教材由高校思想政治理论课编写领导小组组织编写，由马克思主义理论研究和建设工程咨询委员会委员、审议专家指导和审定，具有很强的政治性、原则性、理论性和指导性。教材内容既承载了马克思主义基本理论、基本观点和基本方法，也充分吸收了马克思主义中国化时代化最新理论成果。由于马克思主义理论本身的高深性、逻辑性、辩证性、发展性等特点，使教材叙事的呈现方式偏重于理论化、学术化、政治化、凝练化，这种相对抽象、规范、固化的理论形态，对于形象思维较强而抽象思维仍未完全成熟的学生来说，学习这类课程比学习其他课程显得更为吃力，如果授课教师不能将教材体系有效转换为教学体系，不能把课本上的"书面语"有效转换为通俗易懂的"口头语"，不能联系实际加以引证和阐释，学生就难以听懂和理解，学习的兴趣和动力就会受到影响，甚至容易导致学生的逆反情绪。

其二，电子化、数字化、云端化的课程载体带来的学习问题。"媒介是人的延伸"①。《理解媒介：论人的延伸》一书中指出："书面媒介影响视觉，使人的感知成线状结构；视听媒介影响触觉，使人的感知成三维结构。"② 而"电子媒介使信息传播瞬息万里，地球上的重大事件借助电子传媒已实现了同步化，空间距离和时间差异不复存在"③"电子时代的人类再

---

① ［加］马歇尔·麦克卢汉：《理解媒介：论人的延伸》，何道宽译，商务印书馆2000年版，"中译本第一版序"第1页。

② ［加］马歇尔·麦克卢汉：《理解媒介：论人的延伸》，何道宽译，商务印书馆2000年版，"中译本第一版序"第2页。

③ ［加］马歇尔·麦克卢汉：《理解媒介：论人的延伸》，何道宽译，商务印书馆2000年版，"中译本第一版序"第2页。

不能过小国寡民的生活，而必须密切交往。"① 随着"互联网＋教育"的不断拓展，网络课程、电子课程、数字课程、云端课程等各种远程、虚拟课程纷至沓来，突破了单纯纸媒介体，形成了课程载体的多元化样态。但是，无论何种媒介载体，都必须承载与教学目标相一致的教学信息，必须准确再现思政课教科书上的基本内容，包括基本立场、基本原则、基本观点、逻辑脉络、叙事方式和话语表述等都应与教科书保持高度一致，并能有效被学习主体所理解、认同和接受，服从和服务于教学目标与要求，这样的课程媒介，才是可行和有效的教学载体。由于网络课程通常是以图像、文字、符号、数据、字母、动画、音频、视频等技术来处理和承载教学信息的，这种表现手法和呈现方式往往很难准确反映教学内容的全貌，尤其是那些学理深厚、思想深邃、内涵深奥、逻辑严密的理论知识，更是难以用形象化、可视化的表现手法全面呈现。这样一来，学生获得的只是一些碎片化、表面化、形象化的知识印记，而缺乏对理论知识的系统性、整体性、学理性、逻辑性把握，学生知其然，不知其所以然，更不知其所以必然，从而影响学习的兴趣和效率。

第三节　高校"办好讲好学好"思政课的优化路径

习近平总书记指出，思想政治理论课要坚持在改进中加强、在创新中提高，及时更新教学内容、丰富教学手段，不断改善课堂教学状况，防止形式化、表面化②，思政课建设要向改革创新要活力，不断增强思政课的思想性、理论性和亲和力、针对性③。新时代推动高校思政课改革创新，

---

① ［加］马歇尔·麦克卢汉：《理解媒介：论人的延伸》，何道宽译，商务印书馆2009年版，"中译本第一版序"第4页。

② 习近平：《思政课是落实立德树人根本任务的关键课程》，《求是》2020年第17期。

③ 习近平：《思政课是落实立德树人根本任务的关键课程》，《求是》2020年第17期。

必须坚持以习近平新时代中国特色社会主义思想为指导,用党的创新理论引领改革创新实践,立足立德树人根本任务,坚持在"办好"上下功夫,在"讲好"上做文章,在"学好"上见实效,守好思政课这段立德树人之渠,种好思政课这块铸魂育人之田,为强国建设、民族复兴培养德智体美劳全面发展的时代新人。

一、扎实办好思政课的优化路径

新时代高校扎实办好思政课、理直气壮开好思政课,努力推动形成办好思政课的有效机制和良好氛围,切实发挥好关键课程的关键作用,必须加强党对思政课建设的全面领导,不断深化体制改革,"抓住制约思政课建设的突出问题,在工作格局、队伍建设、支持保障等方面采取有效措施"[①],优化管理体制和保障机制,统筹思政课一体化建设,全面提升思政课教学质量,努力推动教书育人、立德树人、铸魂育人工作再上新的台阶。

(一)优化办好思政课的管理体制

"办好中国的事情,关键在党"[②],关键靠制度。习近平总书记指出,各级党委要把思政课建设摆上重要议程[③],建立党委统一领导、党政齐抓共管、有关部门各负其责、全社会协同配合的工作格局[④]。《思政课改革创新若干意见》中指出:要"推动建立高校党委书记、校长带头抓思政课机制""建立健全高校党委书记、校长及职能部门力量深入一线了解学生思

---

① 《习近平主持召开学校思想政治理论课教师座谈会强调　用新时代中国特色社会主义思想铸魂育人　贯彻党的教育方针落实立德树人根本任务》,《人民日报》2019年3月19日。

② 习近平:《思政课是落实立德树人根本任务的关键课程》,《求是》2020年第17期。

③ 习近平:《思政课是落实立德树人根本任务的关键课程》,《求是》2020年第17期。

④ 习近平:《思政课是落实立德树人根本任务的关键课程》,《求是》2020年第17期。

想动态、服务学生发展的制度性安排"。①

第一，建立健全和优化高校党委统一领导，党委书记、校长和各职能部门齐抓共管的管理体制。党政军民学，党是领导一切的。党中央、国务院颁布的《思政课改革创新若干意见》中指出："要把思政课建设情况纳入学校党的建设工作考核、办学质量和学科建设评估标准体系。"② 高校办好思政课，必须充分发挥高校党委党组统揽思政课建设发展全局、协调教育教学各方的领导核心作用，确保思政课改革创新朝着正确发展方向前进。要坚持在高校党委统一领导下，独立设置高校思想政治理论课建设发展指导委员会，成员由学校党政主要领导、各二级院（系）党政负责人、优秀教师代表共同组成，高校党委书记亲自挂帅，担任第一责任人、负总责，高校党委副书记、校长担任具体执行第一负责人，代表学校党委负责抓好日常工作，建立规章制度，确立目标任务，明确职能分工，落实具体责任，加强监督检查，有条不紊开展工作，把思政课建设落细落小，落到实处，为高校思政课改革创新提供坚强有力的制度保障。

第二，建立健全高校党委书记、校长亲自带头抓思政课建设的常态化机制。建立优化高校党政领导干部带头走进课堂听课讲课评课、带头联系思政课业务主管部门和思政课教师制度，主动了解和掌握高校思政课建设发展现状，对发现的问题和存在的困难，积极采取有效措施予以解决。高校党委常委会要定期召开思想政治理论课建设专题研究会，明确规定每学期至少召开 1 次思政课专题研究会，每学年召开一次思政课专题总结性会议，高校党政主要领导和班子成员至少联系 1 至 2 名思政课专任教师和 5 至 10 名不同专业的在校大学生，通过听课、讲课、座谈、对话、咨询等

---

① 《关于深化新时代学校思想政治理论课改革创新的若干意见》，《光明日报》2019 年 8 月 15 日。

② 《关于深化新时代学校思想政治理论课改革创新的若干意见》，《光明日报》2019 年 8 月 15 日。

交流形式，了解和掌握思政课的最新动态和学生的最新动向，上接"天线"，下接"地气"，把先进性教育与广泛性教育结合起来，既传播先进思想，又解决实际问题，主动为师生排忧解难，把务虚功变为求实效，把软任务变为硬要求，不搞形式，不走过场，不做表面文章，确保思政课建设取得突破性成效。

第三，构建全党全社会协同办好思政课的支持机制。各级党委政府要认真领会和贯彻落实习近平总书记关于加强党对高校思想政治工作领导的重要论述精神，切实把思政课建设摆上重要议程，坚持把"建立和完善省（自治区、直辖市）党委领导班子成员联系高校和讲思政课特别是'形势与政策'课制度"①落到实处，建立健全地方党委思政课建设主体责任机制，把高校"思政课建设情况纳入各级党委领导班子考核和政治巡视"②巡察工作范围。各地党委书记和有关部门党组书记要多到高校走走，多同师生接触，多次去高校作报告，回答师生关注的理论和现实问题③"各地区各部门负责同志要积极到学校去讲思政课"④。只有全党全社会形成办好思政课协同促进机制，统一认识，同心同向，心往一处想，智往一处谋，劲往一处使，高校思政课改革创新必将取得新的成就、开创新的局面。毛泽东同志曾经指出："世界上怕就怕'认真'二字，共产党就最讲认真。"⑤"认真"

---

① 《关于深化新时代学校思想政治理论课改革创新的若干意见》，《光明日报》2019年8月15日。

② 《关于深化新时代学校思想政治理论课改革创新的若干意见》，《光明日报》2019年8月15日。

③ 《习近平在全国高校思想政治工作会议上强调　把思想政治工作贯穿教育教学全过程　开创我国高等教育事业发展新局面》，《光明日报》2016年12月9日。

④ 《习近平主持召开学校思想政治理论课教师座谈会强调　用新时代中国特色社会主义思想铸魂育人　贯彻党的教育方针落实立德树人根本任务》，《人民日报》2019年3月19日。

⑤ 《毛泽东年谱（一九四九——一九七六）》第三卷，中央文献出版社2013年版，第249页。

是我们党做好一切工作的光荣传统和优良作风，也是新时代高校办好思政课的重要原则、方法和态度。

（二）优化马克思主义学院建设机制

党中央高度重视高校马克思主义学院建设，在党中央、国务院陆续颁布的《关于加强和改进新形势下高校思想政治工作的意见》（2016 年 12 月）《思政课改革创新若干意见》（2019 年 8 月）、《关于加强新时代马克思主义学院建设的意见》（2021 年 9 月）等纲领性文献中，都特别强调要加强高校马克思主义学院建设，全面提升马克思主义学院建设水平。国家教育部接连出台了《高等学校马克思主义学院建设标准（2017 年本)》、《普通高等学校马克思主义学院建设标准（2019 年本)》、《"新时代高校思想政治理论课创优行动"工作方案》（2019 年 9 月）、《新时代高等学校思想政治理论课教师队伍建设规定》（2020 年 1 月）、《高等学校思想政治理论课建设标准》（2021 年本)、《普通高等学校马克思主义学院建设标准（2023年版)》等具体指导性意见，对马克思主义学院建设标准提出了明确规定和具体要求，为高校马克思主义学院建设提供了决策依据和政策支撑。新时代高校扎实办好思政课，必须大力加强高校马克思主义学院建设，走内涵式发展道路，优化建设体制，强化保障机制，把马克思主义学院建设成为办好思政课的坚强阵地。

一是要建好建强马克思主义学院领导班子。火车跑得快，全靠车头带。高校马克思主义学院是组织实施马克思主义理论教育和思政课教学的主体职能部门和直接责任单位，高校能不能在马克思主义理论学习和宣传上发挥引领带头作用、能不能扎实有效开展思政课教学与研究，真正把立德树人根本任务落到实处、抓出成效，巩固发展马克思主义在高校意识形态领域的指导地位，这都与高校马克思主义学院领导班子强弱有着密不可分的关系。因此，高校办好思政课，就要强化高校马克思主义学院领导班子建设，优化班子成员结构，大力培养和选拔具有马克思主义理论专业背景、马克思主义学科素养扎实、具有博士硕士学历学位、年轻有为的教师进学院领导班子，大胆起用理想信念坚定、对党绝对忠诚、干事创业踏实、敢于担当履职的教师担任班子带头人。有效实施和推动马克思主义学院院长培养培训和提高工程，加强对马克思主义学院党政班子成员的定期轮训学习教育，启动和选派具有博士硕士学历学位的优秀青年教师，到全国高校重点马克思主义学院跟班研学，扩大视野，增长见识，历练经验，培养和储备后备干部力量，为马克思主义学院建设发展提供人才支撑和组织保证。

二是要强化马克思主义学院建设政策支撑机制。高校党委、行政要认真对照党中央的决策部署和教育部颁布的有关指导性意见，抓好具体落实，做好合理安排，困难再多再大都要积极作为，在发展规划、人才引进、队伍建设、资源配置、经费使用等方面都应严格按照上级有关指示精神落实到位、执行见效。加大马克思主义理论学科专业人才引进和培养力度，侧重引进高学历、高职称人才，鼓励和支持从事思政课教学工作的教师攻读博士学位研究生、参加海内外进修、访学和各种形式的业务培训，提高马克思主义理论水平，确保按照师生比 1∶350 之比例配齐配足思政课专职教师，尽量减少兼职和顶岗代岗思政课教师比例，尽快使思政课专兼职教师达到"马克思主义理论学科或相关学科背景"之要求。加大马克思主义学院建设经费支撑力度，高校应单独设立马克思主义理论研究与建设工程专项经费账户，确保按照"本科院校按在校生总数每生每年不低于40 元，专科院校按每生每年不低于 30 元的标准提取专项经费，用于思政课教师的学术交流、实践研修"①、学习考察、培养培训等开支使用，确保专项账户上有充足的备用经费，不打折扣。加大马克思主义学院和思政课

① 《关于深化新时代学校思想政治理论课改革创新的若干意见》，《光明日报》2019 年8 月 15 日。

专职教师在评优选干、技术职务（职称）评定等方面的政策倾斜力度，确保马克思主义学院及其思政课专职教学人员在重点学科、精品课程、职务任用、职称评定、活动评比等优先政策落地见效，执行到位。

三是要优化思政课教育教学研究发展机制。全国各高等院校要坚持把马克思主义学院作为重点学院建设，列入学校总体发展规划，在组织管理、学科建设、教育教学、科研立项、精品课程等方面给予优先保障，有效发挥马克思主义学院对思政课教育教学研究的引领带动作用。全国各高等院校要坚持把马克思主义理论学科作为重点学科来建设，列入学校"双一流"学科建设与发展规划，大力开展马克思主义理论研究，紧紧围绕马克思主义理论一级学科及其所属二级学科开展研究，聚焦研究方向，突出研究重点，汇聚研究力量，创新研究方法，做大做优马克思主义理论学科，以优先发展、优势发展、优质发展的马克思主义理论学科为思政课教育教学研究提供学科支撑和理论指导。全国各高等院校要坚持把思政课作为重点课程加强建设，将思政课程全部纳入核心课程、关键课程、精品课程建设范畴，有效推动思政课改革创新，不断优化思政课教学研究机制，建立健全思政课教育教学研究基层组织，遴选教学水平高、科研能力强的人员担任教学研究室（组）带头人，精心培育和打造思政课优质教学科研团队，围绕思政课建设重大理论和现实问题开展团队集体攻关，强化课程体系和教材体系建设，把马克思主义中国化时代化最新理论成果全面贯穿和有机融入各门课程，建立思政课教师"手拉手"备课机制，组织编写一批"精彩教案"，制作形成一批"精彩课件"，精心打造一批"精彩课堂"，全面推动习近平新时代中国特色社会主义思想进教材进课堂进头脑，努力使立德树人工作取得重要成效，奋力"在政治引导、学理阐释和价值塑造上下功夫，提高教学实效"[①]，不断增强思政课的说服力、亲和力和针对

[①]　《中办印发〈意见〉加强新时代马克思主义学院建设》，《人民日报》2021年9月22日。

性、实效性。

（三）优化办好思政课的促进机制

习近平总书记指出，要创新工作机制，加大激励工作力度，改革评价机制，落实各项政策保障，让思政课教师特别是青年教师的创造活力竞相迸发、聪明才智充分涌流[①]。新时代高校办好思政课是一项复杂的系统工程，必须不断深化管理体制改革，大力优化思政课建设促进机制，建立健全办好思政课的保障机制、激励机制、考评机制，协调促进思政课改革创新取得新进展、新突破。

第一，健全优化保障机制。巧妇难为无米之炊。高校思政课教育教学涉及面广、政治性强、要求性高，没有雄厚的物质条件、足够的经费支撑和充足的人才保障，就会影响到办好思政课的实际效果。因此，完善有效的保障机制，提供必备的物质条件、必需的运转经费、必要的人才支撑。首先，要有必备的物质条件。思政课的授课对象涉及全校所有学生，必须配备配足用于教育教学的固定场所和教学设备，包括中班型、小班型教室、会议报告厅、小班型研学会议室、演播室、电脑、投影仪等教学实施与设备，装备一批现代化的数字教室、智慧教室、微格教室。思政课专职教师应配有固定的办公地点和必备的办公用品，用于学习、备课、批改作业、课业辅导与师生交流。思政课教研室（组）应设立专题图书资料室、报刊阅览室等。其次，要有足够的经费支撑。由于思政课教育教学研究的特殊性，教材修订、资料编辑、实践教学、专家聘请、研学活动、图书添置、团队培育、精品课程等都需要大量的资金投入。这就需要学校安排充足的专项经费，做好资金预算和划拨工作，确保思政课建设的正常使用经费。再次，要有充沛的师资保障。要积极采取有效措施，实行"两条腿走

---

① 习近平：《思政课是落实立德树人根本任务的关键课程》，《求是》2020 年第 17 期。

路",既要扩大马克思主义理论学科专业本、硕、博招生生源,又要加大马克思主义理论学科人才引进和培养力度,解决好思政课的"用人荒"问题,切实为办好思政课提供人力资源保障。

第二,健全优化激励机制。办好思政课需要健全和优化激励机制,采取奖励措施,充分调动思政课教师的积极性、主动性和创造性。近年来,党中央、国务院及其所属的中宣部、教育部陆续出台了一系列奖励性、优惠性、激励性指导意见,如《思政课改革创新若干意见》中提出的"加大思政课教师激励力度",强调要在人才项目、岗位津贴、干部选拔、影响力人物评选等诸多方面实施"倾斜支持力度";在《"新时代高校思想政治理论课创优行动"工作方案》中提出的要"实施优秀教学科研团队建设项目""设立高校思政课教师银龄工作室""思政课名师工作室"等激励性政策。在《关于加强新时代马克思主义学院建设的意见》《普通高等学校马克思主义学院建设标准》《新时代高等学校思想政治理论课教师队伍建设规定》等多个指导性文件中,都从薪酬制度、经费投入、津贴补助、职称评定、职务晋升、进修访学等方面提出了奖励性、激励性指导意见。现在的问题是,各高校是不是、能不能把党中央、国务院及其所属的主管部门制定的激励政策贯彻落实到实际工作中去,切实执行起来,并有效发挥促进作用。因此,各高校党委行政要认真落实执行上级指示精神,制定具体实施细则,落细落小,落到实处。

第三,健全优化考核机制。习近平总书记指出,要改革思政课教师评价机制,提高评价中的教学和教学研究占比,克服唯文凭、唯论文、唯帽子等弊端,引导思政课教师把主要精力放在教书育人上。[①] 高校思政课能不能办好、办得好不好、怎样才能办得更好,都需要客观公正、科学有效的考核评价机制作保障。通过考核评估,能够了解和掌握思政课建设的

---

① 习近平:《思政课是落实立德树人根本任务的关键课程》,《求是》2020 年第 17 期。

现状，总结经验，发现问题，纠偏校正，不断提升思政课内涵建设质量。
2020 年 10 月，党中央、国务院印发了《深化新时代教育评价改革总体方
案》，"为深入贯彻落实习近平总书记关于教育的重要论述和全国教育大会
精神，完善立德树人体制机制，扭转不科学的教育评价导向"① 提供了重
要指导和根本遵循。该《方案》从总体要求、重点任务、组织实施等方面
提出了明确规定。优化思政课的考评机制，要以《深化新时代教育评价改
革总体方案》为依据，研究制定内容全面、指标合理、方法科学的考核评
价体系，坚持公平、公正、客观、全面的原则，坚持过程性考核与结果性
考核相结合、定性分析与定量分析相结合、工作评价与效果评价相结合、
教学水平与科研能力相结合，增强针对性评价，注重发展性评价，突出实
效性评价，严把政治关、师德关、业务关，"创新评价工具，利用人工智
能、大数据等现代信息技术，探索开展学生各年级学习情况全过程纵向评
价、德智体美劳全要素横向评价。完善评价结果运用，综合发挥导向、鉴
定、诊断、调控和改进作用"②，为扎实办好思政课提供决策依据和持续改
进意见。

二、认真讲好思政课的路径优化

习近平总书记在浙江、福建工作期间，都曾到高校去讲过思政课，亲
身感受到讲好思政课的重要性和不容易，因为"思政课教学涉及马克思主
义哲学、政治经济学、科学社会主义，涉及经济、政治、文化、社会、生
态文明和党的建设，涉及改革发展稳定、内政外交国防、治党治国治军，
涉及党史、国史、改革开放史、社会主义发展史，涉及世界史、国际共运
史，涉及世情、国情、党情、民情，等等。这样的特殊性对教师综合素质

---

①　《深化新时代教育评价改革总体方案》，《人民日报》2020 年 10 月 14 日。
②　《深化新时代教育评价改革总体方案》，《人民日报》2020 年 10 月 14 日。

很要求高"①。因此，思政课"要坚持在改进中加强、在创新中提高，及时更新教学内容、丰富教学手段，不断改善课堂教学状况""只有不断备课、常讲常新才能取得较好教学效果"。②

（一）胸怀讲好思政课的充足信心

"欲人勿恶，必先自美；欲人勿疑，必先自信。"③讲好思政课，最重要的是解决好信心问题。如果连讲好思政课的信心都没有，那还怎么教好学生，令学生口服心服？因此，思政课教师要胸怀讲好思政课的百倍信心，坚定马克思主义信仰、坚定社会主义和共产主义信念，坚定不移用马克思主义理论指导实践，理直气壮用习近平新时代中国特色社会主义思想铸魂育人，因时而进，教书育人，努力培养可堪民族复兴重任的时代新人。

其一，必须坚定马克思主义信仰。因为只有坚定马克思主义信仰，在马言马，懂马信马，掌握博大精深的马克思主义科学理论和中国化时代化的马克思主义创新成果，才有充足的底气和信心讲好思政课。众所周知，马克思主义是人类历史上迄今为止最科学最严密最先进的理论体系，它深刻揭示了自然界、人类社会和思维发展的一般规律，深刻阐述了资本主义必然灭亡、社会主义必然胜利的历史规律，系统论述了无产阶级斗争的性质、目的、条件和任务，全面阐发了无产阶级自身解放和整个人类解放的历史使命、革命战略、斗争策略和执政理念，描绘了未来共产主义社会的理想图景，创立了科学社会主义思想体系，是集科学性、真理性、人民性、实践性、开放性和时代性于一体的崇高信仰，这种信仰"犹如壮丽的日出，照亮了人类探索历史规律和寻求自身解放的道路""为人类指明了从必然王国向自由王国飞跃的途径，为人民指明了实现自由和解放的道路"①。传道者首先自己要明道信道，讲信仰的人首先自己要有信仰。只有坚定马克思主义信仰，真学真懂真信真用马克思主义，才能把思政课讲准讲好，讲深讲透，以论明理，以理服人，用深厚的学养赢得学生，用彻底的理论说服学生，用透彻的分析打动学生，用真理的力量感召学生，教育引导学生坚定对马克思主义的信仰，坚信马克思主义、中国化时代化的马克思主义行的逻辑定力，做马克思主义的坚定信仰者、后继传承者、发扬光大者。

其二，必须坚定共产主义信念。习近平总书记指出，信仰、信念、信心，任何时候都至关重要。小到一个人、一个集体，大到一个政党、一个民族、一个国家，只要有信仰、信念、信心，就会愈挫愈奋、愈战愈勇②。思政课教师只有坚定共产主义理想和社会主义信念，坚定中国特色社会主义"四个自信"，才能把思政课讲好讲活，讲明讲清，用红色血脉滋养，用革命文化浸润，用时代精神激励，用最美故事打动，用人物风采感化，用丰富事实明理，用生动情景孵化，教育引导学生树立共产主义远大理想，坚定社会主义信念，增强"四个自信"，牢记"国之大者"，砥砺初心使命，立志为中国特色社会主义壮阔事业奋斗终生。习近平总书记指出，思政课教师在教学中更要讲清楚成绩，更要引导学生正面思考，更要引导学生对社会主义前景充满信心，无论怎么讲，最终都要落到引导学生树立正确的理想信念、学会正确的思维方法上来③。

其三，必须坚定讲好思政课的信心。天生我材必有用。信心是成功的必要条件。思政课教师要有高度的自信力，对讲好思政课、落实立德树人

---

① 习近平：《在纪念马克思诞辰200周年大会上的讲话》，《人民日报》2018年5月5日。

② 习近平：《在庆祝改革开放40周年大会上的讲话》，《人民日报》2018年12月19日。

③ 习近平：《思政课是落实立德树人根本任务的关键课程》，《求是》2020年第17期。

根本任务要充满信心。因为只有满怀信心的人，才有朝气肩负起时代赋予的历史重任，才有热情克服前进道路上的困难和问题，攻坚克难，勇毅前行，完成党和人民交予的神圣使命。党的十八大以来，以习近平同志为核心的党中央提出了一系列关于推进思政课改革创新的新理念新思想新论断，出台了一系列关于加强和改进思政课建设的指导性文献，中国特色社会主义学科建设得到进一步加强，马克思主义理论与思想政治教育学科建设得到进一步完善，全党全社会形成了办好思政课的良好氛围，这就为新时代高校思政课教师讲好思政课提供了学科支撑、政策支持、精神动力和思想保障，有助于鼓舞士气，增强信心，踔厉奋发。中国特色社会主义进入新时代，习近平总书记团结带领全国各族人民，坚持和发展中国特色社会主义，取得了举世瞩目的重大成就，开辟了中国特色社会主义理论和实践新境界，创立了习近平新时代中国特色社会主义思想，实现了马克思主义中国化时代化新的飞跃，这就为思政课教师讲好思政课提供了学理支撑、实践依据、理论指导和根本遵循，有助于鼓舞斗志、提振信心，笃行不息。在习近平总书记的亲切关怀下，在党中央的光辉政策指引下，马克思主义理论与思想政治教育学科专业的广大专家学者，与时俱进，固本开新，开拓创新，开展了卓有成效的理论探讨和教学研究，取得了丰赡的研究成果，积累了丰富的教学资源和典型素材，形成了一系列规律性认识和成功经验，这就为高校思政课教师讲好思政课提供了充分的理论营养和智力支持，有助于鼓舞干劲、增添信心，赓续奋进。正如习近平总书记所说，有了这些基础和条件，有了我们这支可信、可敬、可靠，乐为、敢为、有为的思政课教师队伍，我们完全有信心有能力把思政课办得越来越好①，把思政课讲得越来越好，不辜负党和人民对思政课教师寄予的厚望和期许。

---

① 习近平：《思政课是落实立德树人根本任务的关键课程》，《求是》2020 年第 17 期。

（二）优化讲好思政课的教学理念

习近平总书记指出，思政课教学是一项非常有创造性的工作，要坚持辩证唯物主义和历史唯物主义，善于运用创新思维、辩证思维，善于运用矛盾分析方法抓住关键、找准重点、阐明规律，创新课堂教学，给学生深刻的学习体验。[①] 新时代高校思政课教师讲好思政课，要在遵循教书育人规律、学生成长规律、思想政治工作规律的基础上，开阔视野，创新思维，转变传统观念，优化教学理念，坚持以学生为中心，有效激活和调动学生学习主动性，加强师生之间的平等对话与沟通，充分发挥好教与学的双边互动促进作用，进一步提高教师"教"的有效性和学生"学"的实效性。

第一，树立"以学生为中心"的教学理念。高校思政课教师要与时俱进，顺势而为，自觉树立"以学生为中心"的教学理念，切实改变传统上以知识传授为主的单声道教学模式，敢于打破教师习以为常的"满堂灌""一言堂""一讲到底"的教学模式，在教学中突出学生在学习过程中的主体作用，立足学生作为独立个体的发展和作为社会成员成长的需要，以满足学生在课堂教学中得到更多的学习体验和收获为目标，在理解学生、尊重学生、服务学生的基础上，激励学生、启迪学生、成就学生，更好地促进学生个体的健康成长和发展。

第二，增强"主体间性平等交互"的教学观念。马克思曾经指出，人作为类存在物，他既是"特殊的个体"，是"现实的、单个的社会存在物"，"同样，人也是总体，是观念的总体，是被思考和被感知的社会的自为的主体存在，正如人在现实中既作为对社会存在的直观和现实享受而存在，又作为人的生命表现的总体而存在一样"[②]，人的本质"在其现实性上，它

---

① 习近平：《思政课是落实立德树人根本任务的关键课程》，《求是》2020 年第 17 期。
② 《马克思恩格斯文集》第 1 卷，人民出版社 2009 年版，第 188 页。

是一切社会关系的总和"①。人都是处于相互交往、相互依赖的社会关系体之中的。主体间性体现的是教师作为"教"的主体与学生作为"学"的主体之间的平等交互关系。高校思政课教师，要力主突破"主客二分"的传统教学定式，不能把教育对象只看作是被动接受信息的客体，而是要把受教育者作为学习的主体与教育者作为教学的主体平等对待，在教师引领和主导课堂的过程中，充分激活和释放学生的主体能动性作用，加强师生双主体之间的平等对话、民主讨论、沟通合作和交流互动，既有效发挥教育者的主导作用，又充分激发受教育者的主体作用，使二者之间做到相互促进、教学相长和共同提高，以便实现思政课教学效果的最大化、最优化。

　　第三，强化"立德""铸魂"的育人意识。"经师易求，人师难得。"②习近平总书记指出："教师承载着传播知识、传播思想、传播真理，塑造灵魂、塑造生命、塑造新人的时代重任。"③ 大凡为师者，所以传道授业解惑也。所谓经师，是指教人知识学问的，这种"授业""解惑"的老师是较容易得到的。而所谓人师，则是指教人为人处世之道的，这种"传道""教人求真"的老师还是凤毛麟角的。"传道授业解惑"，"传道"是第一位的。一个老师，只"授业""解惑"而不"传道"，那就算不上是一位好老师，只能是"经师""教书匠"而非"人师""塑造师""大先生"。高校思政课教师作为立德树人、铸魂育人的关键人物，既要做"经师"，做传播知识、传播思想、传播真理的"句读之师""教书匠"，更要做塑造灵魂、塑造品格、塑造生命、塑造大德大爱大情怀的"人师""大先生"，以"四有"好老师标准为对照，坚持做到"政治强、情怀深、思维新、视野广、自律严、人格正"，立德树人，学为人师，行为世范，"以高尚的人格

---

　　① 《马克思恩格斯选集》第 1 卷，人民出版社 2012 年版，第 135 页。

　　② （唐）令狐德棻等撰，陈勇等标点：《周书（卷一——卷五〇）》，吉林人民出版社 1995 年版，第 386 页。

　　③ 习近平：《思政课是落实立德树人根本任务的关键课程》，《求是》2020 年第 17 期。

魅力赢得学生敬仰,以模范的言行举止为学生树立榜样,把真善美的种子不断播撒到学生心中"①,"成为先进思想文化的传播者、党执政的坚定支持者"②,"做学生锤炼品格的引路人,做学生学习知识的引路人,做学生创新思维的引路人,做学生奉献祖国的引路人"③。

(三)创新讲好思政课的有效途径

讲好思政课,需要高校思政课教师开动脑筋,因时而变,守正创新,扬弃传统模式,拓展教学载体,创新教学途径,用好课堂主渠道,优化集体备课新平台,运用现代信息技术新手段,打好讲好思政课的组合拳。

一是要用好课堂教学这个主渠道。课堂教学是承载和传播先进思想、传播科学理论、传播普遍真理的重要载体和主要渠道。用习近平新时代中国特色社会主义思想铸魂育人,落实立德树人根本任务,给处在"拔节孕穗期"的青年学生播撒真善美的种子、扣好人生第一粒扣子,就离不开课堂教学这个传播载体,就离不开三尺讲台这个交流平台,就离不开正面灌输、正面教育和正面引导。马克思、恩格斯、列宁等经典作家都论述过灌输在思想政治教育中的重要性,而且列宁还曾系统阐述过灌输理论。灌输是开展马克思主义理论教育的基本方法和有效形式,其地位和作用不容挑战和置疑。毛泽东曾经指出,"没有进步的政治精神贯注于军队之中,没有进步的政治工作去执行这种贯注,就不能达到真正的官长和士兵的一致,就不能激发官兵最大限度的抗战热忱"④。当然,上好思政课要切忌填鸭式的"硬灌输",不能只管自己怎么讲,不管学生怎么想,不能只做知

---

① 《习近平首次点评"95后"大学生》,《人民日报》2017年1月3日。

② 《习近平在全国高校思想政治工作会议上强调　把思想政治工作贯穿教育教学全过程　开创我国高等教育事业发展新局面》,《人民日报》2016年12月9日。

③ 《习近平在北京市八一学校考察时强调　全面贯彻落实党的教育方针　努力把我国基础教育越办越好》,《人民日报》2016年9月10日。

④ 《毛泽东选集》第二卷,人民出版社1991年版,第511页。

识的搬运工,而要加强师生之间的互动交流,把灌输式"书面语"转换为沟通式"口头语",把独白式"普通话"转换为对话式"大白话",把基本原理转化为生动道理,把深奥的理论通俗化、把抽象的逻辑具象化、把规范的表述情景化,用通俗易懂的方法、轻松愉快的形式、生动有趣的案例、真实感人的故事,把思政课讲到位、讲深刻、讲出彩,把很有意义的事情做得很有意思,切实提高课堂教学的亲和力、说服力、穿透力。习近平总书记指出,强调思政课的政治引导功能,并不是要把课讲成简单的政治宣传,而要以透彻的学理分析回应学生,以彻底的思想理论说服学生,用真理的强大力量引导学生。①

二是要优化集体备课这个好平台。在教育部印发的《普通高等学校马克思主义学院建设标准》(2019 年本)的指导性文件中,在一级指标"思想政治理论课教学"所属二级指标"教学实施"的第一条中,就明确提出要建立健全严格的"集体备课制度",强调要以教研室为单位"组织教师集中研讨提问题、集中培训提素质、集中备课提质量"② 等"三提"要求。《思政课改革创新若干意见》中进一步强调,要加大思政课教研工作力度,"建立健全大中小学思政课教师一体化备课机制,普遍实行思政课教师集体备课制度,全面提升教研水平"③。三人行必有我师。你有一个思想,我有一个思想,彼此相互交流和碰撞一下,就能产生多种思想火花。开展备课研讨,围绕同一主题,大家集思广益,智者见智,精益求精,有利于深化对教材的了解和把握,启发教学思路,改进教学方法,分享教学经验,积累教学资源,增强团队意识和协作精神,活跃教研气氛,促进教师专业发展,提升授课品位和气质。建好和优化集体备课制度,要增强意识、统

---

① 习近平:《思政课是落实立德树人根本任务的关键课程》,《求是》2020 年第 17 期。
② 《普通高等学校马克思主义学院建设标准(2019 年本)》,湘潭大学马克思主义学院,https://mks.xtu.edu.cn/info/1040/1006.htm。
③ 《深化新时代学校思想政治理论课改革创新》,《人民日报》2019 年 8 月 15 日。

一认识、形成共识,学校领导和资深教授要带头支持和主动参与,不断完善思政课教师"手拉手""面对面""心连心"备课机制,坚持问题导向,以学生为中心,基于学而设计教,备教材、备问题、备热点、备教法、备案例、备课件、备试题、备作业,做到人人参与、个个发言,教案交流,课件分享,资源共享,使集体备课真正能服务和有助于提高教育教学效果。当前各高校开展的集体备课会,包括有关部门组织的集体备课会,有的形式大于内容,有的变味跑调,这种名不副实或形式主义的"备课秀",值得警惕!

三是要善用现代信息技术这个新手段。随着互联网、"5G、大数据、云计算、物联网、人工智能等技术不断发展"①、日益成熟和广泛应用,引发了人类社会的思维方式、生产方式、生活方式和学习方式的深刻变革,人们越来越多地运用现代互联网信息技术手段,从事生产、管理、工作、学习和生活,"互联网+"的理念和运用已经成为人们的习惯思维和行动自觉。今天的在校大学生,是百分百的"网络原住民",伴随着网络而生,成长在网络时空的场域环境中,是用网人数最多、上网时间最长的网民群体。无人不网、无事不网、无时不网、无网不深、勇网直前,是青年大学生的鲜明特征。思政课教师,当属勇立时代潮头的工程师,理应走在时代前列,更应树立和拥有互联网大思维,充分运用互联网新手段搭建思政课大平台,有效发挥互联网的独特优势,通过各种形式的网络教学平台、网站,构建有利于思政课教学辅导、交流互动、教学相长的智慧课堂、网络课堂、云端课堂,实现现实与虚拟相互融合、网上网下相互拉动、线上线下有益促进、课内课外相得益彰,同向同行,同频共振,努力把思政课讲得更有亲和力和吸引力、更有针对性和实效性。

四是要保证主要精力集中在教书育人上。"办好思想政治理论课关键

---

① 《习近平谈治国理政》第三卷,外文出版社2020年版,第318页。

在教师，关键在发挥教师的积极性、主动性、创造性。"①确保思政课教师有充足的时间熟悉教材、研究疑难问题、分析学生特点、探讨教学方法，有充沛的精力阅读经典著作、查找文献资料、撰写授课教案、制作教学课件、批改学生作业、指导学生研习。由于思政课教学内容的时政性很强，教材内容更新快，教材体系因教学内容变化而变化，教学体系因教材体系改变而改变，再加上要及时融入国际国内的最新时政和前沿知识，这就需要大量的时间和精力为上课做准备。以《毛泽东思想和中国特色社会主义理论体系概论》课程为例，从 2007 年以《毛泽东思想、邓小平理论和"三个代表"重要思想概论》为书名的教材出版以来，2008 年 1 月、2008 年 8 月进行了 2 次修订，并于 2008 年秋季学期开始教材名称更改为《毛泽东思想和中国特色社会主义理论体系概论》，尔后又于 2009 年 5 月、2010 年 5 月、2014 年 1 月、2015 年 8 月、2018 年 3 月、2021 年 8 月组织了 6 次修订。同时，由于思政课一般都是大班化教学，甚至不同专业混合编班，大教室上课，人数众多，组织课堂教学难度大，涉及的备课、教学、辅导、作业、考试、考核、指导等教学任务重，督学、督导、领导听课等监督检查又频繁，所以教师压力特别大，长期处于高度紧张状态。同时教师还被要求参加各种额外学习和完成名目繁多的额外任务，如："周末大讲堂"、"集体备课会"、"教材培训会"、各种知识竞赛、收看有关影视节目、做各类问卷调查、听各种报告会，如此等等，教师整天疲于应付，连双休日都难以安宁。为此，笔者强烈建议各有关管理机构和职能部门，要树立"放管服"理念，增强服务意识，做到管理有力度，关怀有温度，更多关心思政课教师的承受能力和身心状况，为思政课教师"减负""减压"，落实"双减"措施，做到非必要不转发各种联系不紧密的指示、通知、网址、二维码；非必要不组织收听收看各种无实际意义的网络视频会、报告

---

① 《习近平谈治国理政》第三卷，外文出版社 2020 年版，第 330 页。

会、备课会;非必要不组织各种无价值的网上问卷、调查、答题、测试;非必要不占用老师们双休日的合法休息时间;等等。

三、积极学好思政课的路径优化

习近平总书记在中国人民大学考察时指出,思政课的本质是讲道理,要注重方式方法,把道理讲深、讲透、讲活,老师要用心教,学生要用心悟,达到沟通心灵、启智润心、激扬斗志。① 学校努力办好思政课、教师认真讲好思政课,归根结底都是为了使学生积极学好思政课,真正落实好立德树人根本任务,切实发挥好铸魂育人的关键课程作用,为党育人,为国育才,培养德智体美劳全面发展的时代新人。新时代推动高校大学生积极学好思政课,必须坚持育人为本,以学生为中心,以德施教,启智润心,深化教学改革,创新教学方法,优化实践教学,统筹大中小学思政课一体化建设,健全学校、家庭、政府、社会合作机制,强化全员全程全方位协同促进机制,使学生爱学、乐学、勤学、善学,学得进去、学得深入、学得轻松、学得扎实、学得有效。

(一)增强学好思政课的吸引力、获得感

习近平总书记在主持召开的学校思想政治理论课教师座谈会上,充分肯定了很多学校积极采用的案例式教学、探究式教学、体验式教学、互动式教学、专题式教学、分众式教学等② 方式方法,提出了推动思政课改革创新的"八个相统一"教学理念和原则方法。教育引导大学生积

---

① 《习近平在中国人民大学考察时强调　坚持党的领导传承红色基因扎根中国大地　走出一条建设中国特色世界一流大学新路》,《人民日报》2022年4月26日。

② 《习近平主持召开学校思想政治理论课教师座谈会强调　用新时代中国特色社会主义思想铸魂育人　贯彻党的教育方针落实立德树人根本任务》,《人民日报》2019年3月19日。

极学好思政课，就要坚持一切从学生实际出发，遵循"八个相统一"基本原则和要求，认真研究学生特点，借鉴各种有益教学方法，深化课堂改革，改善教学状况，进一步增强学生学好思政课的积极性、吸引力、获得感。

第一，用正面教育的方式，引导大学生增强学好思政课的自信心、责任感。自信心是人获得成功必不可少的前提和条件。每一代青年都有每一代青年的人生际遇。新时代的大学生是大有可为、大有作为的一代，他们正成长在国家走向繁荣富强、民族走向伟大复兴、人民走向更加幸福的美好时代，"中华民族伟大复兴终将在广大青年的接力奋斗中变为现实"[①]。思政课教师要充分发挥传播知识、传播真理、传播党的路线、方针、政策的重要优势，依据教科书承载的基本立场、基本理论、基本观点和基本方法，结合坚持和发展中国特色社会主义的丰富实践和伟大成就，联系中国共产党的百年辉煌奋斗历程，融入爱国主义、民族精神和时代精神，通过开展诵读马克思主义经典著作、当代中国马克思主义理论著作、中华优秀传统文化典籍、中国共产党革命和建设历史和红色家书，以探究式、讨论式、专题式、故事式的方式，老师领讲，学生主学，老师讲，学生也讲，边学边讲，让学生理解马克思主义基本原理，掌握当代中国马克思主义理论精髓，感知中华优秀传统文化、革命文化和中国特色社会主义先进文化的无穷魅力，使广大青年学生全面了解和掌握中国特色社会主义为什么好、中国共产党为什么能、马克思主义为什么行、中国化时代化的马克思主义行的深刻道理，激发他们学习思政课的浓厚兴趣和高涨热情，增强学好思政课的自信力和责任感，善于自觉用习近平新时代中国特色社会主义思想武装头脑，学原理、悟道理、求真理、明事理，学"四史"、启智慧、育大德、增信心，"把学习奋斗的具体目标同民族复兴的伟大目标结合起

---

① 《习近平谈治国理政》第一卷，外文出版社 2018 年版，第 49 页。

来，立鸿鹄志，做奋斗者"①，担当履职，在实现中国梦的伟大征途上放飞青春梦想。

第二，用喜闻乐见的方式，增强大学生学好思政课的针对性、获得感。教育引导新时代大学生积极学好思政课，必须改变以教师为中心的传统教学观念，既要打破"我讲你听、我打你通"的单线条、"满堂灌"方式，也必须反对一味为了迎合学生、取悦学生而将课堂变成娱乐场的"思政走秀"，不能放弃应有的政治坚守和理论阐释，不能无原则地做学生之"尾巴"。近年来，用喜闻乐见的方式来增强大学生学好思政课的吸引力、针对性，已成为思政课教学改革的关注重点。随着全国各高校思政课建设改革的深入推进，教学方式方法的创新举措不断推出、富有特色，为优化高校思政课教学方法创新积累了丰富经验、提供了有益借鉴。新时代引导大学生学好思政课，要坚持从实际出发，密切联系学生的思想实际、学习状态和生活状况，因材施教、因需施教、因事化人，基于他们的现实需要而施教，使理论教育回归实际生活，围绕学生、关照学生、服务学生，聚焦热点，分析问题，诠疑释惑，纾困解难，把基本原理变成生动道理，把书本知识变成指导常识，把根本方法变成管用妙招，提高大学生学好思政课的吸引力、满足感。要恰如其时、恰如其事、恰如其分地穿插和采用启发式教学、互动式讨论、专题式探究、案例式分析、分众式"滴灌"等喜闻乐见的方式，增强青年大学生的主角意识，激活他们的智慧潜能，激发爱学、乐学、善学的热情，做到寓教于乐、寓教于动，使大学生学而乐、学而趣、学而智，学而有所获。要因时而进、因势而新地引入和运用翻转课、慕课、微课、云课等新颖时尚的教学方式，借助现代信息技术手段，将教学内容赋能网络化、数字化、移动化、可视化，"用数码钥匙开智能锁"，增强立体感、鲜活感、灵动感，提高学生学好思政课的针对性、获得感。

---

① 习近平：《思政课是落实立德树人根本任务的关键课程》，《求是》2020 年第 17 期。

　　第三，用身临其境的方式，增强大学生学好思政课的感召力、愉悦感。要让不同类型的学生爱听爱学、听懂学会思政课，就要在教学过程中进行多样化探索，通过多种方式实现教学目标①。教育引导大学生学好思政课，增强他们对思政课的亲和力、感召力、亲近感、愉悦感，必须突破沉闷、单调、抽象的说教，传承好办法、改进老办法、探索新办法，有效延伸课堂教学边界，拓宽立德树人、铸魂育人、教书育人的时空场域，切实改变"新办法不会用，老办法不管用，硬办法不敢用，软办法不顶用"②的被动局面。近年来，全国各高校和广大思政课教师积极开展了广泛而又大胆的探索尝试，涌现了一批诸如现场式教学、情景式教学、可视化教学等体验式方法，既激活了思政课的活力，又提升了亲和力、感召力和愉悦感，为创新思政课教学方法、提高学生学好思政课的积极性提供了有益启示。新时代增强大学生学好思政课的感召力、愉悦感，要坚持联系各高校办学特色、专业特点和学科要求，充分挖掘和发挥地方红色资源禀赋、历史文化素材、传统公序良俗、感动中国人物、时代最美故事，通过"老师当导演、学生演主角"等体验式教学方法，融教学内容于实际场景和模拟情景，呈现实情、还原历史、再现人物，以语言描绘、生活展现、音乐渲染、实物演示等载体，通过听觉、视觉、动觉、触觉的"交响乐"和"协奏曲"，使学生在亲身经历和亲自参与中，获得身临其境的感悟和体认，触类旁通，融会贯通，从而增强大学生学好思政课的感召力、愉悦感和接受度。

（二）增强学好思政课的亲和力、归属感

　　在新时代的历史起点上，充分调动学生学好思政课的积极性，要不断深化课程体系和教材体系改革，持续改进和优化教学大纲，创新教学思

---

①　习近平：《思政课是落实立德树人根本任务的关键课程》，《求是》2020年第17期。
②　《习近平谈治国理政》第一卷，外文出版社2018年版，第403页。

路，精选教材内容，转变话语体系，加强实践体悟，进一步增强教学目标的针对性、教材内容的可读性、话语言说的亲和性、实践体认的鲜活性，不断提高大学生对学好思政课的亲和力、归属感、实效性。

一是要增强教材内容的鲜活性、可读性。思政课是一门政治性很强的特殊课程，具有明确的意识形态属性和党性原则，它必须坚持和巩固马克思主义在意识形态领域的指导地位，必须坚定正确政治方向、政治立场、政治原则，用马克思主义中国化时代化理论成果和党的路线方针政策武装头脑、指导教学实践，培养具有马克思主义坚定信仰和共产主义坚定信念的有志青年，造就坚定"四个自信"、增强"四个意识"、做到"两个维护"、牢记"国之大者"、立志听党话、跟党走的时代新人。这是思政课教学大纲必须坚守的政治方向和立场原则，是贯穿教材内容全过程的基本理论、基本思想、基本观点和逻辑遵循。同时，为了增强教材内容的鲜活性、可读性，使书本知识更加贴近学生、贴近实际、贴近社会、贴近生活，更加突显针对性、时代性、鲜活性，教材编纂者和使用者，都应主动作为，认真研究教材，吃透课本，整合知识，提炼精华，使教材内容更加鲜活可读、更加富有时代气息，更加容易引起学生共鸣，激发学生兴趣，提高抬头率、点头率、点赞率。一方面，在教材设计和布局安排上，要进一步提炼观点，适当压缩容量，教材内容不必包罗万象，恰当插入有关图表、注释、拓展资料等，这样既能帮助学生理解知识，又对接时代气息，有利于进一步增强课本知识的鲜活性、可读性。这种做法已在新修订的23版思政课教材中有所体现，期待将来还能有更好的提升。另一方面，在教材使用上，思政课教师要认真研究教学大纲，吃透教材内容，厘清思路结构，把握重点难点与章节之间的逻辑关联，依据教学大纲、教材文本，联系学生实际和时代特征，精心设计与编写教案，突出重点和现实问题，展示亮点，关注热点，解析疑点，正面讲，引入讲，补充讲，互动讲，不必面面俱到，重点难点必讲，照本不宣科，不做知识的搬运工，而做教材的开拓者，把握原则性，富于创造性，增强鲜活性，提高实效性，促力学生学好思政课，使思政课"让学生真心喜爱，终身受益"①。

二是要增强话语转换的表现力、亲和力。语言是心灵的窗口，是交流信息的媒介，是传播思想的重要载体。马克思恩格斯指出："语言是一种实践的、既为别人存在因而也为我自身而存在的、现实的意识。"② 语言的驾驭能力，决定了思想传递的效度。新时代调动大学生学好思政课的积极性，就要认真研究语言转换规律和表达方式，增强驾驭话语的能力和表现艺术，坚持从学生的思想实际和生活实践入手，注重分析学生的心理倾向、行为动向、语言风格和交流方式，依据学生成长规律，遵循课堂教学规律，积极探索，敢于创新，在话语转换和传播方式上下功夫、做文章，善于用通俗易懂的话语传播马克思主义基本原理和党的创新理论成果，扣紧时代，紧接地气，擅于用学生听得懂、喜欢听的语言阐释高深理论和主流思想，善于用生动形象而又言简意赅的比喻叙事明理，让学生愿听乐学，真心喜欢，产生共鸣。中国人民大学刘建军教授如是说："理论比较抽象，不易掌握，如果用贴近学生的生活化语言去讲理论，就能引起兴趣，加深理解。当然，这样做的前提是吃透理论，把握好合理的度，做到既能通俗化又要避免庸俗化。"③

三是要增强实践教学的感悟力、实效性。马克思主义认为，实践是人的存在方式和社会生活的本质，是人为解决自身需要和外部世界的矛盾而进行的能动地改造世界的社会性物质活动。列宁指出："实践高于（理论的）认识，因为它不仅具有普遍性的品格，而且还具有直接现实性的品格。"④ 时代是思想之母，实践是理论之源。教科书上的科学理论是在实践

① 习近平：《思政课是落实立德树人根本任务的关键课程》，《求是》2020年第17期。
② 《马克思恩格斯选集》第1卷，人民出版社2012年版，第161页。
③ 刘建军：《怎样才能上好高校思想政治理论课》，《求是》2019年第8期。
④ 《列宁全集》第55卷，人民出版社1990年版，第183页。

中形成并不断发展的，理论只有回到实践中去，学以致用，才能真正地感知它、理解它、检验它、掌握它。因此，教育引导大学生积极学好思政课，必须坚持理论性与实践性相统一，善用"大思政课"，强化实践教学环节，"高度重视思政课的实践性，把思政小课堂同社会大课堂结合起来，在理论和实践的结合中，教育引导学生把人生抱负落实到脚踏实地的实际行动中"①，"在社会的大学校里，掌握真才实学，增益其所不能，努力成为可堪大用、能担重任的栋梁之材"②。加强思政课的实践教学环节，各高校要设立主管实践教育教学的组织机构，有专人负责谋划和安排实践教学事宜。要优化校内实践教学平台建设，充分挖掘学校的各种教育资源，利用各种现有条件和场所，有效发挥校内大型会议厅、报告厅、演播厅、体育馆、田径场的作用，构建校园课堂实践教学平台、校园文化实践活动平台、网络教学慕课平台，打造校内相对稳定的实践教学基地，为思政课实践教学提供有效载体保障。要拓展校外实践教学载体建设，在红色资源丰富的纪念地、纪念馆、纪念园、纪念碑建立相对稳定的思政课实践教学基地，在厂矿企业、中外公司、部队军营、城乡社区、革命老区、边远山区建立流动性实践教学站点，把思政小课堂搬到"希望的田野上"，把"真知课堂"拓展为"行走课堂"，为大学生投身社会实践和火热生活搭建锻炼平台和淬炼空间，让学生在工厂车间、街道小巷、田间地头、弄堂小院、军旅兵营中识国情、学真知、悟真谛、砥品格、长见识、增本领。习近平总书记指出，广大青年要用脚步丈量祖国大地，用眼睛发现中国精神，用耳朵倾听人民呼声，用内心感应时代脉搏③，学到的东西，不能停留在书本上，不能只装在脑袋里，而应该落实到行动上，做到知行合一、

---

①　习近平：《思政课是落实立德树人根本任务的关键课程》，《求是》2020 年第 17 期。

②　《习近平谈治国理政》第一卷，外文出版社 2018 年版，第 51 页。

③　《习近平在中国人民大学考察时强调　坚持党的领导传承红色基因扎根中国大地　走出一条建设中国特色世界一流大学新路》，《人民日报》2022 年 4 月 26 日。

以知促行、以行求知①。

（三）增强学好思政课的协同力、使命感

新时代形成大学生积极学好思政课的良好氛围，必须统筹推进大中小学思政课一体化建设，优化全员全程全方位育人机制，实现家庭、学校、政府、社会的协同效应，为大学生积极学好思政课营造良好氛围、提供协力支撑。

其一，统筹推进大中小学思政课一体化建设，为学生循序渐进、螺旋上升地学好思政课夯基蓄势。思政课作为立德树人的关键课程，对于教育引导青年学生树立正确世界观、人生观和价值观，"扣好人生第一粒扣子"具有不可替代的作用。习近平总书记指出，人的成长、成熟、成才不是一蹴而就的，而是一个渐进的过程，就跟人的生理发育一样，所以要把这几个阶段都铺陈好。② 因此，在大中小学循序渐进、螺旋上升地开设思政课非常必要③。新时代在大中小学各学段开设思政课，要依据《思政课改革创新若干意见》，统筹谋划大中小学思政课一体化建设，根据学生身心发展特点，遵循学生的认知能力和成长规律，科学规划思政课程目标，合理建构思政课程体系，遵循学生认知规律设计课程内容，体现不同学段特点，研究生阶段重在开展探究性学习，本专科阶段重在开展理论性学习，高中阶段重在开展常识性学习，初中阶段重在开展体验性学习，小学阶段重在开展启蒙性学习④，增强思政课教学目标、内容、方法的整体性、针对性、衔接性、层次性，为学生积极学好思政课提供承上启下、由浅入深、循序渐进、螺旋上升的优学路径。要针对不同学段，根据思想政治理

---

①　习近平：《在北京大学师生座谈会上的讲话》，《人民日报》2018 年 5 月 3 日。
②　习近平：《思政课是落实立德树人根本任务的关键课程》，《求是》2020 年第 17 期。
③　习近平：《思政课是落实立德树人根本任务的关键课程》，《求是》2020 年第 17 期。
④　《深化新时代学校思想政治理论课改革创新》，《人民日报》2019 年 8 月 15 日。

论教育规律和学生成长规律科学设置具体教学目标，抓好教学目标设计、课程设置、教材编写、教学改革、教师培养、考核评价等环节，既不能揠苗助长、操之过急，又不能刻舟求剑、故步自封。课程设置要相对稳定，坚持大中小学纵向主线贯穿、循序渐进，各类课程横向结构合理、功能互补的原则，确保教材的政治性、科学性、时代性、可读性。①

其二，全面增强课程思政与思政课程同向同行的协同效应，为学生学好思政课同频共振。要完善课程体系，解决好各类课程和思政课相互配合的问题②，各门课都要守好一段渠、种好责任田③，解决好推动其他教职员工和思政课教师相辅相成的问题，实现全员全程全方位育人④。思想政治工作是学校各项工作的生命线。高校的立校之本在于立德树人。培养什么人、怎么培养人、为谁培养人是高校全员全程全方位育人的根本旨归所在。扎实办好高校思政课，有效调动大学生认真学好思政课，就要在思政课教师担当履职、尽力尽为的基础上，充分发挥好各类课程的同向同行协力效应，克服专业教育与思政教育的"两张皮"问题，实现文史哲、经管法、教育学、理工农医等各类专业课程和教师的同频共振，使各专业课程、各专业课教师、各教学管理和服务人员都能在课程思政建设工作中找到自己的"角色"，干出自己的"特色"。全国各高等院校要认真贯彻《高等学校课程思政建设指导纲要》，立德树人，将价值塑造、知识传播和能力培养融为一体，推进马克思主义中国化时代化最新理论成果进教材进课堂进头脑，培育和践行社会主义核心价值观，深入挖掘各门课程内容中蕴含的思想政治教育资源，使学生通过学习，树立正确的世界观、人生观、

---

① 习近平：《思政课是落实立德树人根本任务的关键课程》，《求是》2020 年第 17 期。
② 习近平：《思政课是落实立德树人根本任务的关键课程》，《求是》2020 年第 17 期。
③ 《习近平在全国高校思想政治工作会议上强调　把思想政治工作贯穿教育教学全过程　开创我国高等教育事业发展新局面》，《人民日报》2016 年 12 月 9 日。
④ 习近平：《思政课是落实立德树人根本任务的关键课程》，《求是》2020 年第 17 期。

价值观，掌握事物发展规律，塑造品格，通晓天下道理，丰富学识，增长见识，"发挥融入式、嵌入式、渗入式的立德树人协同效应"①"使各类课程与思想政治理论课同向同行"②，为学生学好思政课提供强有力的协力支撑。

　　其三，努力形成学校、家庭、政府、社会齐抓共管的合力效应，为学生学好思政课同步齐动。党的十八大以来，党中央全面加强了党对思政课建设的领导，对新时代办好思政课提出了一系列新理念新思想新战略，形成了"党委统一领导、党政齐抓共管、有关部门各负其责、全社会协同配合的工作格局"③，开好了局，起好了步，推动思政课改革创新，取得了新的重大成就。新时代营造和形成大学生积极学好思政课的良好氛围，学校、家庭、政府、社会都有责任和义务主动作为，齐心协力，共同为学生学好思政课发挥合力效应。"思政课的学习效果和家长、家庭、家风的作用密切相关，要注重家校合作。"④ 家庭是人生的起点，是人生存、发育和成长的摇篮。家庭教育是一个人接受教育的第一所学校。作为孩子第一任老师的家长，要以身作则，有责任和义务为孩子讲好"人生第一课"、扣好人生第一粒扣子，用坚定的信念、崇高的品德、朴实的作风树立好榜样，释放正能量，主动配合学校，共同把立德树人任务落实好，以良好的家长形象、纯正的家庭风貌，熏陶学生、感化学生、激励学生。各级党委和政府要为学校办好思政课、教师讲好思政课、学生学好思政课提供支持保障、"安全托底"和解决后顾之忧。全社会都要担负起青少年成长成才的责任，营造积极向上、风清气正的社会环境，为大学生学好思政课提供

---

　　① 习近平：《思政课是落实立德树人根本任务的关键课程》，《求是》2020 年第 17 期。
　　② 《习近平在全国高校思想政治工作会议上强调　把思想政治工作贯穿教育教学全过程　开创我国高等教育事业发展新局面》，《人民日报》2016 年 12 月 9 日。
　　③ 习近平：《思政课是落实立德树人根本任务的关键课程》，《求是》2020 年第 17 期。
　　④ 习近平：《思政课是落实立德树人根本任务的关键课程》，《求是》2020 年第 17 期。

良好的社会氛围。总之,只有打好学校、家庭、政府、社会各方面齐抓共管的组合拳,充分发挥同步齐动的协同效应,才能为学生学好思政课提供强大的合力支撑。

参考文献

一、著作类

1.《马克思恩格斯文集》（1—10 卷），人民出版社 2009 年版。

2.《马克思恩格斯选集》（1—4 卷），人民出版社 1995、2012 年版。

3.《马克思恩格斯全集》第 1 卷（上），人民出版社 1956 年版。

4.《马克思恩格斯全集》第 2 卷，人民出版社 1957 年版。

5.《马克思恩格斯全集》第 3 卷，人民出版社 2002 年版。

6.《马克思恩格斯全集》第 4 卷，人民出版社 1958 年版。

7.《马克思恩格斯全集》第 6 卷，人民出版社 1961 年版。

8.《马克思恩格斯全集》第 7 卷，人民出版社 1959 年版。

9.《马克思恩格斯全集》第 13 卷，人民出版社 1962 年版。

10.《马克思恩格斯全集》第 16 卷，人民出版社 1964 年版。

11.《马克思恩格斯全集》第 22 卷，人民出版社 1965 年版。

12.《马克思恩格斯全集》第 25 卷（下册），人民出版社 1974 年版。

13.《马克思恩格斯全集》第 27 卷，人民出版社 1972 年版。

14.《马克思恩格斯全集》第 31 卷（上），人民出版社 1972 年版。

15.《马克思恩格斯全集》第 37 卷，人民出版社 1971 年版。

16.《马克思恩格斯全集》第 38 卷，人民出版社 1972 年版。

17.《马克思恩格斯全集》第 40 卷，人民出版社 1982 年版。

18.《马克思恩格斯全集》第 41 卷，人民出版社 1982 年版。

19.《马克思恩格斯全集》第 42 卷，人民出版社 1979 年版。

20.《马克思恩格斯全集》第 46 卷（上册），人民出版社 1979 年版。

21.《列宁选集》（1—4 卷），人民出版社 1995、2012 年版。

22.《列宁专题文集 论辩证唯物主义和历史唯物主义》，人民出版社 2009 年版。

23.《列宁专题文集 论无产阶级政党》，人民出版社 2009 年版。

24.《列宁全集》第 1 卷，人民出版社 1984 年版。

25.《列宁全集》第 4 卷，人民出版社 1984 年版。

26.《列宁全集》第 5 卷，人民出版社 1986 年版。

27.《列宁全集》第 6 卷，人民出版社 1986 年版。

28.《列宁全集》第 10 卷，人民出版社 1987 年版。

29.《列宁全集》第 12 卷，人民出版社 1987 年版。

30.《列宁全集》第 13 卷，人民出版社 1987 年版。

31.《列宁全集》第 17 卷，人民出版社 1988 年版。

32.《列宁全集》第 19 卷，人民出版社 1989 年版。

33.《列宁全集》第 21 卷，人民出版社 1990 年版。

34.《列宁全集》第 23 卷，人民出版社 1990 年版。

35.《列宁全集》第 26 卷，人民出版社 1985 年版。

36.《列宁全集》第 27 卷，人民出版社 1990 年版。

37.《列宁全集》第 29 卷，人民出版社 1985 年版。

38.《列宁全集》第 30 卷，人民出版社 1985 年版。

39.《列宁全集》第 33 卷，人民出版社 1985 年版。

40.《列宁全集》第 35 卷，人民出版社 1985 年版。

41.《列宁全集》第 36 卷，人民出版社 1985 年版。

42.《列宁全集》第 38 卷，人民出版社 1986 年版。

43.《列宁全集》第 39 卷，人民出版社 1986 年版。

44.《列宁全集》第 42 卷，人民出版社 1987 年版。

45.《列宁全集》第 43 卷，人民出版社 1987 年版。

46.《列宁全集》第 45 卷，人民出版社 1990 年版。

47.《列宁全集》第 47 卷，人民出版社 1990 年版。

48.《列宁全集》第 55 卷，人民出版社 1990 年版。

49.《斯大林选集》（上卷），人民出版社 1979 年版。

50.《斯大林选集》（下卷），人民出版社 1979 年版。

51.《斯大林文集（1934—1952)》，人民出版社 1985 年版。

52.《斯大林全集》第 5 卷，人民出版社 1957 年版。

53.《斯大林全集》第 6 卷，人民出版社 1956 年版。

54.《斯大林全集》第 7 卷，人民出版社 1958 年版

55.《斯大林全集》第 8 卷，人民出版社 1954 年版。

56.《斯大林全集》第 13 卷，人民出版社 1956 年版。

57.斯大林：《苏联社会主义经济问题》，人民出版社 1961 年版。

58. [苏联] 格鲁兹杰夫著，叶文雄译：《马克思恩格斯列宁斯大林论教育》，五十年代出版社 1953 年版。

59.《毛泽东选集》第一至四卷，人民出版社 1991 年版。

60.《毛泽东文集》第一至八卷，人民出版社 1993、1996、1999 年版。

61.《毛泽东年谱（1893—1949)》（上卷），中央文献出版社 2002 年版。

62.《毛泽东年谱（1893—1949)》（中卷），中央文献出版社 2002 年版。

63.《毛泽东年谱（1893—1949)》（下卷），中央文献出版社 2002 年版。

64.《毛泽东年谱（一九四九——一九七六)》第三卷，中央文献出版社 2013 年版。

65.《毛泽东著作选读》（下册），人民出版社 1986 年版。

66.《毛泽东早期文稿（1912—1920)》，湖南人民出版社 2013 年版。

67.《毛泽东书信选集》，中央文献出版社 2003 年版。

68.《毛泽东同志论教育工作》，人民教育出版社 1958 年版。

69.《建国以来毛泽东文稿》第 6 册，中央文献出版社 1992 年版。

70.《邓小平文选》第一至三卷，人民出版社 1994、1993 年版。

71.《邓小平文集（一九四九——一九七四年)》（上卷），人民出版社 2014 年版。

72.《江泽民文选》第一至三卷，人民出版社 2006 年版。

73.江泽民：《论党的建设》，中央文献出版社 2001 年版。

74.《江泽民论社会主义精神文明建设》，中央文献出版社 1999 年版。

75.《江泽民论有中国特色社会主义（专题摘编)》，中央文献出版社 2002 年版。

76.江泽民：《论"三个代表"》，中央文献出版社 2001 年版。

77.《胡锦涛文选》第一至三卷，人民出版社 2016 年版。

78.《习近平谈治国理政》第一卷，外文出版社 2018 年版。

79.《习近平谈治国理政》第二卷，外文出版社 2017 年版。

80.《习近平谈治国理政》第三卷，外文出版社 2020 年版。

81.《习近平关于全面建成小康社会论述摘编》，中央文献出版社 2016 年版。

82.《习近平关于社会主义文化建设论述摘编》，中央文献出版社 2017 年版。

83.《习近平关于实现中华民族伟大复兴的中国梦论述摘编》，中央文献出版社 2013 年版。

84.《习近平关于全面从严治党论述摘编》，中央文献出版社 2016 年版。

85.《习近平总书记教育重要论述讲义》，高等教育出版社 2020 年版。

86.《习近平关于社会主义政治建设论述摘编》，中央文献出版社 2017 年版。

87.《习近平关于"不忘初心、牢记使命"论述摘编》，党建读物出版社、中央文献出版社 2019 年版。

88.《深入学习习近平关于教育的重要论述》，人民出版社 2019 年版。

89.《中国共产党第十九次全国代表大会文件汇编》，人民出版社 2017 年版。

90.《十四大以来重要文献选编》（上），人民出版社 1996 年版。

91.《十四大以来重要文献选编》（中），人民出版社 1997 年版。

92.《十六大以来重要文献选编》（中），中央文献出版社 2006 年版。

93.《十六大以来重要文献选编》（下），中央文献出版社 2008 年版。

94.《十八大以来重要文献选编》（下），中央文献出版社 2018 年版。

95.《十九大以来重要文献选编》（上），中央文献出版社 2019 年版。

96.《建党以来重要文献选编（1921—1949)》第 21 册，中央文献出版社 2011 年版。

97.《建国以来重要文献选编》第 5 册，中央文献出版社 1993 年版。

98.《建国以来重要文献选编》第 1 册，中央文献出版社 1992 年版。

99.《建国以来重要文献选编》第 3 册，中央文献出版社 1992 年版。

100.《中共中央文件选集》第 1 册，中共中央党校出版社 1989 年版。

101.《中共中央文件选集》第 8 册，中共中央党校出版社 1991 年版。

102.《普通高校思想政治理论课文献选编（1949—2003)》，中国人民大学出版社 2003 年版。

103.《普通高校思想政治理论课文献选编（1949—2006)》，中国人民大学出版社 2007 年版。

104.《普通高校思想政治理论课文献选编（1949—2008)》，中国人民大学出版社 2008 年版。

105.《加强和改进大学生思想政治教育重要文献选编（1978—2008)》，中国人民大学出版社 2008 年版。

106.荆惠民：《改革开放以来思想政治工作大事记(1978 年 11 月—2006 年 12 月)》，

中国人民大学出版社 2007 年版。

　　107.《人间的普罗米修斯：回忆马克思恩格斯Ⅲ》，人民出版社 1983 年版。

　　108.陈元晖等：《老解放区教育资料》（一），教育科学出版社 1981 年版。

　　109.《"四个全面"学习读本》，人民出版社 2015 年版。

　　110.冯刚：《改革开放以来高校思想政治教育发展史》，人民出版社 2018 年版。

　　111.顾海良：《高校思想政治理论课程建设研究》，经济科学出版社 2009 年版。

　　112.刘建军：《寻找思想政治教育的独特视角》，中国人民大学出版社 2016 年版。

　　113.彭付芝：《新中国成立 70 年高校思想政治理论课建设》，知识产权出版社 2019 年版。

　　114.骆郁廷：《高校思想政治理论课程论》，武汉大学出版社 2006 年版。

　　115.郭凤志：《高校思想政治理论课程建设研究》，北京师范大学出版社 2019 年版。

　　116.郑永廷：《思想政治教育学原理》，高等教育出版社 2016 年版。

　　117.张耀灿、陈万柏：《思想政治教育学原理》，高等教育出版社 2001 年版。

　　118.董宝良：《陶行知教育论著选》，人民教育出版社 1991 年版。

　　119.张雷声、郑吉伟、李玉峰：《新中国思想理论教育史》，高等教育出版社 2005 年版。

　　120.王勤：《思想政治教育学新论》，浙江大学出版社 2004 年版。

　　121.王树荫：《中国共产党思想政治教育史》（第二版），高等教育出版社 2018 年版。

　　122.唐克军：《比较思想政治教育学》，华中师范大学出版社 2010 年版。

　　123.王瑞荪：《比较思想政治教育学》，高等教育出版社 2001 年版。

　　124.陈立思：《比较思想政治教育》（第二版），中国人民大学出版社 2018 年版。

　　125.侯尚智、孔庆峒：《韩国概览》，人民出版社 1996 年版。

　　126.《教育——财富蕴藏其中》，教育科学出版社 1996 年版。

　　127.赵中建：《全球教育发展的研究热点：90 年代来自联合国教科文组织的报告》，教育科学出版社 2003 年版。

　　128.[法] 托克维尔：《论美国的民主》（下卷），董果良译，商务印书馆 2013 年版。

　　129.李安：《世界是知识的：迈向 21 世纪的知识经济新时代》，中国社会出版社 2010 年版。

　　130.陈海燕等：《全球化时代高校思想政治教育创新研究》，山东大学出版社 2015 年版。

131.［英］维克托·迈尔-舍恩伯格、肯尼思·库克耶:《大数据时代:生活、工作与思维的大变革》,盛杨燕、周涛译,浙江人民出版社 2013 年版。

132.杨方旭:《大数据时代背景下大学生思想政治教育新思路》,东北师范大学出版社 2018 年版。

133.李伟、栾淳钰、赵冶:《凝心聚力:新时代思想政治教育研究》,重庆出版社 2020 年版。

134.《革命领袖论青年和青年工作》,中国青年出版社 1984 年版。

135.《蔡元培全集》第 3 卷,浙江教育出版社 1997 年版。

136.(西汉) 戴圣:《礼记精华》,傅春晓译注,辽宁人民出版社 2018 年版。

137.南怀瑾、徐芹庭译注:《白话易经》,岳麓书社 1988 年版。

138.(清) 黄元吉:《道德经讲义》,九州出版社 2014 年版。

139.杨伯峻:《论语译注》,中华书局 1980 年版。

140.杨伯峻:《春秋左传注》(全四册)第 3 卷,中华书局 1981 年版。

141.黎翔凤:《管子校注》(全三册)(上),中华书局 2004 年版。

142.姜鹏:《德政之要:〈资治通鉴〉的智慧》,上海人民出版社 2016 年版。

143.(清) 袁枚著,王英志评注:《续诗品注评》,浙江古籍出版社 1989 年版。

144.(明) 冯梦龙编,(清) 蔡元放评:《东周列国志》,岳麓书社 1990 年版。

145.(唐) 令狐德棻等撰,陈勇等标点:《周书(卷一——卷五〇)》,吉林人民出版社 1995 年版。

146.［法］泰·德萨米:《公有法典》,黄建华、姜亚洲译,商务印书馆 1982 年版。

147.［美］杜威著:《民主主义与教育》,王承绪译,人民教育出版社 1990 年版。

148.［美］摩里斯·贾诺威茨等编,郭力等译:《军人的政治教育》,解放军出版社 1987 年版。

149.［美］罗伯特·赖克:《国家的作用——21 世纪的资本主义前景》,徐荻洲等译,上海译文出版社 1994 年版。

150.［加］马歇尔·麦克卢汉:《理解媒介:论人的延伸》,何道宽译,商务印书馆 2009 年版。

151.程浩、崔福海、孙宁:《中国高校思想政治教育史论》,社会科学文献出版社 2016 年版。

152.杨业华:《思想政治教育新视野》,中国社会科学出版社 2013 年版。

153.郭凌:《思想政治教育简史》,江西人民出版社 2016 年版。

154.卢保娣:《新时期大学生思想政治教育引领与建构》,中国水利水电出版社

2016 年版。

155.刘德华：《马克思主义思想政治教育著作导读》，高等教育出版社 2001 年版。

156.赖雄麟：《马克思主义思想政治教育理论时代化研究》，人民出版社 2012 年版。

157.林建华：《21 世纪高校思想政治理论课教学改革研究》，知识产权出版社 2014 年版。

158.程美东：《改革开放四十年高校思想政治理论课建设》，知识产权出版社 2019 年版。

159.高峰：《西方思想政治教育史》，首都师范大学出版社 2015 年版。

160.邹绍清：《当代思想政治教育方法论发展研究》，人民出版社 2013 年版。

161.钱广荣：《思想政治教育学科建设论丛》，中国书籍出版社 2015 年版。

162.赵兴宏：《思想政治教育理论与实践若干问题研究》，社会科学文献出版社 2015 年版。

163.王学俭：《现代思想政治教育前沿问题研究》，人民出版社 2008 年版。

164.侯勇：《思想政治教育学理论前沿问题研究》，中国社会科学出版社 2018 年版。

165.顾钰民：《马克思主义理论学科建设和思想政治理论课教学研究》，中国人民大学出版社 2016 年版。

166.杨静云：《毛泽东思想政治教育理论研究》，中共中央党校出版社 1995 年版。

167.张蔚萍：《毛泽东邓小平江泽民论思想政治工作》（学习读本），中共中央党校出版社 2000 年版。

168.《毛泽东邓小平江泽民论思想政治工作》，学习出版社 2000 年版。

169.聂月岩等：《邓小平思想政治教育理论与实践研究》，首都师范大学出版社 2000 年版。

170.马福运：《江泽民思想政治教育理论研究》，中共中央党校出版社 2009 年版。

171.艾四林：《党的理论创新与思想政治教育》，人民出版社 2017 年版。

172.艾四林：《十八大以来党中央治国理政思想与思想政治教育》，中国文史出版社 2017 年版。

173.白显良：《思想政治教育的马克思主义理论基础研究》，人民出版社 2014 年版。

174.陈秉公：《思想政治教育学基础理论研究》，吉林大学出版社 2007 年版。

175.陈万柏、张耀灿：《思想政治教育学原理》，高等教育出版社 2015 年版。

176.冯刚：《高校思想政治教育创新发展研究》，中国人民大学出版社 2009 年版。

177.冯刚:《探索思想政治教育发展的内生动力》,人民出版社2017年版。

178.顾海良、佘双好:《高校思想政治理论课程教学改革研究》,武汉大学出版社2006年版。

179.程肇基:《新时代道德体验教育研究》,江西人民出版社2019年版。

180.佘双好:《大学生思想政治教育研究方法》,高等教育出版社2010年版。

181.佘双好:《青少年道德现状及健全措施研究》,中国社会科学出版社2010年版。

182.程水栋:《人民满意教育的动力机制研究》,人民出版社2014年版。

183.刘建军:《中国共产党思想政治教育的理论与实践》,中国人民大学出版社2008年版。

184.沈壮海:《中国大学生思想政治教育发展报告2016》,北京师范大学出版社2017年版。

185.沈壮海:《思想政治教育有效性研究》,武汉大学出版社2005年版。

186.黄蓉生:《改革开放以来大学生思想政治教育论纲》,人民出版社2014年版。

187.黄蓉生:《改革开放30年大学生思想政治教育论》,中国社会科学出版社2012年版。

188.骆郁廷:《思想政治教育原理与方法》,高等教育出版社2010年版。

189.骆郁廷:《高校思想政治理论课程评价新探》,中国社会科学出版社2011年版。

190.罗国杰:《马克思主义思想政治教育理论基础》,高等教育出版社2002年版。

191.王树荫:《中国共产党思想政治教育史》(第二版),中国人民大学出版社2016年版。

192.王树荫:《新中国思想政治教育史纲》,人民出版社2010年版。

193.王学俭:《新媒体与高校思想政治教育》,人民出版社2012年版。

194.王学俭:《思想政治教育理论与实践问题的研究视角》,中国人民大学出版社2017年版。

195.单春晓、延诺:《高校思想政治教育长效机制路径选择》,中国社会科学出版社2018年版。

196.王刚:《思想政治教育资源研究》,西南师范大学出版社2017年版。

197.吴潜涛:《高校思想政治教育的理论与实践》,人民出版社2012年版。

198.石云霞:《新中国成立以来中国共产党思想政治教育历史研究》,中国社会科学出版社2007年版。

199.张耀灿:《中国共产党思想政治工作史论》,高等教育出版社1999年版。

200.张耀灿、郑永廷、吴潜涛等:《现代思想政治教育学》,人民出版社2006年版。

201.李明珠、陈红:《新时代高校思想政治教育的守正与创新》,知识产权出版社2020年版。

202.冷天玖:《高校思想政治教育整体优化与创新机制探究》,中国水利水电出版社2015年版。

203.吴少华:《新时代高校思想政治教育面临的问题及解决路径探析》,经济管理出版社2019年版。

204.姚彩云:《新时代高校思想政治教育工作研究》,中国财富出版社有限公司2020年版。

205.章忠民、魏华:《新时代思想政治教育论要》,人民出版社2019年版。

206.《加强和改进大学生思想政治教育重要文献选编(1978—2014)》,知识产权出版社2015年版。

207.《马克思主义经典作家论教育》,人民教育出版社1958版。

208.徐洪军等:《高校思想政治教育前沿问题研究》,黑龙江大学出版社2014年版。

209.王平:《马克思主义思想政治教育主要方法论》,东北师范大学出版社2015年版。

210.潘建屯、段俊霞:《打造金课,杜绝水课——高校思想政治理论课教学改革研究》,四川大学出版社2020年版。

211.程水栋:《中国梦与"四个全面"关系研究》,江西人民出版社2021年版。

212.程水栋:《班主任工作教程》,江西高校出版社1997年版。

213.《马克思主义哲学》(第二版),高等教育出版社2020年版。

214.《马克思主义基本原理》(2021年版),高等教育出版社2021年版。

215.《毛泽东思想和中国特色社会主义理论体系概论》(2021年版),高等教育出版社2021年版。

216.《思想道德与法治》(2021年版),高等教育出版社2021年版。

217.《习近平新时代中国特色社会主义思想学习问答》,学习出版社、人民出版社2021年版。

218.《中国共产党简史》,人民出版社、中共党史出版社2021年版。

219.《中国共产党第十九届中央委员会第六次全体会议文件汇编》,人民出版社2021年版。

220.《〈中共中央关于党的百年奋斗重大成就和历史经验的决议〉辅导读本》,人民出版社2021年版。

221.习近平:《之江新语》,浙江人民出版社2007年版。

222.石云霞：《高校思想政治理论课程建设史研究》，武汉大学出版社 2006 年版。

223.杨政：《创新教育与思想政治教育》，辽海出版社 2017 年版。

224.雷志成：《高校思想政治教育面临的时代性问题研究》，东北师范大学出版社 2018 年版。

225.冯刚：《理直气壮开好思政课——把握新时代思政课建设规律》，人民出版社 2019 年版。

226.李俊奎：《思想政治教育学导论》，黑龙江人民出版社 2015 年版。

227.康秀云：《比较思想政治教育学前沿问题研究》，学习出版社 2018 年版。

228.孙迪：《高校思想政治教育的新视野和新路径》，经济管理出版社 2018 年版。

229.艾四林：《新时代如何办好思想政治理论课》，人民出版社 2019 年版。

230.马云霞：《"互联网＋"时代高校思想政治教育研究》，人民日报出版社 2017 年版。

231.杨增崇、杨国辉：《当代思想政治教育若干前沿论域》，中国财富出版社 2020 年版。

232.李征：《马克思恩格斯思想政治教育理论与实践研究》，北京大学出版社 2011 年版。

233.柳丽：《列宁思想政治教育理论与实践研究》，人民出版社 2015 年版。

234.吴潜涛、徐柏才、阎占定：《高校思想政治教育的理论与实践》，人民出版社 2012 年版。

235.吴潜涛：《思想政治教育教学与研究》，中国人民大学出版社 2018 年版。

236.秦宣：《分化与融合：社会转型期的思想政治教育研究》，中国人民大学出版社 2017 年版。

237.刘秉亚：《微时代高校思想政治教育创新研究》，西南交通大学出版社 2017 年版。

238.[美] 约瑟夫·奈著，马娟娟译：《软实力》，中信出版社 2013 年版。

239.[美] 约瑟夫·奈著，李达飞译：《巧实力》，中信出版社 2013 年版。

240.《中共中央文件选集（1949 年 10 月—1966 年 5 月)》第 32 册，人民出版社 2013 年版。

241.《中国共产党第二十次全国代表大会文件汇编》，人民出版社 2022 年版。

242.《二十大党章修正案学习问答》，党建读物出版社 2022 年版。

243.《党的二十大报告辅导读本》，人民出版社 2022 年版。

二、期刊、报刊论文类

1.《习近平给中央美术学院老教授回信强调　做好美育工作弘扬中华美育精神　让祖国青年一代身心都健康成长》,《光明日报》2018年8月31日。

2.习近平:《致第四届世界互联网大会的贺信》,《人民日报》2017年12月4日。

3.习近平:《在纪念马克思诞辰200周年大会上的讲话》,《人民日报》2018年5月5日。

4.习近平:《在知识分子、劳动模范、青年代表座谈会上的讲话》,《光明日报》2016年4月30日。

5.《习近平主持召开学校思想政治理论课教师座谈会强调　用新时代中国特色社会主义思想铸魂育人　贯彻党的教育方针落实立德树人根本任务》,《人民日报》2019年3月19日。

6.《习近平在全国高校思想政治工作会议上强调　把思想政治工作贯穿教育教学全过程　开创我国高等教育事业发展新局面》,《光明日报》2016年12月9日。

7.《习近平在北京大学考察时强调　抓住培养社会主义建设者和接班人根本任务　努力建设中国特色世界一流大学》,《光明日报》2018年5月3日。

8.《习近平在北京市八一学校考察时强调　全面贯彻落实党的教育方针　努力把我国基础教育越办越好》,《人民日报》2016年9月10日。

9.《习近平给复旦大学青年师生党员回信勉励广大党员　在学思践悟中坚定理想信念　在奋发有为中践行初心使命》,《人民日报》2020年7月1日。

10.《习近平在中共中央政治局第七次集体学习时强调　在对历史的深入思考中更好走向未来　交出发展中国特色社会主义合格答卷》,《光明日报》2013年6月27日。

11.《习近平在党史学习教育动员大会上强调　学党史悟思想办实事开新局　以优异成绩迎接建党一百周年》,《人民日报》2021年2月21日。

12.《习近平在清华大学考察时强调　坚持中国特色世界一流大学建设目标方向　为服务国家富强民族复兴人民幸福贡献力量》,《人民日报》2021年4月20日。

13.《习近平在中共中央政治局第二次集体学习时强调　审时度势精心谋划超前布局力争主动　实施国家大数据战略加快建设数字中国》,《光明日报》2017年12月10日。

14.《习近平首次点评"95后"大学生》,《人民日报》2017年1月3日。

15.《习近平在全国教育大会上强调　坚持中国特色社会主义教育发展道路　培养德智体美劳全面发展的社会主义建设者和接班人》,《人民日报》2018年9月11日。

16.《中共中央政治局召开专题民主生活会 对照检查践行"三严三实"情况 讨论研究加强党风廉政建设措施——中共中央总书记习近平主持会议并发表重要讲话》，《光明日报》2015 年 12 月 30 日。

17.《中央宣传部 教育部关于印发〈普通高校思想政治理论课建设体系创新计划〉的通知》（教社科〔2015〕2 号）。

18.《关于深化新时代学校思想政治理论课改革创新的若干意见》，《人民日报》2019 年 8 月 15 日。

19.《中办印发〈意见〉 加强新时代马克思主义学院建设》，《人民日报》2021 年 9 月 22 日。

20.《教育部关于印发〈新时代高校思想政治理论课教学工作基本要求〉的通知》（教社科〔2018〕2 号）。

21.刘建军：《马克思主义经典作家论思想政治教育的意义》，《西北师大学报》（社会科学版）2020 年第 1 期。

22.刘建军：《论高校思想政治理论课教育教学的"八个统一"》，《教学与研究》2019 年第 7 期。

23.刘建军：《怎样才能上好高校思想政治理论课》，《求是》2019 年第 8 期。

24.曲波：《普京时代俄罗斯价值观教育的战略举措、基本特征与反思借鉴》，《思想教育研究》2019 年第 5 期。

25.肖贵清：《新时代高校思想政治理论课的守正与创新》，《思想教育研究》2019 年第 3 期。

26.李忠发：《习近平会见清华大学经济管理学院顾问委员会海外委员和中方企业家委员》，《光明日报》2017 年 10 月 31 日。

27.张嵘：《英国高校思想政治教育的发展及其启示》，《现代教育科学》2011 年第 6 期

28.鲁洁：《道德危机：一个现代化的悖论》，《中国教育学刊》2001 年第 4 期。

29.陈独秀：《今日之教育方针》，《新青年》2 卷 6 号，1917 年 2 月。

30.李征：《马克思恩格斯关于思想政治教育相关概念的论述》，《思想政治教育研究》2011 年第 1 期。

31.连欢：《马克思恩格斯关于思想政治教育地位作用的基本观点》，《北京劳动保障职业学院学报》2015 年第 1 期。

32.方菲菲：《马克思恩格斯思想政治教育理念探析》，《湖北经济学院学报》（人文社会科学版）2013 年第 9 期。

33.李忠军、钟启东:《马克思恩格斯经典文本中关于思想政治教育的核心论断》,《马克思主义研究》2018 年第 9 期。

34.孙健:《马克思主义经典作家论思想政治教育主体》,《西北师大学报》(社会科学版) 2020 年第 1 期。

35.柳丽:《马克思恩格斯对思想政治教育理论的若干贡献》,《思想教育研究》2014 年第 3 期。

36.邢鹏飞:《思想政治教育概念界定的马克思恩格斯文本求证》,《思想教育研究》2014 年第 6 期。

37.冯刚:《改革开放以来高校思想政治教育质量评价的回顾与思考》,《教学与研究》2018 年第 3 期。

38.骆郁廷:《改革开放以来高校思想政治教育的基本经验》,《思想理论教育导刊》2008 年第 10 期。

39.沈壮海、董祥宾:《论新时代思想政治理论课的改革创新》,《思想理论教育》2019 年第 5 期。

40.艾四林:《科学总结思政课建设长期形成的成功经验》,《思想理论教育导刊》2019 年第 5 期。

41.宇文利:《努力掌握并用好思想政治理论课教学的科学规律》,《思想理论教育导刊》2017 年第 9 期。

42.吴家华:《八个统一:新时代思想政治理论课改革创新的根本遵循》,《红旗文稿》2019 年第 7 期。

43.石书臣:《思想政治教育主客体关系的理论依据》,《中国高等教育》2017 年第 5 期。

44.骆郁廷、秦玉娟:《新中国 70 年高校思想政治理论课建设的回顾与展望》,《思想理论教育导刊》2019 年第 11 期。

45.吴锦旗:《当代美国思想政治教育的理论之维》,《学术论坛》2005 年第 11 期。

46.周南平、张敏:《美国高校思想政治教育的隐性化及其启示》,《南京政治学院学报》2011 年第 6 期。

47.李祖超:《"五国"高校思想政治教育比较分析》,《黑龙江高教研究》2008 年第 4 期。

48.倪愫襄:《日本思想政治教育实施简介》,《学校党建与思想教育》2012 年第 7 期。

49.靳义亭:《论韩国对青少年思想政治教育的成功经验与启示》,《当代世界与社会主义》2011 年第 5 期。

50.朱平、张敏、姚本先:《日韩高校思想政治比较研究及启示》,《黑龙江教育》2007 年第 11 期。

51.陈琴:《英国仪式教育对加强高校思想政治教育工作的启示》,《科教导刊》2018 年第 22 期(上)。

52.刘佳:《美国高校心理疏导研究及对我国的启示》,《今日南国》2009 年第 7 期。

53.王冠华、王东:《美国高校如何进行思想政治教育》,《教育与职业》2012 年第 5 期。

54.朱倩渝:《国外高校心理咨询服务的经验借鉴》,《韶关学院学报·社会科学》2014 年第 7 期。

55.诸凤娟:《中美高校思想政治教育的差异及启示》,《教学与研究》2019 年第 2 期。

56.段平:《国外高校思想政治教育的经验与借鉴》,《湖南冶金职业技术学院学报》2009 年第 1 期。

57.陈坤、李佳:《大数据时代背景下高校思想政治教育创新研究》,《思想政治教育研究》2021 年第 1 期。

58.王振:《习近平"以文化人"思想探析》,《思想理论教育导刊》2018 年第 1 期。

59.张澍军:《试论思想政治教育学科前沿的若干重大问题》,《马克思主义研究》2011 年第 1 期。

60.李霞:《马克思主义经典作家关于思想政治教育的经典理论》,《学习与实践》2009 年第 10 期。

61.赵静:《马克思主义经典作家关于思想政治教育内容述要》,《思想教育研究》2019 年第 10 期。

62.汪早容:《论江泽民对思想政治教育内容的创新》,《山东行政学院山东省经济管理干部学院学报》2008 年第 1 期。

63.胡建:《江泽民思想政治教育理论体系之初探》,《吉首大学学报》(社会科学版)2005 年第 2 期。

64.王杏初:《江泽民大学生思想政治教育观研究》,《安庆师范学院学报》(社会科学版)2010 年第 9 期。

65.周如东:《江泽民思想政治教育的方法及其特点》,《中国石油大学学报》(社会科学版)2013 年第 6 期。

66.任福全、王美娜、王鑫:《胡锦涛思想政治教育理论创新探索》,《求实》2011

年第 3 期。

　　67.查芳灵:《试论胡锦涛对新时期高校思想政治教育的创新与发展》,《山西师大学报》(社会科学版·研究论文专刊) 2012 年 11 月。

　　68.毛俊、双传学:《近十年来胡锦涛思想政治教育理论研究综述》,《广西社会科学》2014 年第 10 期。

　　69.高国栋:《高校立德树人工作的理论内涵与路径优化》,《思想教育研究》2020 年第 12 期。

　　70.袁芳:《新时代立德树人的生成逻辑》,《思想理论教育》2019 年第 5 期。

　　71.钟俊生、左浩森:《新时代立德树人在高校思想政治教育中的现状及对策分析》,《思想政治教育研究》2019 年第 4 期。

　　72.刘光锋:《"正确认识中国特色和国际比较"解读》,《马克思主义研究》2017 年第 6 期。

　　73.白洁:《教育引导学生　树立四个正确认识》,《思想教育研究》2017 年第 1 期。

　　74.王芳、邢亮:《大学生"四个正确认识"的内在逻辑与思想政治理论课的担当》,《湖北经济学院学报》(人文社会科学版) 2018 年第 8 期。

　　75.王易、单文鹏:《在深化"四个正确认识"中提高大学生思想政治素质》,《思想理论教育导刊》2017 年第 7 期。

　　76.李忠军:《高校思想政治理论课教学应以实现"四个正确认识"为根本目标》,《思想理论教育导刊》2017 年第 2 期。

　　77.骆郁廷、秦玉娟:《新中国 70 年高校思想政治理论课建设的回顾与展望》,《思想理论教育导刊》2019 年第 11 期。

　　78.黄蓉生、颜叶甜:《改革开放 40 年思想政治教育学科发展的历史演进、宝贵经验与前行路径》,《思想理论教育导刊》2019 年第 4 期。

　　79.石云霞:《新中国 70 年高校思想政治理论课建设基本经验与未来展望》,《思想理论教育》2019 年第 9 期。

　　80.冯刚、金国峰:《新中国成立 70 年来高校思想政治教育的发展动力、经验和展望》,《思想理论教育》2019 年第 10 期。

　　81.王树荫、温静:《改革开放以来思想政治教育的基本经验》,《思想理论教育》2019 年第 3 期。

　　82.卢忠萍、程雄飞、王先亮:《论改革开放 40 年思想政治教育的"变"与"不变"》,《思想理论教育导刊》2019 年第 5 期。

　　83.王蓉:《改革开放以来思想政治教育的回顾与经验启示》,《中共山西省委党校学报》2019 年第 6 期。

84.刘建军：《近距离感受习近平总书记的亲切关怀》,《思想理论教育导刊》2019 年第 4 期。

85.刘建军：《思政课教师要做有深广情怀的人》,《中国教育报》2019 年 4 月 4 日。

86.刘建军：《精心培育青年成长成才》,《中国教育报》2019 年 5 月 16 日。

87.靳诺：《新时代思想政治理论课改革创新的着力点》,《思想理论教育导刊》2019 年第 5 期。

88.胡树祥：《顺应新变局，着力新动能，思想政治理论课教育队伍建设出新招》,《思想理论教育导刊》2019 年第 5 期。

89.陈锡喜、刘伟：《论高校思想政治理论课建设性和批判性的统一》,《思想理论教育》2019 年第 5 期。

90.陈金龙：《新时代思想政治理论课建设的思维方法：学习习近平总书记在学校思想政治理论课教师座谈会上的重要讲话》,《思想理论教育》2019 年第 4 期。

91.田鹏颖：《新时代办好高校思想政治理论课的学理支撑》,《辽宁日报》2019 年 5 月 21 日。

92.冯刚、高静毅：《思想政治理论课教学研究 2018 年度聚焦与展望》,《思想理论教育导刊》2019 年第 5 期。

93.佘双好：《新时期思想政治教育学科建设的价值指针：学习习近平总书记关于思想政治工作的论述》,《马克思主义理论学科研究》2017 年第 1 期。

94.孟茹玉、韩丽颖：《以色列价值观教育的历史与实践》,《思想教育研究》2019 年第 5 期。

95.秦宣：《思想政治理论课教师应树立坚定的政治信仰》,《思想理论教育导刊》2019 年第 5 期。

96.康沛竹、艾四林：《建设高素质思政课教师队伍》,《中国高校社会科学》2019 年第 3 期。

97.艾四林：《以更强的自信办好思政课》,《高校马克思主义理论研究》2019 年第 1 期。

98.徐川：《彰显思想政治理论课的磅礴之力》,《思想理论教育导刊》2019 年第 4 期。

99.项久雨：《高校思想政治理论课的"道"与"术"》,《光明日报》2019 年 5 月 8 日。

100.佘双好：《办好思想政治理论课关键在教师》,《光明日报》2019 年 4 月 19 日。

101.王春霞：《国外高校实施思想政治教育的主要做法及其借鉴意义》,《深圳信息职业技术学院学报》2009 年第 3 期。

102.张培培：《国外学校思想政治教育对我国的启示》，《安徽工业大学学报》（社会科学版）2015 年第 6 期。

103.陈雪蕾：《国外思想政治教育方法及对我国的启示》，《武汉冶金管理干部学院学报》2012 年第 4 期。

104.秦荣：《革新开放时期越南高校思想政治教育的启示》，《湖北函授大学学报》2018 年第 9 期。

105.《习近平在中国人民大学考察时强调　坚持党的领导传承红色基因扎根中国大地　走出一条建设中国特色世界一流大学新路》，《人民日报》2022 年 4 月 26 日。

106.杜尚泽：《"'大思政课'我们要善用之"（微镜头·习近平总书记两会"下团组"·两会现场观察），《人民日报》2021 年 3 月 7 日。

后 记

　　教育是国之大计、党之大计。习近平总书记在党的二十大报告中指出："培养什么人、怎样培养人、为谁培养人是教育的根本问题。"党的十八大以来，以习近平同志为核心的党中央高度重视思想政治教育，围绕"培养什么人、怎样培养人、为谁培养人"这个时代课题，立足党和国家发展战略全局，审视世界百年未有之大变局，高瞻远瞩，因时而进，守正创新，创造性提出了一系列关于加强和改进思想政治教育工作的新理念新思想新论断，强调高校立身之本在于立德树人、思想政治理论课是落实立德树人根本任务的关键课程，明确提出新时代高校要扎实办好思政课、教师要认真讲好思政课、学生要积极学好思政课，努力为处在人生"拔节孕穗期"的青年学生埋下真善美的种子、扣好人生第一粒扣子，教育引导广大学生坚定不移听党话、跟党走，立志成为堪当强国建设、民族复兴大任的时代新人。

　　2019年6月，为深入贯彻落实习近平总书记在全国高校思想政治工作会、全国教育大会、学校思想政治理论课教师座谈会上的重要讲话精神，围绕着力解决好培养什么人、怎样培养人、为谁培养人这个根本问题，落实立德树人根本任务，深入研究思想政治理论课基本规律和重大问题，推动思政课改革创新，推动构建中国特色思政课研究的学科体系、学术体系、话语体系，努力培养德智体美劳全面发展的社会主义建设者和接班人，经全国哲学社会科学工作领导小组批准，首次面向全国高校思政课教师和军队院校政治教员设立"国家社科基金高校思想政治理论课研究专项"课题，鼓励在一线从事思想政治理论教学科研工作的骨干教师积极申报。笔者当年以"新时代高校'办好讲好学好'思想政治理论课的整体性研究"为题，积极申报了本次研究专项，成功获得了立项资格，并在当年立项的 151 个课题排序中位列第 18 名，项目批准号为 19VSZ018。本书即为此研究专项的最终成果。

虽然说笔者是马克思主义理论与思想政治教育专业的科班出身，长期从事大中专院校思想政治教育教学、管理和研究工作，而且至今一直都是坚守在思政课教学与研究的这条赛道上；虽然说经过持之以恒的奋力奔跑，天道酬勤，取得了一些成绩，在爬坡过坎的接续奋斗中，也曾体验过"小荷露尖角"的愉悦。然而，要顺利完成全国哲学社会科学工作规划办托付的这项光荣而艰巨的任务，不负信任与重托，此乃实属不易之事。为此，本人丝毫不敢懈怠，必须担当履约，勇毅前行，皓首穷经，博览文献，熟思审处，虚心向学，调查研究，奋笔疾书，经过一番搏击和鏖战，终于按期完成了既定目标任务，研究成果得到了同行评审鉴定专家的充分肯定和高度评价，获得了全国哲学社会科学工作领导小组的批准，顺利结项了。

课题结项后，根据各位评审鉴定专家提出的改进意见和建议，笔者在整理本书稿时，逐一进行了深入思考，认真比对，条分缕析，作了必要的修改、补充和完善，增添了不少新的内容，同时还对引用原文、语言表述、标点符号等进行了多次校对和改进，从而使本书更显厚重、更见神韵、更为完美。

树高千尺不忘根，水流万里总思源。在习近平总书记"3·18"重要讲话发表五周年之际,在本书即将付梓之时,我要特别感谢全国哲学社会科学工作规划办、江西省社会科学规划办各位领导和业务骨干们的信任和鼓励,特别感谢评审鉴定专家们的一致认可和好评,特别感谢上饶师范学院各位领导和同事们的关心与支持,特别感谢上饶师范学院"51530"工程"思想政治教育"学科建设项目的有力资助,特别感谢爱人王亚平女士等亲人们的理解和鼓励,特别感谢业内同行和圈内挚友的关心和帮助。在此,特向他们表示衷心的谢意!

借此机会,我还要特别感谢中国人民大学马克思主义学院教授、长江学者特聘教授、博士生导师刘建军老师。他是马克思主义理论与思想政治教育专业方向的顶级专家,赫赫大咖,享誉盛名。他虽身处学术高端,但为人和蔼可亲、平易近人,尽管公务繁忙,仍欣然应允对此书稿进行审读,把脉问诊,指点迷津,挥毫作序,从而使本书更赋思想意蕴、更具学术气色、更显理论魅力。在此,特向刘建军教授表示最真挚的谢忱和最崇高的敬意!

最后,我要特别感谢人民出版社赵圣涛博士,感谢他多年来对我的学术事业的指导、关心和支持,感谢他对本研究成果的认可和肯定,感谢他在选题申报、书稿编审、出版发行过程中付出的智慧和辛劳。在此,特向责任编辑赵圣涛先生真诚地道一声"谢谢!"

由于作者学养有限,文中难免有不足之处,敬请各位饱学之士不吝赐教!

程水栋

2024 年 6 月于上饶市茅家岭山麓

上饶师范学院明湖之畔

责任编辑：赵圣涛
封面设计：胡欣欣

图书在版编目（CIP）数据

高校"办好讲好学好"思政课的整体性研究／程水栋 著 . — 北京：
　人民出版社，2024.6
ISBN 978－7－01－026588－9

I. ①高…　 II. ①程…　 III. ①高等学校－思想政治教育－教学研究－中国
　IV. ① G641

中国国家版本馆 CIP 数据核字（2024）第 102349 号

高校"办好讲好学好"思政课的整体性研究
GAOXIAO BANHAO JIANGHAO XUEHAO SIZHENGKE DE ZHENGTIXING YANJIU

程水栋　著

人 民 出 版 社 出版发行
（100706　北京市东城区隆福寺街 99 号）

中煤（北京）印务有限公司印刷　新华书店经销

2024 年 6 月第 1 版　2024 年 6 月北京第 1 次印刷
开本：710 毫米 × 1000 毫米 1/16　印张：19.25
字数：320 千字

ISBN 978－7－01－026588－9　定价：99.00 元

邮购地址 100706　北京市东城区隆福寺街 99 号
人民东方图书销售中心　电话（010）65250042　65289539